**勝頼・桂林院殿・信勝像**（高野山持明院蔵）
勝頼と正室桂林院殿（北条氏政妹）・嫡男信勝が描かれる。勝頼自害後、高野山引導院（現持明院）に奉納された。奉納目録に「寿像」とあり、生前に描かれたものとわかる。戦国大名の家族像は珍しく、仲の睦まじさがうかがえる。桂林院殿輿入れから信勝元服の間（天正４～７年）の制作であろうか。

中世から近世へ

# 武田勝頼

## 試される戦国大名の「器量」

丸島和洋

平凡社

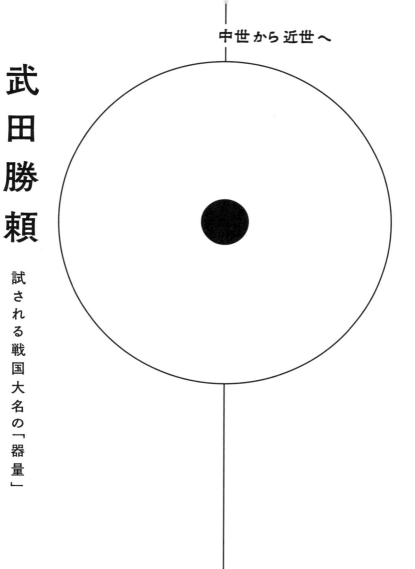

装幀　大原大次郎

# 武田勝頼　試される戦国大名の「器量」◉目次

## 第七章　武田氏の滅亡――戦国大名の本質

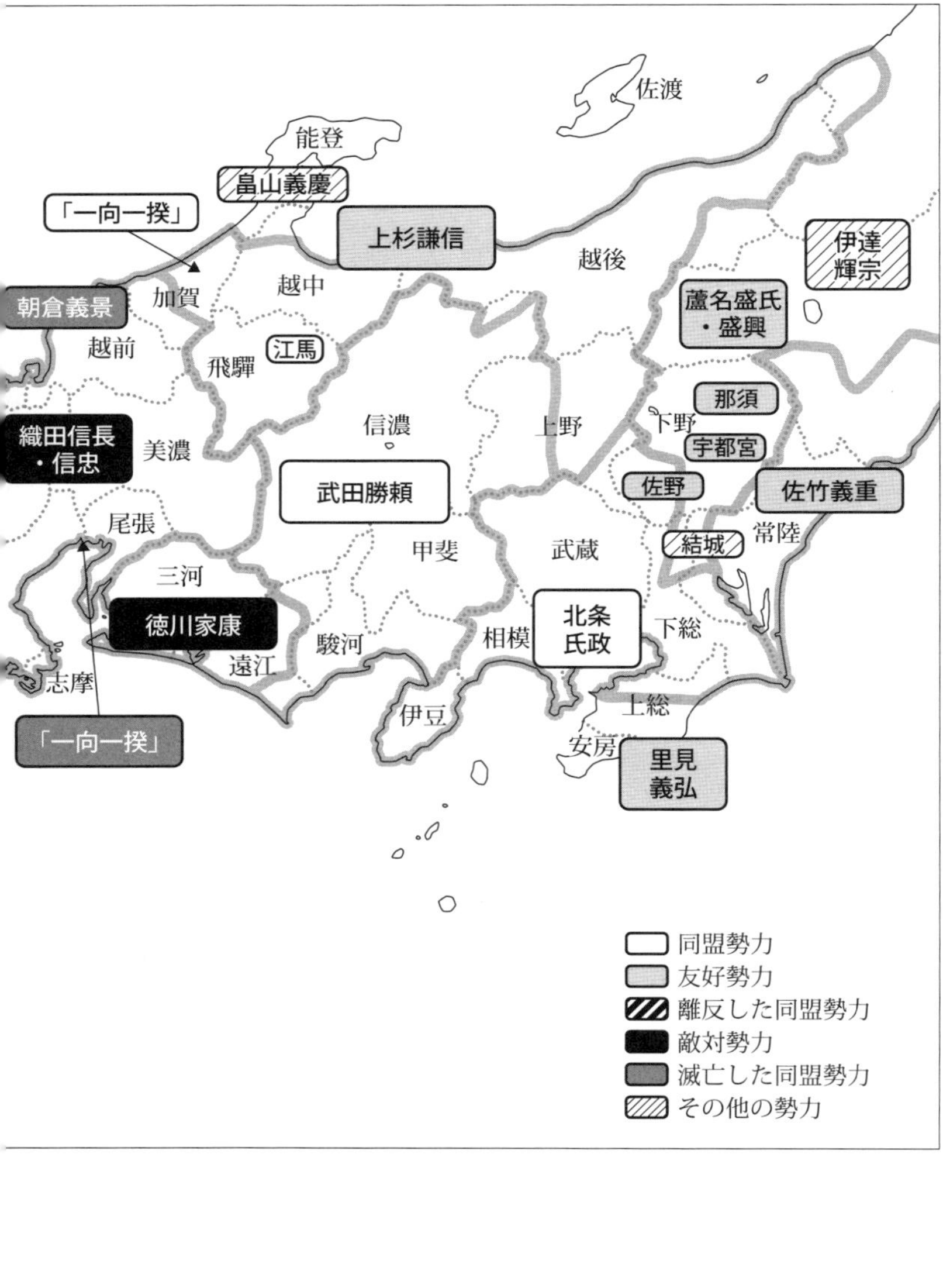
佐渡
能登
畠山義慶
「一向一揆」
上杉謙信
越後
伊達
輝宗
朝倉義景
加賀
越中
蘆名盛氏
・盛興
越前
江馬
飛騨
那須
織田信長
・信忠
美濃
信濃
上野
下野
宇都宮
武田勝頼
佐野
佐竹義重
尾張
甲斐
武蔵
常陸
結城
三河
徳川家康
北条
氏政
下総
駿河
相模
遠江
志摩
伊豆
上総
「一向一揆」
安房
里見
義弘
同盟勢力
友好勢力
離反した同盟勢力
敵対勢力
滅亡した同盟勢力
その他の勢力

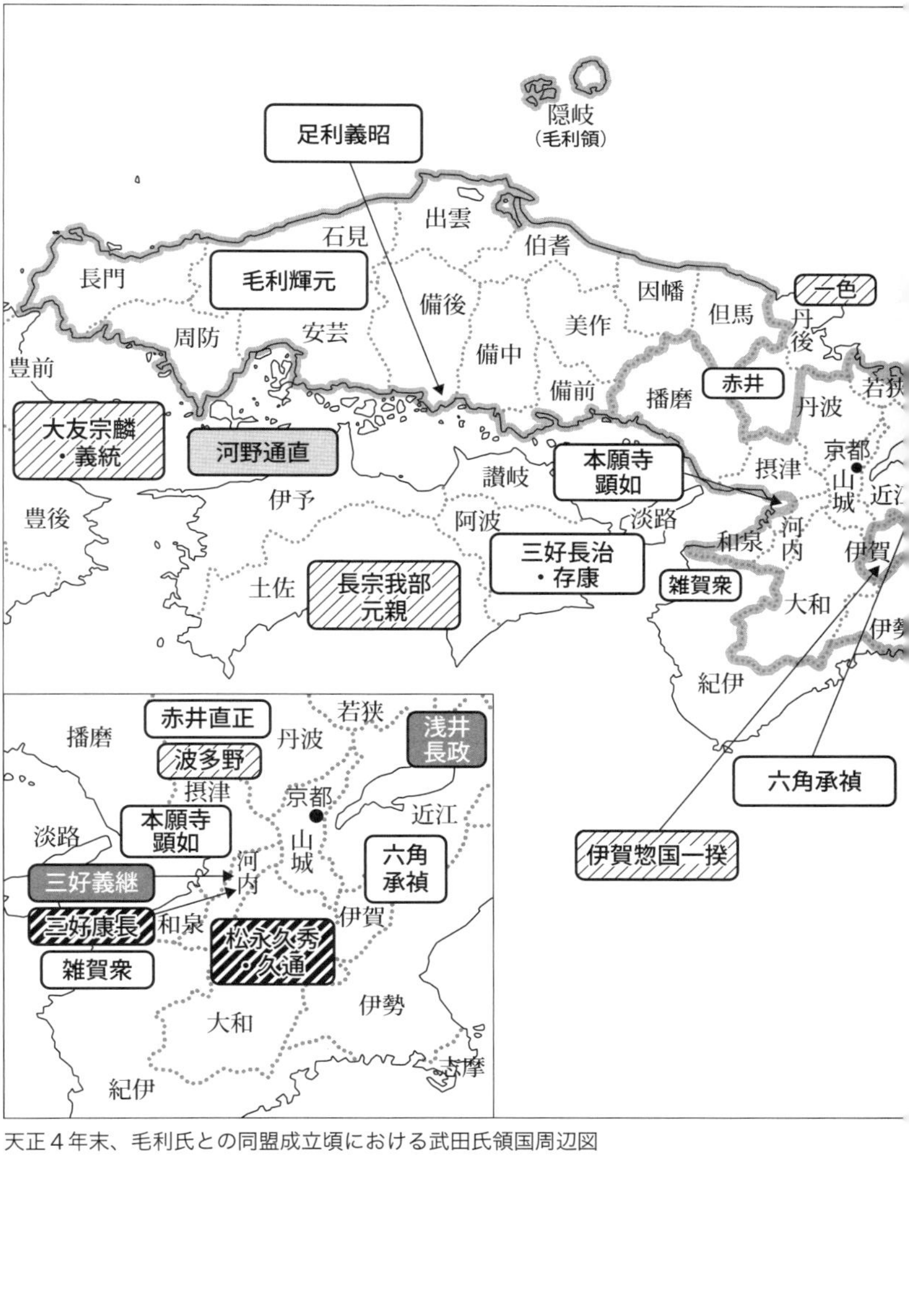

天正４年末、毛利氏との同盟成立頃における武田氏領国周辺図

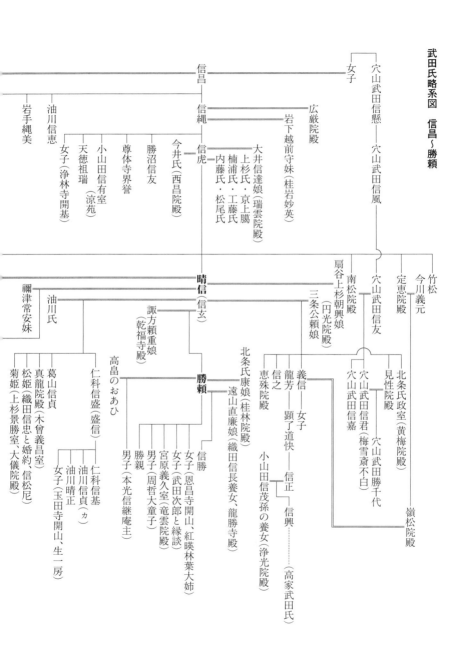

# 武田氏略系図　信昌～勝頼

穴山武田信懸
穴山武田信風
女子
信昌
広厳院殿
岩下越前守妹（桂岩妙英）
信縄
油川信恵
岩手縄美
大井信達娘（瑞雲院殿）
上杉氏・京上臈
楠浦氏・工藤氏
内藤氏・松尾氏
信虎
今井氏（西昌院殿）
勝沼信友
尊体寺界誉
小山田信有室（涼苑）
天徳祖瑞
女子（浄林寺開基）

竹松
今川義元
定恵院殿
穴山武田信友
南松院殿
扇谷上杉朝興娘（円光院殿）
三条公頼娘
**晴信**（信玄）
諏方頼重娘（乾福寺殿）
油川氏
禰津常安妹

北条氏政室（黄梅院殿）
見性院殿
穴山武田勝千代
穴山武田信君（梅雪斎不白）
穴山武田信嘉
嶺松院殿
義信
女子
龍芳
顕了道快
信正
信興
（高家武田氏）
小山田信茂孫の養女（浄光院殿）
信之
恵殊院殿

北条氏康娘（桂林院殿）
遠山直廉娘（織田信長養女、龍勝寺殿）
**勝頼**
高畠のおあひ
信勝
女子（恩昌寺開山、紅暎林葉大姉）
女子（武田次郎と縁談）
宮原義久室（竜雲院殿）
男子（周哲大童子）
勝親
男子（本光信継庵主）

仁科信盛（盛信）
仁科信基
油川信貞（カ）
油川晴正
女子（玉田寺開山、生一房）
葛山信貞
真龍院殿（木曾義昌室）
松姫（織田信忠と婚約、信松尼）
菊姫（上杉景勝室、大儀院殿）

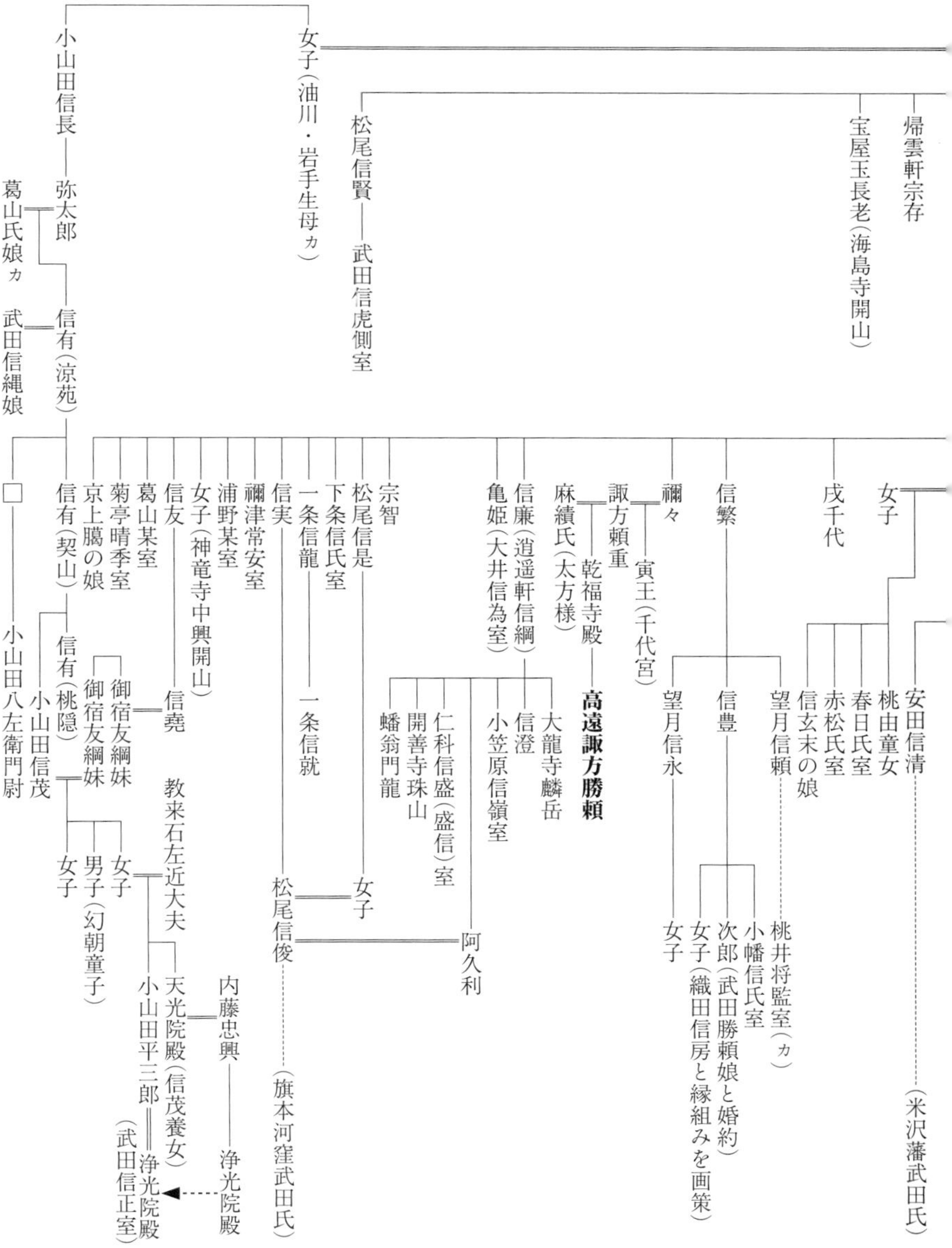
帰雲軒宗存
宝屋玉長老（海島寺開山）
松尾信賢
武田信虎側室
女子（油川・岩手生母カ）
小山田信長
弥太郎
葛山氏娘カ
信有（涼苑）
武田信縄娘
女子
安田信清
（米沢藩武田氏）
桃由童女
春日氏室
赤松氏室
信玄末の娘
戊千代
信繁
望月信頼
桃井将監室（カ）
信豊
小幡信氏室
次郎（武田勝頼娘と婚約）
女子（織田信房と縁組みを画策）
望月信永
女子
禰々
諏方頼重
寅王（千代宮）
麻績氏（太方様）
乾福寺殿
**高遠諏方勝頼**
信廉（逍遥軒信綱）
大龍寺麟岳
信澄
小笠原信嶺室
仁科信盛（盛信）室
開善寺珠山
蟠翁門龍
阿久利
亀姫（大井信為室）
宗智
松尾信是
女子
下条信氏室
一条信龍
一条信就
信実
松尾信俊
（旗本河窪武田氏）
禰津常安室
浦野某室
女子（神竜寺中興開山）
信友
信堯
教来石左近大夫
内藤忠興
浄光院殿
葛山某室
菊亭晴季室
京上臈の娘
御宿友綱妹
御宿友綱妹
信有（契山）
信有（桃隠）
小山田信茂
女子
男子（幻朝童子）
女子
天光院殿（信茂養女）
小山田平三郎
浄光院殿
（武田信正室）
□
小山田八左衛門尉

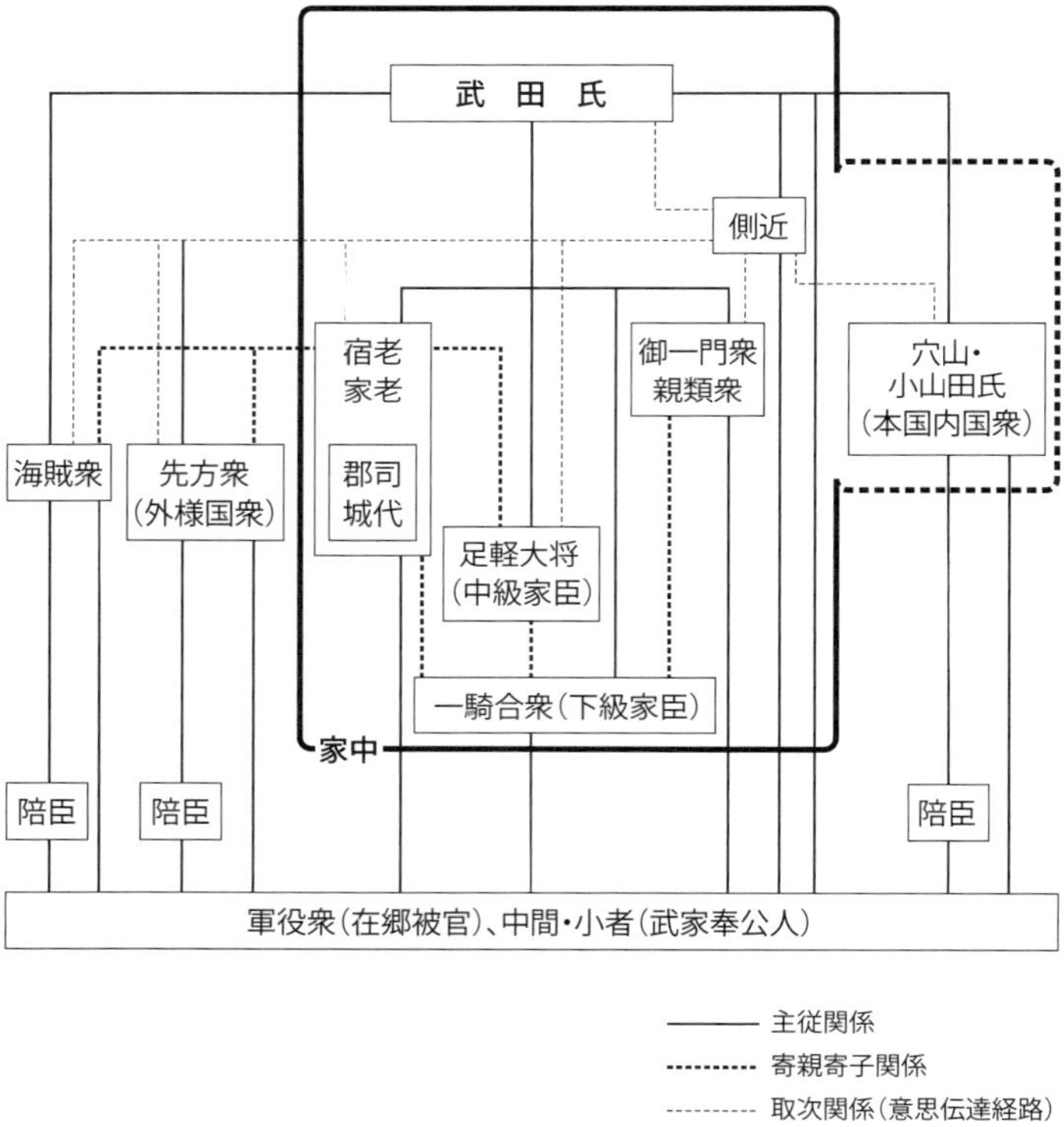


武田氏家臣団概要図

＊御一門衆は、基本的に「家中」に属さないと思われるが、作図の都合上、家中に含めた。

＊穴山・小山田氏は本来的には「家中」に属さない存在だが、譜代的な性格も持つようになっていく。

＊各国衆は、それぞれ独自の「家中」を形成し、寄子も有しているが、単に陪臣を記す形で省略した。

## 史料集略号一覧

本書では、必要に応じて典拠史料を示した。ただし、頻出する史料集収録のものについては、史料集名を略記し、収録番号によって示している。

『戦国遺文武田氏編』…『戦武』（史料番号）
　『戦武』補遺は、丸島和洋「『戦国遺文武田氏編』補遺」（『武田氏研究』四五号・五〇号）の史料番号
『戦国遺文後北条氏編』…『戦武』（史料番号）
『山梨県史』資料編…『山』（巻数＋史料番号または頁数）
『信濃史料』…『信史』（巻数＋頁数）
『静岡県史』資料編…『静』（巻数＋頁数）
『千葉県の歴史』資料編…『千』
『愛知県史』資料編…『愛』（巻数＋史料番号）
『上越市史』別編上杉氏文書集…『上越』（史料番号）
『増訂　織田信長文書の研究』…『信長文書』（史料番号）
『甲陽軍鑑』『甲陽軍鑑末書』は、酒井憲二編『甲陽軍鑑大成』影印篇（汲古書院）を底本とした。

# はじめに——勝頼は信長となにが違ったのか

武田勝頼《たけだかつより》という人物の研究が進展したのは、二〇〇〇年代に入ってからのことである。二〇〇三年、柴辻俊六氏によって『武田勝頼』という伝記が新人物往来社から刊行された。それ以前の本格的人物伝は、一九七八年に上野晴朗氏が著した『定本武田勝頼』（新人物往来社）がほとんど唯一のものであったから、実に二五年ぶりのこととなる。上野氏の著書は、一次史料を駆使しつつも、当時の史料的制約と前提となる研究状況から、『甲陽軍鑑《こうようぐんかん》』に依拠する面が多いことは否めない。その点で、柴辻氏の『武田勝頼』は大きな画期となった。直前に、勝頼が築いた新府城の発掘調査をめぐる論集が刊行されており、それもあっての執筆のようだが、同書刊行と前後して、勝頼期の武田氏研究が進められた。筆者もまた、そのひとりである。

それ以前の武田氏研究は、あくまで信玄期が中心であり、勝頼期の研究は、補完的なものにとどまっていた。したがって、その人物像や歴史的位置づけも深められることは少なく、

「信玄の築いた領国を滅ぼした人物」というマイナス評価が主であった。実をいうと、新田次郎氏の小説『武田勝頼』全三巻（講談社、一九八〇年）がもっとも客観的に勝頼を捉えていたようにすら思えてくる。これですら、『歴史読本』連載時は『続・武田信玄』というタイトルであったのだから（前作『武田信玄』は一九八八年NHK大河ドラマ「武田信玄」の原作小説）、勝頼の名前を押し出しても、関心を引かなかったことは、容易に想像される。

しかしながら、研究の進展により、勝頼像は一変していく。特に『山梨県史』通史編および鴨川達夫氏の『武田信玄と勝頼』（岩波新書）刊行は、「勝頼は信玄の負の遺産を受け継いだ人物」という視点を確立させた。また長篠合戦に関する議論が再び活性化している点も見逃せない。近年大きく進展した分野のひとつが、軍事史だからである。

このような研究動向は、武田氏を滅ぼした織田信長を相対化する研究が相次いだことで加速していく。そこでは、信長が当初から全国統一を目指していたわけではなく、新将軍足利義昭《よしあき》のもと、室町幕府の再建に乗り出していたことがほぼ確定された。戦国大名研究の進展により、戦国大名とは全国統一を目指した権力ではないということが明らかにされていたから、信長も同様ということになる。

同時に、信長の「勝因」とみなされてきたさまざまな政策（兵農分離や鉄砲三段撃ち、楽市楽座）も相対化され、他大名でも一般的にみられる政策と評価されたり（楽市楽座）、政策の存在そのものが否定された（兵農分離や鉄砲三段撃ち）。

現在の織田研究は、将軍義昭追放後、信長自身が「天下人」となったのち、全国統一（「天下一統」と言い換えてもよい。なお「統一」という語は江戸中期から用いられたもので、戦国期には存在しない）を目指していたか否かというところまで行き着いている。

さて、信長や朝廷は、武田氏を滅ぼしたことで「東国御一統」とみなした。これには、関東最大の戦国大名である北条氏政《うじまさ》・氏直《うじなお》父子が、すでに織田政権に服属を表明していたことも大きいと筆者はみるが、武田氏滅亡が政治的画期と位置づけられたのである。

本書の課題は、こうした歴史的事実と、現在の研究動向をつなぎあわせた場合、武田勝頼という「戦国大名」には、どのような歴史的評価を与えればよいかに尽きる。

これは、武田勝頼という「人物の個性」の見直しではない。歴史の流れのなかにおいて、武田勝頼の築いた戦国大名権力はどのように位置づけるのが妥当か、ということである。もちろん、勝頼権力の前提として、武田信虎や信玄が存在することはいうまでもない。したがって、本書では信玄期の勝頼にかなりの紙幅を割くこととした。

平山優氏は、『武田信玄』（吉川弘文館歴史文化ライブラリー、二〇〇六年）の巻末で、以下のように戦国大名としての武田信玄を位置づけている。

このように見てくると、武田信玄は間違いなく、戦国史において、室町幕府体制をはじめとする旧来の枠組みを利用しながら、勢力拡大や最終的には上洛を目指した戦国大名であったことがうかがわれる。だが、室町幕府に連なる意識構造を有していたことを、武田氏の保守主義とか、古い体質を脱却しきれなかった証拠と評価することは、慎まなければならないであろう。

それは、改革者として評価されがちな織田信長でも、実は変わるところがなかったからである。（略）

しかし、信長は信玄や将軍義昭との対立のなかで、「新たな統一権力を編成するための論理」を構築する論理を得たとする。同書は、次のように締めくくられている。

以上のように、武田信玄は、室町幕府体制に連なろうとする自己認識を保持していた最後の段階における、最も有力な戦国大名のひとりであり、彼の最後の軍事行動（信長打倒）とそれを実現しないままの死は、織田信長に室町幕府体制とは異なる、新たな近世統一権力成立の論理である「天下」の構築と、室町幕府崩壊のきっかけをあたえることになったのである。

一〇年前というと最近の議論に思えるが、その後、急速に進展した織田信長（織田権力）研究・戦国大名研究を踏まえれば、さらに掘り下げる余地があるだろう。

仮にこの評価をそのまま受容するとしても、ここには勝頼の姿がみえない。「室町幕府体制に連なろうとする自己認識を保持していた最後の段階における（略）戦国大名」が武田信玄であるならば、その後を継いだ戦国大名たる武田勝頼はどう評価すべきであろうか。新しい時代の戦国大名権力とは、いったいどのような特徴を有するとすべきなのか。

同時に、ここには近世への展開をどのように捉えるか、という問いかけが含まれている。戦国大名の研究者に必ず突きつけられる問題で、古くより「連続論」と「断絶論」という整理がなされることが多い。

「連続論」とは、戦国大名は近世権力の起点とみなす立場で、かつては戦国大名研究を近世史研究に埋没させてしまうものとして、消極的に評価されがちであった。一方「断絶論」とは、戦国大名は、中世領主制の到達点として独自に評価すべきとする一方で、歴史の流れは多様なものである点を重視する。したがって近世権力への道筋は一本ではなく、戦国大名と織豊《しょくほう》政権成立は切り離して論じるべき、とする立場である。これは、戦国大名権力の主体性を評価したもので、現在では議論の前提になっているように思われる。

近年では、戦国大名権力を「国家」ないし「地域国家」と呼称する研究者が少なくない。これは勝俣鎮夫氏の提唱によるもので、それ以前から存在した戦国期日本を室町幕府・織豊政権と戦国大名「下位国家」の二重構造と捉えようという議論の延長線上にある。勝俣氏の議論は、戦国大名「国家」を、「プレ国民国家」(近代国家の起点)とまで位置づけている。この点については極論に過ぎるとの批判が多いが、筆者も含めた関東在住の若手研究者の多くは、戦国大名「地域国家」論で議論を進めており、近世の幕府と藩の関係の前提として戦国期の「国家」の重層性を位置づけている。

これは先ほどの二分法でいえば、「連続論」に属することになるのだろうが、この区分自体が単純に過ぎる。そもそも、中世・近世という区分とは、ヨーロッパ歴史学から導入した時代区分論(古代・中世・近代)の再編(古代・中世・近世・近代)に過ぎない。たしかに歴史認識に関わる重要な論点ではあるが、研究者の手による便宜的な側面があることも留意すべきだろう。つまり、これに縛られすぎては本末転倒になってしまうのだ。

問題とすべきは、中世から近世への移行が織豊政権による改革の結果なのか、長い時間をかけて緩やかに社会が変化していった結果なのかという点で、一五世紀半ばから一七世紀半ばまでの二〇〇年間を「中近世移行期」として捉えようという議論が増えているように思われる。戦国時代の起点を、移行期のはじめに置くことはできるが、終着点は江戸時代の最初の半世紀なのだから、戦国時代だけをみていても、議論はできないことになるだろう。

これはフェルナン＝ブローデルが提唱した「長い一六世紀」という議論と偶然にも一致する。ブローデルの議論は、近代ヨーロッパ資本主義の成立を論じたものだから、日本のそれとは同一視できないし、すべきでもないが、歴史的変化とは長い時間をかけて起こるという視点の存在は、念頭に置いてもよいだろう。

一方でヨーロッパ近世史では、従来の議論が近代国民国家の成立を予定調和的に捉えることについて、批判する動きがみられる。すなわち、近世ヨーロッパにおける諸国家は、国民国家とはまったく異なる特質を有しているものが少なくない、というのである。ひとつの国家が、複数の王国によって構成されているが、連邦制とは異なり、ひとりの君主がすべての王国の王位を兼ねている。しかし、王国ごとに、君主が行使できる王権は異なるというもので、形の異なる岩がくっついたような国家、という意味で「礫岩《れきがん》のような国家」論などと呼ばれる。

筆者はまだこの議論をトレースし始めたに過ぎないから、「礫岩のような国家」論の位置づけを論ずる立場にはない。しかし、ここで提示されている問題意識は、日本の戦国大名研究の有する問題点を的確に突いている。

かつての戦国大名研究には、「典型的戦国大名」という用語が存在した。すなわち、列島の諸地域を、近国（近畿）、遠国《おんごく》（東北や九州）、中間地域（中部・関東や中国地方）に区分し、「典型的戦国大名」は中間地域に生じるというものである。これは、戦国大名の成立が幕府や荘園領主との関係や、各地域が有する歴史に影響されることを指摘したものだ。

同時に、戦国大名論で扱われるのは北条氏や武田氏・今川氏・上杉氏・毛利氏などの「典型的戦国大名」であって、そこだけで展開した議論が、戦国大名一般の特徴と拡大解釈されている問題点を指摘したものである。ただこの用語は、「進んだ大名」「遅れた大名」という評価と表裏一体であり、あまり使われることはなくなった。つまり、一部の「典型的戦国大名」にみられる特徴の有無が、先進性を考える指標となってしまったからだ。しかしながら、戦国大名を解説する際の素材が北条氏を中心とした一部大名に限定されている状況に変わりはない。武田氏も、この戦国大名論を構成する一角である。

こうした批判は、早くから佐竹氏など北関東（近年では東関東とも呼ばれる）の大名研究から提示されている。そこで提示される戦国大名像が、武田氏や北条氏と類似するか異なるのか。武田勝頼の築いた「地域国家」の性格を論じるという本書の性格上、この点への配慮も怠ってはならないと思われる。

さて、勝頼を戦国大名として論じる以上、戦国大名の定義を述べておく必要がある。というのも、いったい何をもって「戦国大名」と呼ぶのか、という点そのものが議論の対象となるからだ。筆者は、先行諸氏の定義を踏まえた上で、次のものを要件としている。

①室町幕府・朝廷・鎌倉府《かまくらふ》・旧守護家をはじめとする伝統的上位権力を「名目的に」奉《ほう》戴《たい》・尊重する以外は、他の権力に従属しない。

②政治・外交・軍事行動を独自の判断で行う（伝統的上位権力の命令を考慮することはあっても、それに左右されない）。

③自己の個別領主権を超えた地域を一円支配した「領域権力」を形成する。これは、周辺諸領主を新たに「家中《かちゅう》」と呼ばれる家臣団組織に組み込むことを意味する。

④支配領域は、おおむね一国以上を想定するが、数郡レベルの場合もある。陸奥や近江のように、一国支配を定義要件とすることが適当でない地域が存在することによる。

そしてこうした大名は、今川義元が『かな目録追加《もくろくついか》』で「只今ハをしなべて、自分の力量をもって国の法度を申し付け、静謐することなれば」と謳ったように、実力をもって領国支配を確立した存在であった。

ここでいう実力とは、軍事力だけではない。戦国初期は地球環境の変動で、飢饉《ききん》が深刻・慢性化した時代である。そのため用水相論《ようすいそうろん》などの権利争いや下人《げにん》（隷属身分）の逃亡などが相次いだ。こうした紛争は、容易に武力衝突に発展する。中世は「自力救済社会《じりききゆうさい》」と呼ばれるように、武力で物事を解決するのが当たり前の時代であったからだ。もっともそればかりでは領主層も疲弊するから、第三者調停を仰いで、領主間の話し合いで解決を図ることも広く行われた。これを、「中人制《ちゆうにん》」「近所の儀」などと呼ぶ。

しかし、飢饉や戦争の慢性化に伴い、紛争は深刻・広域化の度合いを強め、個別領主間の「近所の儀」では解決が困難な事態が増えていた。そこで、広域を支配する上位権力＝戦国大名を作り出し、それに裁判権を委ねる動きが生まれたのである。つまり戦国大名とは、軍事力という「暴力」を背景とする存在ではあるが、戦乱の世における軍事的保護と、強力な裁判権（紛争調停権）を期待され、社会的に要請されて生み出された「公権力」でもあったと評価される。前者については、市村高男氏によって「軍事的安全保障体制」（氏は「保証」とするが「保障」のほうが適切だろう）と位置づけられた。

こうした大名は、みずからとその領国を「国家」「御国《おくに》」などと呼ぶようになる。戦国大名の一部が分国法を制定したのは、領国の最高主権者としての意識の表われともいえるだろう。なかでも今川氏や武田氏が「喧嘩両成敗法」と呼ばれる、武力紛争に及んだ時点で、理非を問わずに双方を死罪する（ただし、抵抗しなければ罪に問わない）というおよそ法とは言いがたい強引な法度で、領内の武力紛争を抑止しようと動いたのは、その一環である。武力による解決から、裁判による解決への移行を強制しようと試みた末の産物なのだ。

こうした大名の実態を、イエズス会宣教師アレッサンドロ＝ヴァリニャーノは、「彼等は諸国の完全な領主であり、日本の法律と習慣に従い全支配権と命令権を有する」（『日本諸事要録』）として「rei（rey）」つまり、国王と呼称した。日本布教史たる『日本史』を著したルイス＝フロイスも同様である。

これが、戦国大名をただの地方軍閥《ぐんばつ》ではなく、「地域国家」と位置づける理由である。その戦国大名領国内には、「国衆《くにしゅう》」と呼ばれる自治領主が多数、存在していた。この用語も研究者間で一致をみておらず、議論を本格化させた黒田基樹氏の用例にならっている感が強い。この「国衆」は史料用語を概念用語に転用したものだが、史料上出てくる「国衆」の意味に地域差が大きく、議論の混乱を招くという批判がある。このため室町期と同様に国人《こくじん》領主《りょうしゅ》と呼んだり、初期の議論提唱者である矢田俊文氏と同じ「戦国領主」を用いる研究者も存在する。筆者としては、矢田氏を含め「戦国領主」を使用する論者が重視する「判物《はんもつ》」（直状《じきじょう》形式の命令書）発給の有無が、「戦国領主」（筆者がいう国衆）抽出の基準として有効ではないと考えること、「領主権力」としての側面ではなく、「公権力」としての側面を重視することから、「戦国領主」の使用は適切とは考えない。これらを解決するには、筆者独自の用語を定義するのが一番ではある。ただ、異なる概念用語が乱立する研究状況を鑑み、もっとも多くの研究者が用いる「国衆」をそのまま用いることとしたい。

　かつての研究においては、戦国大名は国衆（当時は国人領主と呼ばれた）領を直轄《ちょっかつ》領に組み込もうとしたが失敗したという理解が主流であった。しかし、現在の国衆論においては、もともと戦国大名には国衆領すべてを直轄化しようとする意図などなく、国衆は自治権を認められたまま大名に従ったと理解されている。戦乱の世において、大名にそのような余裕などないし、「占領地行政」はそう容易《たやす》いものではない。ありていにいえば、面倒なのである。

　この国衆の成立過程も、戦国大名と同様とされる。問題は国衆が大名に従う背景は何かという点で、軍事力に屈服したといえば容易いが、必ずしもそうではない。戦国大名に従属し、戦争時に出陣して軍事力を提供する見返りとして、他大名の侵攻から保護してもらう、という双務《そうむ》的な契約関係にあったとみるのが妥当である。中世の古典的主従制論の用語を用いれば、その家に代々仕える「家人《けにん》」型主従関係ではなく、去就の自由を持つ「家礼《けらい》」型の主従関係にあるといえるだろう。したがって、国衆は大名の家中には組み込まれない「外様《とざま》」の存在で、「譜代《ふだい》」家臣（「家人」型家臣）とは明確に区別される。

　だから国衆は、大名が頼りにならないと判断すれば、他大名に従属先を変えた。大名領国同士の国境、つまり境目には国衆領が点在している。国衆の多くは、近隣の国衆と対立しているから、その動向は大名間戦争の火種にすらなりえた。これを防ぐため、戦国大名は時に国衆が複数の大名に「両属」「多属」することを許容した。いわば緩衝《かんしょう》地帯の容認である。中世社会では、複数の主人を持つことは当たり前であったから、さほど抵抗はなかったのだ。

こうした国衆を家臣と呼ぶのは正確ではない。戦国大名は、譜代家臣からなる家中と、大名に軍事的に従属する国衆とによって、構成された権力であった。これが戦国大名権力のひとつの特徴といえる。なぜならば、国衆という大名領国内の自治領主は、全国を再統一した秀吉のもと、ある者は大名に取り立てられ、ある者は改易《かいえき》され、結果として大名の家臣に組み込まれていくからだ。筆者が戦国大名と国衆というふたつの領域権力を、戦国期を理解する上で重要なものと評価する理由が、ここにある。

ただ、豊臣大名・近世大名となった旧戦国大名が、自治権を喪失したわけではないことも また、明らかにされてきている。秀吉に従うということは、先述した戦国大名の定義のうち、①②の喪失を意味する。戦国大名は中央政権に服属した結果、従来の国衆の立場に、みずからが置かれたわけである。「上位国家」の力が強くなる形で、国家の二重構造が再編されたともいえるだろう。

しかし武田氏は、この新しい時代を迎える前に、滅亡という形で姿を消す。果たしてそれは、「新体制」織田信長に敗れた「旧体制」だからなのか。その点を最後の当主武田勝頼の生涯を追いながら考えていくことが、本書の課題となるだろう。

# 第一章　勝頼の出生と高遠諏方氏相続

## 武田氏と諏方氏の同盟

武田勝頼は、天文《てんぶん》一五年（一五四六）、武田信玄（晴信、本書では信玄で統一）の四男として生まれた。後に彼を滅ぼすことになる織田信長は天文三年生まれだから、ちょうどひと回り年下ということになる。

生母は諏方頼重《すわよりしげ》の娘で、名前は伝わっていない（中世では「諏方」と書く）。井上靖『風林火山』では由布姫《ゆうひめ》、新田次郎『武田信玄』では湖衣姫《こいひめ》という名で呼ばれ、両作品ともNHK大河ドラマになったため誤解を招きやすいが、ともに創作である。前者は井上靖が執筆時に逗留した由布院《ゆふいん》温泉、後者は諏訪湖とそこに注ぐ衣之渡《えのど》川に因むという。諏訪御寮人《ごりようにん》という通称も「諏訪氏の娘」という意味だから、本書では法名から乾福寺殿《けんぷくじでん》と呼ぶこととしたい。

勝頼の生涯を考える上で、生母乾福寺殿が信玄に嫁ぐまでの経緯を省くことはできない。煩雑になるが、武田・諏方両氏の関係を整理しておく。

武田氏と諏方氏は、天文四年に武田信虎と諏方頼満（碧雲斎《へきうんさい》、頼重の祖父）が和睦し、同盟が結ばれた。天文九年一一月、新当主諏方頼重（勝頼の外祖父）は、信虎の娘禰々《ねね》を妻に迎える。

天文一〇年五月、武田信虎は娘婿諏方頼重、および北信濃の雄《ゆう》村上義清と連合して、信濃小県《ちいさがた》郡に攻め込んだ。滋野《しげの》一族の惣領《そうりょう》海野《うんの》棟綱《むねつな》は抵抗空しく敗北し、上野《こうずけ》に亡命した。六月に帰陣した信虎は、もうひとりの娘婿今川義元を訪ねようと、駿府へ旅立った。ところがその日、嫡男信玄が国境を封鎖して、家督を奪取したのである。

海野棟綱を保護していた関東管領《かんとうかんれい》山内《やまのうち》上杉憲政は、これを好機と捉え、七月に信濃佐《さ》久《く》・小県郡に派兵して、棟綱の帰国を図った。

武田信玄（晴信）像（東京大学史料編纂所所蔵摸写）

ところが、諏方頼重が迅速に出陣し、防備を固めた。出鼻を挫《くじ》かれた山内上杉勢は、すぐに和睦して撤退した。頼重は、佐久郡蘆田《あしだ》郷《ごう》を占領して国衆蘆田依田《よだ》氏を服属させて帰陣した。諏方大社上社《かみしゃ》の神長《じんのちょう》である守矢頼真《もりやよりざね》は、「甲斐の武田勢も、村上殿も出し抜かれる形で」（『神使御頭之日記』）と記す。新規占領地を獲得した頼重の独断行動が、問題にならないか危惧したのだ。

## 諏方頼重の滅亡

天文一一年四月四日、禰々は頼重嫡男寅王《とらおう》を生んだ。六月一一日には、お宮参りが行われている（『守矢頼真書留』）。同盟強化につながるもので、守矢頼真の不安は杞憂《きゆう》にみえた。

ところが同月二四日、頼重の義兄武田信玄が、諏方氏庶流《しょりゅう》の高遠《たかとお》諏方頼継および諏方大社下社《しもしゃ》と結び、諏方郡に侵攻してきたという急報が入った。信玄は、頼重の「抜け駆け」を許してはいなかったのである。

突然の侵攻を、頼重は事実と受け止めることができず、真偽を確かめたいと時間を浪費してしまった。二八日夜、ようやく諏方上原《うえはら》城（現茅野市）で軍勢を招集したが、近習すらろくに集まらず、手勢は一〇〇〇にも満たない。頼重は交戦もままならず、桑原城（現諏訪市）に逃げ込んだ。

自害の決意を固めたところ、和睦を勧告する信玄の使者が訪れた。家臣の勧めるまま、頼重は桑原城を開城しての降伏を受諾した。しかし、結ばれた条件は、頼重がいまだに事態を理解できていないことを物語る。武田勢の諏方駐留を認める代わりに、頼重に叛《はん》した高遠諏方頼継を切腹させるという内容であったからだ。信玄に頼継を切腹させる理由はない。

諏方大社上社（長谷川幸一氏撮影）

七月五日、頼重は甲府に護送され、武田氏筆頭家老板垣信方《いたがきのぶかた》の屋敷に入った。上社大祝《おおほうり》である弟諏方頼高は、頼重と不仲であった禰宜《ねぎ》太夫《だいぶ》矢島満清に預けられた。諏方大社上社大祝は、諏方郡から出てはならぬという不文律が守られ、家臣団や上社社家衆《しゃけしゅう》は安堵《あんど》した。

七月二一日、頼重は甲府東光寺で切腹を命じられた。享年二七（以下、年齢は数え年）。守矢頼真は最期を詳細に記して哀惜《あいせき》している（『守矢頼真書留』）。ところが、これで事は収まらなかった。

## 高遠諏方頼継の反乱

頼重降伏後、信玄は諏方郡を二分し、東半分を武田領、残る西半分を高遠諏方頼継領とした。

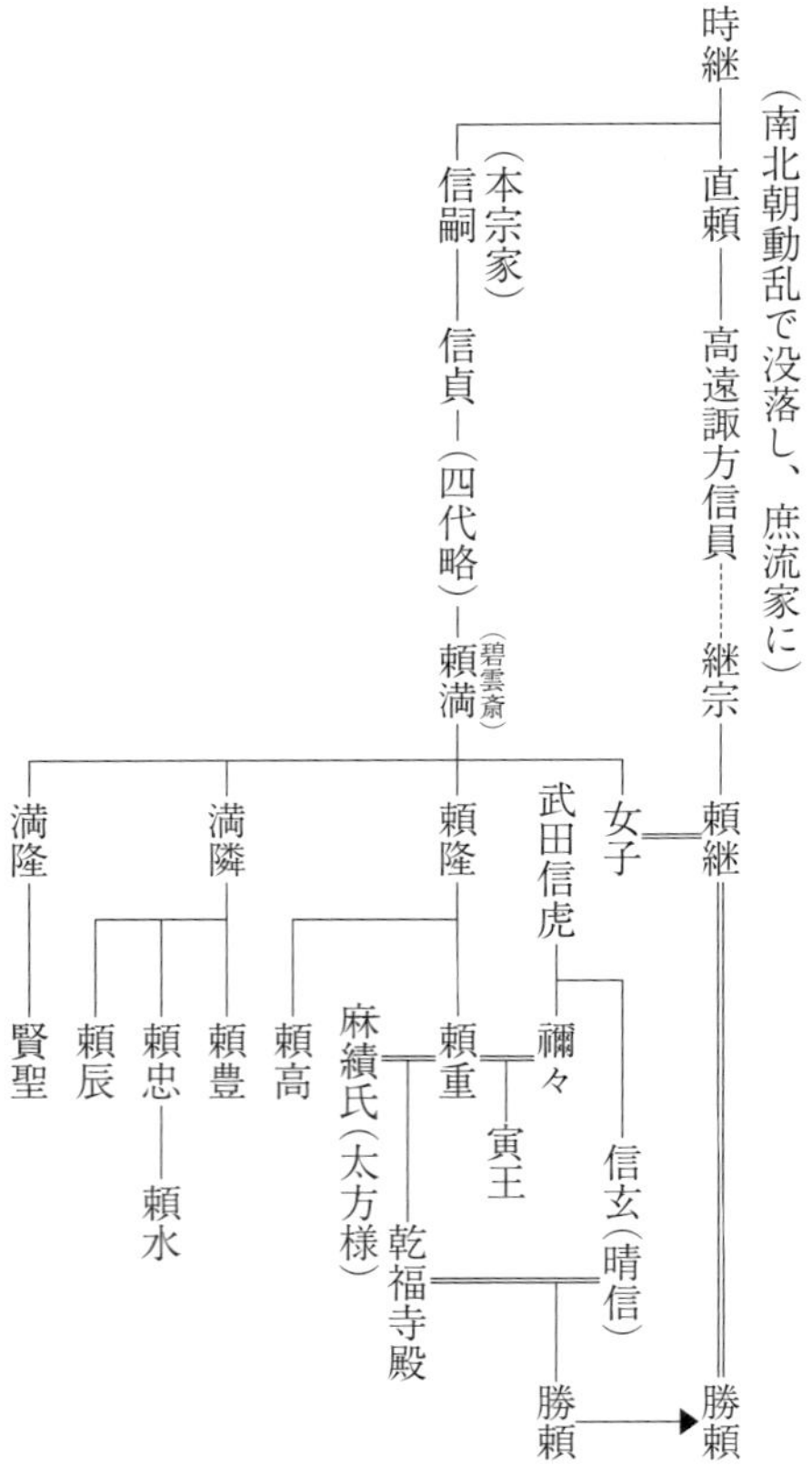


諏方氏・武田氏関係略系図

＊ ═══ は婚姻・養子関係、-------- はこの間の歴代不明を示す。

これに、頼継が不満を持った。彼の妻は諏方頼満の娘であった上、本来の諏方氏惣領は頼継の先祖で、南北朝動乱で南朝に与《くみ》して惣領職を弟の家系に奪われた経緯がある。だから頼継は、自分には諏方氏惣領となる資格があると考え、諏方郡全体の領有を望んだのである。

もうひとつの問題は、大祝諏方頼高の処遇である。頼高の身柄を預けられた上社禰宜太夫矢島満清は、今後成長した彼が自分を謀《む》叛人《ほんにん》とみなすだろうと危惧した。そこで信玄と頼継に、頼高殺害を持ちかけたのである。その結果、諏方頼高も七月九日に甲府に護送され、頼重とともに自害に追い込まれてしまう（『守矢頼真書留』）。享年一五の若さであった。『守矢頼真書留』を読む限り、諏方の人々は、頼高殺害は信玄の意向ではなく、矢島満清と高遠諏方頼継の野心によるものと考えたらしい。頼重を滅ぼした信玄への不満や反感は、両人への憎しみで上書きされたといえる。

九月一〇日、挙兵した高遠諏方頼継は上原城を攻略し、上社・下社も制圧した。ここに、諏方衆の怒りは頂点に達した。おりしも、武田方と諏方満隆（頼重の叔父で一門の長老格）が、頼重の後継者として遺児寅王を立てようと談合していたところを邪魔された形になったというから、尚更であろう。信玄は甥の寅王を奉戴し、諏方郡に出馬した。諏方満隣《みつちか》・満隆兄弟、上社神長守矢頼真を筆頭とする社家衆、諏方氏の家老千野《ちの》伊豆《いず》入道《にゅうどう》らは、寅王を支持した。九月二五日の安国寺合戦（宮川端合戦）は、武田方の大勝に終わる。

この結果、信玄は諏方郡一円の領国化に成功した。天文一二年四月、宿老板垣信方に諏方郡在城の命が下った。信方は同年六月に上原城に入り、初代「諏方郡司《ぐんじ》」として諏方郡の軍政を、ほぼ全権委任されることとなる。

諏方一門の処遇はどうなったか。まず信玄は、寅王の名を不吉とし、頼重生前に千代宮に改名させていた（便宜上、寅王で通す）。

上社大祝職には、諏方満隣の次男伊勢宮丸（後の頼忠）が七歳で就任した。上社大祝は郡外に出られないため、少年が任じられる慣例を踏襲したものといえる。なお満隣の嫡男頼豊は、諏方郡を治める武田氏奉行人となっていく。

矢島満清の上社禰宜太夫職は、神長守矢頼真に与えられた。天文一一年一二月、頼真は嫡子信真を禰宜太夫職に任じている。家老千野氏の惣領職も、頼継に味方した千野宗光から、寅王に従った千野伊豆入道に移された。

つまり信玄は、頼重兄弟を切腹させ、寅王を改名させた他は、諏方衆を刺激する動きは控え、高遠諏方頼継・矢島満清の暴発を利用して、諏方郡の領国化を進めたことになる。ただし、夫を実兄に殺害された禰々の苦しみは、癒えることがなかったようだ。天文一二年正月一九日、一六歳の短い生涯を閉じる。

## 信玄と乾福寺殿の結婚

こうした状況下で、行われたのが諏方頼重の遺女乾福寺殿の輿入れである。経緯については諏方氏側の史料に記述がなく、武田方の軍記史料『甲陽軍鑑』（以下、『軍鑑』）を頼るしかない。同書によると、「かくれなきびじん」で、天文一四年の頼重切腹後の輿入れで、その時一四歳であったという。切腹と同年と仮定して逆算すると、享禄《きょうろく》四年（一五三一）生まれとなるが、頼重切腹は天文一一年が正しい。基準年に誤りがあるため、生年は確定できない。ただ輿入れは当然、勝頼誕生以前だから、天文一一年から一四年の間となる。

生母は、頼重側室麻績《おみ》氏である。後に「太方様《おだいぼうさま》」と呼ばれて勝頼から丁重に処遇され、武田氏滅亡と運命をともにする。

『軍鑑』は、父を殺された娘を側室に迎えることに復讐を案じた強い反対が出たものの、山本菅助《やまもとかんすけ》（同書では「勘助」）が「頼重の息女を召し置かれれば、諏方衆は喜び、『御息女に御曹子が誕生なされば、諏方の家も続くことになる』と出仕を望むようになる」などと進言したため、話がまとまったという。

仕官後間もない山本菅助に、このような発言力があったとは思えない。創作だろうが、論点は重要である。諏方氏滅亡と事実上の家臣団解体という現実を前にすれば、頼重娘乾福寺殿の輿入れは、諏方衆の待遇改善につながると考える者が出るのではないか。

むろん、これは勝者たる武田氏側の一方的な理屈である。板垣信方・甘利《あまり》虎泰《とらやす》・飯富《おぶ》虎昌《とらまさ》という宿老三人が反対したという記述は、武田家臣からも暴挙と映ったことを示すものだろう。屈辱と捉え不満を抱く者が出てもおかしくない。

この意味で問題なのは、信玄と頼重娘の間に生まれた御曹子を諏方の跡取りにすれば、諏方の御家は安泰という発想である。頼重の遺児寅王の存在を無視しているからだ。

武田氏への不満の痕跡は、天文一五年に見いだせる。八月二八日、これまで信玄に従っていた諏方満隆が自害している（『神使御頭之日記』）。この年こそ、勝頼が誕生した年にあたり、満隆は寅王による諏方氏再興に危機感を抱いたのではないか。

満隆自害の理由は、彼の子息で、諏方仏法寺の僧侶賢聖への冷遇によって一端が明らかになる。信玄は永禄《えいろく》八年（一五六五）に諏方大社復興に乗り出し、他者の知行地《ちぎょう》になっていた膨大な神領《しんりょう》の返還と、旧知行主への替地宛行《あてがい》を進めた。その際、神領の一部が賢聖の知行地となっていることに気づく。信玄は、賢聖は「逆徒之愛子」であるため、替地を与える必要はないとして、知行地を没収して諏方大社に返付してしまった（「諏訪大社文書」『戦武』九六五）。「逆徒」というからには、満隆は謀叛を試みたのだろう。

しかし勝頼誕生だけでは、満隆謀叛の動機としては弱い。ましてや、乳幼児の死亡率が高い時代である。諏方氏家督継承を待望された寅王の処遇のほうが重要であろう。満隆は諏方一門の長老格として、寅王による諏方氏再興を信玄に求めていたからである。

寅王とおぼしき人物のその後が、『寛永諸家系図伝』や宝暦三年（一七五三）成立の『千曲《ちくま》之《の》真砂《まさご》』に記されている。それによると、頼重の子は、侍者長岌《じしゃちょうきゅう》という者であった。幼い頃から父の仇を討とうと志し、信玄が昼寝をしている時に小刀で刺したという。信玄は驚いて目覚め、恐れを抱いて甲府一条寺に沙門《しゃもん》（僧侶）として出家させた（この時、長岌と号したのだろう）。その後、長岌は今川義元の誘いにのり、密かに甲斐を出て駿河に向かったところ、甲斐内村という地で発見され、信玄の命で同所において殺害されたという。

義元が長岌を引き取ろうという話は、両国の同盟関係から事実とは考えがたい。ただ、寅王の消息が途絶えることからすると、出家させられたという話は事実かもしれない。最期についても裏づけはないが、勝頼誕生により、信玄が寅王を出家させようと動いた可能性は否定できないのではないか。これが、満隆に不満を抱かせたと思うのだ。もっとも寅王はわずか五歳に過ぎない。暗殺未遂事件が実際にあったとしても、後年のことである。

この逸話でも、信玄は自分を刺した長岌を殺害せず、出家で済ませている。伝承の原型、具体的な事実関係は確定できないが、諏方郡を治める上でも、若年の甥を殺害することは、マイナスにしかならない。出家させて、謀叛の芽を摘むだけで十分だろう。

乾福寺殿墓
高遠城の西、建福寺に所在。同寺は武田時代には「乾福寺」と称した。保科正直（法名建福寺殿）・正光父子の墓と並んでたたずんでいる。

なお乾福寺殿は、弘治《こうじ》元年（一五五五）一一月六日に死去した。勝頼一〇歳の時である。仮に先述した『軍鑑』の記述を信じれば、享年二五になる。いずれにせよ、早逝であったことは間違いない。法名は、乾福寺殿梅岩妙香大禅定尼で、墓は伊那郡高遠の建福寺に所在する。勝頼は永禄一二年（一五六九）七月一三日に高野山《こうや》成慶院《さんじょうけいいん》に供養を依頼し、元亀《げんき》二年（一五七二）一一月一日には、臨済宗の高僧鉄山宗鈍《てつざんそうどん》を高遠に招いて一七回忌法要を営んだ。高遠で法要を営んだのは、彼女の生母「太方様」が高遠で生活していたからでもある。

## 高遠諏方頼継の動向

ここで、勝頼が後にその家督を嗣ぐことになる高遠諏方頼継の動きをみておきたい。頼継は、伊那郡箕輪《みのわ》城主（福与城、現長野県箕輪町）藤沢頼親や信濃守護小笠原長時と結び、武田氏への抵抗を続けていた。天文一四年、信玄は上伊那《かみいな》郡に全面攻勢をかけ、四月一七日に頼継は高遠城を放棄して逃亡した。六月、藤沢頼親が降伏し、武田氏は上伊那郡を制圧した。

ところが、天文一七年（一五四八）二月一四日、信玄は上田原合戦で村上義清に大敗を喫し、諏方郡司兼上原城代の板垣信方以下、多くの戦死者を出した。反武田の動きが活発化し、諏方郡への侵入や諏方西方衆《にしかた》（諏訪湖西岸の武士団）の反乱を許す。しかし信玄は、七月一九日の塩尻峠の戦いで小笠原長時に大勝し、態勢を立て直すことに成功した。九月、藤沢頼親がふたたび降伏、没落している。

この間頼継は、目立った動きをみせていない。天文一七年四月三日、甲府に出府し、翌四日に「宝鈴《ほうれい》」を鳴らしたという（『甲陽日記』）。これは誓約の儀式で、武田氏への忠誠を明らかにしたものと思われる。甲斐《かい》御岳山《みたけさん》（金桜神社）の宝鈴を鳴らすのは百姓のやり方というから（『軍鑑』）、諏方大社の宝鈴であろうか。翌日には、高遠への帰城を許されている。

通説では、天文二一年正月二七日に信玄の命で自害に追い込まれたとされる。しかし後述するように、高野山成慶院の「供養帳」に命日は同年八月一六日とあり、後者が正しい。『甲陽日記』によると、正月二三日に「諏記」「諏氏」が高遠で問題を起こし、二五日に甲府に出府したという。出頭を命じられたのだろう。「諏記」は「諏紀」の誤記で諏方紀伊守《きいのかみ》の略称、つまり高遠諏方頼継（頼継は降伏後、信濃守から紀伊守に改称）、「諏氏」は「諏民」の誤記で諏方民部《みんぶ》の略称とみられる。

頼継切腹説の根拠は、『甲陽日記』天文二一年正月二七日条だが、実はここには「諏氏生害《しょうがい》」としかない。諏方民部が自害または処刑とあるだけで、「諏紀」は併記されていない。つまり頼継は、謀叛を疑われて甲府に出頭したものの、彼自身は助命されたのだ。たしかに『赤羽記』は、高遠諏方氏家老の神林《かんばやし》上野入道が頼継謀叛と注進し、殺害されたと記す。また天文二一年三月段階で、「高遠近習《きんじゅう》」衆が、家老保科正俊《はしなまさとし》を通じて信玄に訴え、武田家朱印状で知行安堵をしてもらっている（『新編会津風土記』『戦武』三四六）。

しかし、前者は後世の編纂物であり、史料的信頼性は高くない。後者も、頼継が政治的発言力を失い、その発給文書《はつきゅうもんじょ》の権威も失墜している状況を読み取れるが、死去したとは断言できない。頼継の近習たちは、頼継から以前に貰った知行安堵状が武田氏の命で反古《ほご》にされたり、在地の人々から相手にされないことを恐れ、信玄の安堵状を求めたに過ぎない。

頼継は天文二〇年一二月まで知行宛行状を出しており、この間に起きた事件は、天文二一年正月の甲府召喚《しょうかん》と一門諏方民部の自害しかない。以上からは、頼継が謀叛の嫌疑を受け、失脚したとまではいえそうである。

## 頼継の命日と高野山成慶院「供養帳」

頼継の命日が記されているのは、高野山成慶院の「供養帳」で、天文二一年八月一六日とある。筆者が『赤羽記』よりも、成慶院供養帳の記載を重視する理由を説明する必要があるだろう。そのためには、まず戦国時代の高野山信仰から解説しなくてはならない。

戦国時代初頭の一五世紀末から一六世紀頭にかけて、宗教界でひとつの動きがおきた。高野山の子院（宿坊）が、全国をめぐって住人を檀那とし、高野山信仰を本格的に広めるようになったのである。

高野山といえば、総本山金剛峯寺《こんごうぶじ》の名が思い浮かぶ。しかし近世以前の金剛峯寺は、現在の金剛峯寺とはまったく異なる。高野山には、金剛峯寺という組織が存在したが、それは物理的な意味での寺院ではない。高野山を形成する、子院の合議集団（惣寺《そうじ》）からなる、最高決定機関を金剛峯寺と呼んでいたのだ。現在の金剛峯寺は、羽柴秀吉《はしばひでよし》が建立した羽柴氏菩提寺青巌寺《せいがんじ》と、秀吉が帰依した木食応其《もくじきおうご》が開基した興山寺《こうざんじ》（文殊院《もんじゅ》）が、明治二年に合併して成立したものである。

このため、高野山の教線拡大（檀那場の形成）は、各子院が別個に活動して進んだ。その手法は、各地の大名・国衆と師檀《しだん》契約を結び、家臣・領民を一括して檀那にする許可を得るというものである。廻檀僧《かいだんそう》は、この師檀契約状を携えて地域の有力者を回り、供養依頼を募った。家臣・領民が高野山に登る際には、大名・国衆が師檀関係を結んだ子院に宿泊し、参拝を行った。

中世日本人の宗教観は、「神仏習合」「諸宗兼学《しょしゅうけんがく》」という言葉が示すように、特定の宗派に拘《こだわ》る人は少なく、仏教の各宗派は救済を得るためのさまざまな教えと認識されていた。そのため、一部宗派の信徒を除き、多数の宗派に触れることは珍しくなかったのである。

当時の高野山における供養は、現在のわれわれが考えるものとは少し異なる。通常、供養といったら、亡くなった人の追善供養が思い浮かぶ。しかし、高野山子院はそうではない。少なくとも戦国期の段階では、逆修供養《ぎゃくしゅくよう》、つまり生前供養が中心なのである。逆修供養は他宗派でも存在するが、高野山においては目立って多い。

これは、高野山子院の「過去帳」の記載をみると一目瞭然で、供養依頼日はほぼ確実に記されているが、命日は月日だけであったり、追善供養でも記載がないことが少なくない。このため高野山子院の「過去帳」には、「過去現在名前帳（過現名帳）」などという表題が付されている場合がある。過去（追善供養）と現在（逆修供養）双方が記された「過去帳」というわけだ。だから供養依頼の整理簿という性格のほうが強い。このため、「過去帳」ではなく「供養帳」という呼称を用いている。

成慶院は、現在櫻池院《ようちいん》に合併され、読みも「せいけいいん」と改められた。そこには、高諏方頼継の名が記された供養帳が何冊かあり、そのうち一冊は、筆跡が時期をおって変遷していく。つまり、同時代に書き継がれた原本である。具体的には、『信州日牌帳《しんしゅうにっぱいちょう》』と筆者が名づけた折本《おりほん》がそれにあたる。この供養帳は天文一八年から記載が始まり、信濃伊那郡住人から依頼された日牌供養が列記される。日牌供養は通年供養で、高額な供養料を必要とする。月命日《つきめいにち》供養は月牌《がっぱい》供養と呼ばれ、戦国時代から現代に至るまで、一番基本的な供養である。

『信州日牌帳』の記載をみてみよう。

日牌　信州諏方高遠紀伊守頼継

大用普徹　　逆修

「八月十六日霊位」

天文廿一年壬子五月廿六日

謀叛の疑いをかけられ、逼塞《ひっそく》していたと思われる天文二一年五月に、自身の逆修供養を依頼している。同じ年なので筆跡が変わらず分かりづらいが、「八月十六日霊位」と追記がある。当時の位牌や過去帳には、下文字というものが付された。「霊位」とあれば追善供養、「逆修」「寿位」などとあれば逆修供養である。つまり、頼継は五月に自身の逆修供養を行った後、八月に死去し、遺族の依頼で追善供養に切り替えられたのだ。

この日、頼継は自分の娘の生前供養も依頼している。こちらは、成慶院『信州月牌帳三』と題簽が貼られた供養帳に記載があり、「宮千代女　逆修」に「信州諏方タカタウ紀伊守女」と説明が付されている。

これも、同時代に書き継がれた供養帳である。このように、高野山子院に対しては、父母や妻子といった家族の供養も一緒に依頼することが多い。頼継娘宮千代女の下文字も「逆修」だから、記載されている日付が供養依頼日であることが確認できる。

以上から、高遠諏方頼継の命日は天文二一年正月ではなく、八月であることは間違いない。また家族の供養を依頼することが多いと述べたが、頼継が依頼したのは娘だけである（彼女のその後の動静は不明）。つまり、彼には男子がいなかったのではないか。

後継者たる男子の不在——これこそが、頼継助命の要因となったと思われる。

## 勝頼による高遠諏方頼継の供養

今みてきた供養帳は、高野山子院供養帳のなかでも、筆者が「地域別供養帳」と呼んでいるものである。国ごと・郡ごとに作成され、供養依頼があった時に最初に書き込まれるもので、事実上原本といえる供養整理簿である。

成慶院供養帳には、もうひとつ「大名別供養帳」と筆者が呼んでいるものがある。成慶院の大檀那である、甲斐武田氏、周防《すおう》大内氏、信濃保科氏、筑前秋月氏といった大名・国衆の当主・一門を「地域別供養帳」から抜き書きしたりして、清書したものである。寺の重書として別置されていたため、早くから存在が知られていた。

武田氏関係は、五冊の折本が黒漆《くろうるし》塗りの木箱に収められており、そのうち三冊がひとまとまりと扱われている。しかし、実は二冊目は「地域別供養帳」、つまり原本たる『甲州日牌帳』である。著名な武田氏重臣の名が書き連ねられているため、伝来の過程で「大名別供養帳」と誤解され、連番が付されてしまったようだが、本来は別の性格のものだ。

同じ「大名別供養帳」なのは、一冊目と三冊目である。一冊目は、「武田御日坏帳」と表紙に記され、「一番」と貼紙が貼られている。三冊目は、「武田日牌帳」とあり、「三番」という貼紙がある。いずれも、金箔銀箔があしらわれ、特に『武田日牌帳　三番』は、折本の表紙見返し部が銀地となっている。

問題は、その内容である。『武田御日坏帳　一番』には、武田信重（室町期の当主）・信昌（信玄曾祖父、信重の孫）・信玄の供養が記され、信玄祖父信縄《のぶつな》の供養が、信昌の余白に書き込まれている。信玄死去時点で、父信虎は健在であったから、信玄の供養を行うために作られた供養帳だろう。

では『武田日牌帳　三番』はどうか。最初に高遠諏方頼継の供養が記され、「天文廿一年〈壬子〉五月廿六日御他界」と命日が記される。ここでは、供養依頼日の記載はない。次いで、永禄八年三月二一日に行われた勝頼外祖母「太方様」の逆修供養が記される。この後、勝頼実母乾福寺殿、正室龍勝寺殿《りゅうしょうじでん》（信長養女）の供養、そして天正《てんしょう》一七年に行われた勝頼自身の追善供養が記される。最後に、「曾祖父」として「建忠寺殿」の供養があるが、これは穴山信君《あなやまのぶただ》（梅雪）の曾祖父穴山信懸《のぶとお》の戒名であり、誤記入である。

つまり、『武田日牌帳　三番』は、武田勝頼関係者の供養帳なのだ。そしてその冒頭に、高遠諏方頼継の供養が折本一面を使って大きく記される。この供養帳で同じ扱いを受けるのは、勝頼自身しかいない。本帳作成時の成慶院は、勝頼が供養を依頼する先祖を、高遠諏方頼継と認識していたことになる。

文字の雰囲気をみると、高遠諏方頼継・太方様・乾福寺殿（永禄一二年供養）・龍勝寺殿（元亀《げんき》二年〈一五七一〉供養）が同筆である。そして頼継の下文字は「霊位」ではなく「神儀」とある。当時しばしば用いられた、格式の高い下文字であり、この供養帳作成者が、高遠諏方頼継を非常に丁寧に祀っていることが明らかとなる。なお、乾福寺殿・龍勝寺殿の下文字は「淑霊位」に留まる。

つまりある段階で、勝頼が高遠諏方頼継の供養を行ったことになる。なぜそのような行為をしたのか。それは、勝頼が高遠諏方氏の「イエ」の祭祀を主宰することで、自身の地位の正統性を主張しようとしたためだろう。そこから浮かび上がってくる勝頼の立場は、諏方氏本宗家当主ではない。分家である高遠諏方氏当主としての正統性を主張しているのだ。

弘治二年（一五五六）四月二一日、頼継後室（未亡人）の逆修供養が成慶院に依頼されている点にも注目したい（『信州月牌帳　三』）。頼継死後の高遠諏方氏は、月牌供養を執り行う程度の余裕はあったわけだ。この女性が頼継の正室であったのなら、諏方頼満の娘であり、その権威は無視できない。また後継者たる男子が不在の場合、後室が「後家権」を行使して家政を代行することが少なくない。高遠諏方家中における影響力は大きなものがあったろう。翌弘治三年正月、武田氏は神林・保科両名に対し、高遠領内での夫丸《ぶまる》（人夫）徴発を命じている（『新編会津風土記』『戦武』五二七）。このことは、高遠諏方領は武田氏の直轄下に置かれているものの、家臣団組織が解体されていないことを意味する。ただ、印影は武田氏の家印龍朱印《かいんりゅうしゅいん》とは異なるため（文字が刻まれている）、頼継後室の発給《はっきゅう》かもしれない。

信玄は、隣接する諏方郡・下伊那郡・筑摩郡において、御一門衆や譜代家臣に知行を宛行《あてが》ったり、現地の武士を寄子《よりこ》（与力）に付けている。諏方家臣団は解体され、それぞれが武田氏の直臣として、一門・重臣の寄子に付されているのだ。

しかし、高遠諏方領については、信玄が直接家老に命令を出す以外は、そうした形跡がない。頼継死後も、高遠諏方氏の存続は認められていたのである。家老に直接指示を出しているのは、当主不在だからであろう。

## 高遠諏方「勝頼」の誕生

これらの事実から、勝頼が入嗣《にゅうし》したのは、高遠諏方氏であると思われる。通説では、諏方氏本宗家の家督を嗣いだものの、諏方衆の反発を考慮して高遠城に入ったとされるが、事実ではない。頼継生前の段階で、高遠諏方氏の家督継承者に定められたと思われる。頼継は、勝頼の養父になる人物だからこそ、謀叛の疑いをかけられても、助命されたのではないか。

では勝頼と諏方氏本宗家はどのような関係になるのか。まず、諏方氏本宗家は、なし崩し的に断絶扱いになったと思われる。

注目すべきは、惣領職の所在である。武田氏においては、惣領職の安堵や改替《かいたい》がしばしば行われ、惣領職補任《ぶにん》が恩賞のひとつであったからだ。信玄実子で、本宗家頼重の血を引く勝頼が入嗣したことで、分家である高遠諏方勝頼が、諏方氏惣領職を引き継いだとみるのがもっとも自然である。信玄は、勝頼に高遠諏方氏の家督を相続させた上で、諏方氏惣領職に任じたものとみられる。これらの構想がいつ生まれたのかは不明だし、寅王の処遇も実際のところはわからない。満隆謀叛は、過剰反応であったといったほうがよいかもしれない。

勝頼が家督を嗣いだのは高遠諏方氏だが、惣領職を引き継いだと思われるから、以下では単に諏方勝頼と呼ぶこととしよう。

惣領職を別途引き継いでの家督継承は、勝頼の実名に現われている。勝頼は分家高遠諏方氏を嗣いだものの、高遠諏方氏が代々用いた通字《とおりじ》「頼」ではなく、諏方氏本宗家の通字「継」が選ばれた。それに、信玄から「勝」字偏諱《へんき》を受け、「勝頼」という実名を名乗ったのである。

ただ、これは諏方勝頼の曖昧な立場を示すものでもあった。信玄の実名は「晴信」で、「晴」は一二代将軍足利義晴から拝領したもの（偏諱）、「信」は武田氏の通字である。偏諱に際しては通字を与えるほうがランクが高いから、信玄は有力者に「信」字を与えて武田氏との結びつきを強めていった。

ところが、「信」字偏諱をするほど有力ではない人物に、「晴」字を与えることはできない。目上から拝領した一字を他人に与えることは、非礼な行為であったからだ。そこで、追放した父信虎の「虎」字、武田氏中興の祖である曾祖父信昌の「昌」字、そして「勝」字を好んで与えた。「勝」は信玄の幼名勝千代に由来すると考えられる。

ただ勝頼は、「信」字を与えられなかった。これは諏方氏に遠慮してのものとされるが、むしろ生母の出自が原因であろう。勝頼の兄三人（義信、信親、信之）はいずれも「信」を用いている。義信は将軍家通字「義」字偏諱を受けたため「信」字が下についており（戦国期では拝領した字は上につけるのが通例）、次兄龍芳の実名信親と三兄信之の実名は系図でしか確認がとれないが、いずれも信玄正室円光院殿（三条氏）を母に持つ。それに対し、勝頼の生母は側室乾福寺殿であり、正室の子息と待遇に差を付けたのだろう。弟の仁科盛信、葛山《かつらやま》信貞も生母が側室香林院殿（油川《あぶらかわ》氏）だが、その元服は信玄晩年である。勝頼の場合は、諏方氏との関係を強調するために諏方氏通字「頼」を付し、かつ武田氏との結びつきを示す上で「勝」字を与えたのである。なお「信」字を避けた背景には、嫡男義信への配慮もあると思われ、後述する。

仮名《けみよう》は四郎である。よく「幼名」と誤解されるが、中世武家の男子は、出生後に幼名を付され、元服時に仮名と実名を定められる。実名を呼ぶことは失礼な行為にあたるため、通称を付すのだ。四郎は仮名にあたる。ただ、近世に入るとこの区別が曖昧になったようで、近世成立の系図類は中世歴代の仮名を幼名と表記することが多い。その誤解が研究者の間ですらなかなか解けないのが実情である。

## 諏方勝頼の家臣

ここまで述べてきたことは、勝頼の家臣団の多くが高遠諏方氏家臣で構成されていることで裏づけられる。諏方衆、つまり諏方氏本宗家旧臣が、武田氏直臣として、諏方郡司（上原城代、のち高島城代）や、信玄の弟信繁《のぶしげ》・信廉《のぶかど》らの寄子として分散配置となり、家臣団が解体されたことと対照的である。諏方頼豊（満隣の子で上社大祝頼忠の兄）や新たに千野氏惣領職を与えられた千野伊豆入道・重清父子は諏方郡司の寄子、諏方豊保（下社大祝）・頼運・大和《おわ》勝親といった下社社人は武田信繁・信豊父子の寄子、重清の子千野昌房は武田信廉の寄子といった具合である。

実は、勝頼およびその家臣と、諏方氏本宗家関係者とでは、高野山との師檀関係も異なる。高遠諏方氏は、少なくとも頼継以来、武田氏と同じく成慶院を宿坊としていた。家老保科氏も同様である。

これに対し、諏方氏本宗家および諏方郡住人は、金剛頂院（現在は金剛三昧院に合併）と師檀関係を結んでおり、武田時代も変わりはなかった。戦国期の金剛頂院関係史料は、残念ながら伝わっていない。幸いにも供養帳が少し残されているが、『信州諏方月牌帳』は傷みがひどく、開くことすらままならない。

ただ、『信州諏訪日牌帳』は、状態がよい。冒頭の「諏訪御一家過現列名　日牌帳」は、諏方頼重・諏方頼忠からはじまるが、勝頼の記載はない。後半の「諏訪御領中過現名帳　日牌帳」は、武田氏のもとで諏方郡支配に携わった篠原吉忠（讃岐守）・諏方春芳軒の供養記載からはじまる。破損が著しく、冒頭部を辛うじて開くのがやっとの『信州諏方月牌帳　第壱号』にも、諏方頼豊夫妻の記述がある。彼らは、勝頼とは直接関わりがないのだ。

　これに対し、高遠諏方氏家臣はそのまま勝頼に仕えたものと思われる。まず、両家老として神林氏・保科氏の存在を指摘できる。この両氏は高遠頼継生前から信玄より直接、知行宛行を受けたり（『新編会津風土記』『戦武』三二四）、高遠諏方氏家臣との連絡を命じられている。したがって、高遠諏方氏家中において、武田氏との連絡を担当し、かつ主君や同輩が武田氏に背かないように誘導することを命じられた取次役《とりつぎやく》の地位にいたと思われる。こうした存在は、穴山武田氏における佐野氏、小山田氏における小林氏、木曾氏における山村氏・千村氏など多数確認される。

　神林氏の動静はほとんど確認できないが、武田氏滅亡時に勝頼に殉じた人物にその名がある。保科氏は、近世大名になるため比較的史料の残存性がよい。ただ保科正俊・正直父子の活動が顕著になるのは、勝頼の武田復姓以後であり、信玄期はあくまで勝頼の家老であった。

　小原下総守《おばらしもうさのかみ》・継忠《つぐただ》兄弟も、高遠諏方氏旧臣である。継忠の「継」字は頼継からの偏諱であろう。『甲斐国志』は甲斐山梨郡小原《こばら》（現山梨市）出身とするが、成慶院『信州日牌帳』に「高遠庄小原之村」と記されているから、信濃伊那郡小原《おばら》出身が正しい。活動が明確になるのは、やはり勝頼の武田氏家督継承後となる。

勝頼の高遠入城は、永禄五年（一五六二）六月とされる（『軍鑑』）。一七歳の時だから、やや遅いといったほうがよいかもしれない。「諏方の頼茂あとめ《（跡目）》とかうし《（号）》、信州伊奈の郡代に被成、たかとう《（高遠）》に置申べき」と、兄義信に伝えられたというが、諏方氏本宗家を嗣いだわけではなく、高遠諏方氏当主として惣領職を継承したというのは、すでに述べた通りである。その際、付家臣《つけがしん》として派遣されたのが、跡部《あとべ》右衛《え》門尉《もんのじょう》、向山出雲《むかいやまいずも》、小田切孫右衛門、安《あ》倍《べ》宗貞《むねさだ》、竹内与五左衛門、小原下総守、小原継忠、秋山紀伊守の八人であったとされる。小原兄弟はもともと高遠諏方氏家臣だから、残りの六人が付家臣ということになろうか。筆頭は、『軍鑑』巻八「甲州武田法性院信玄公御代惣人数事」の記述から、安倍宗貞であったとわかる。実際、その後の活動をみても、安倍宗貞・小原継忠・秋山紀伊守以外はほとんど史料上の所見がない。

跡部右衛門尉は、横田下野守《しもつけのかみ》の子で、跡部苗字を名乗ることを許された人物と伝わる。妻が跡部泰忠（勘定奉行跡部勝忠の父）の娘というから、その縁によるのだろう（『寛永諸家系図伝』『寛政重修諸家譜』）。百足《むかで》の指物衆《さしものしゅう》として、使番を勤めていた。ここからの抜擢となる。実父下野守は、信虎が登用した伊勢牢人横田高松の近親であろうか。なお、保科正直の正室は跡部勝忠の娘であり（『保科御事歴』）、跡部右衛門尉とともに、勘定奉行跡部勝忠と勝頼をつなぐパイプとして注目される。右衛門尉自身は、長篠合戦で討死した。

向山氏は、武田氏譜代家臣の家柄である。出雲守は、天文一三年に先祖国造《くにのみやつこ》のために寄進状を出しているから、向山氏の中心人物の可能性がある。その子息にあたるか。

小田切氏は詳細不明だが、信玄が抜擢した宿老馬場信春の舅《しゅうと》小田切下野守の縁者かもしれない。竹内与五左衛門についても、よくわからない。

安倍宗貞は、先述したように勝頼衆の筆頭である。五郎左衛門尉、加賀守を称した。跡部右衛門尉と同じく、使番からの抜擢となる。同時代史料に姿をみせるのは、やはり勝頼期に入ってからのこととなる。

秋山紀伊守は、武田氏譜代家臣である。大永二年（一五二二）に伊勢神宮に書状を送っている信虎側近秋山昌満（宮内丞）の子息で、勝頼期に活躍する二代紀伊守（初名宮内丞）の父親にあたると思われる。ただこれは、『軍鑑』が永禄五年時点の通称を正確に記していれば の話で、同書は通称変遷を無視する癖があるから、二代紀伊守本人かもしれない。

付家臣のうち、勝頼期に台頭するのは安倍宗貞と秋山紀伊守（子息か本人か不明）の両名で、その他の動静は跡部右衛門尉が長篠で討死した以外はよくわからないといえる。

## 高遠領支配

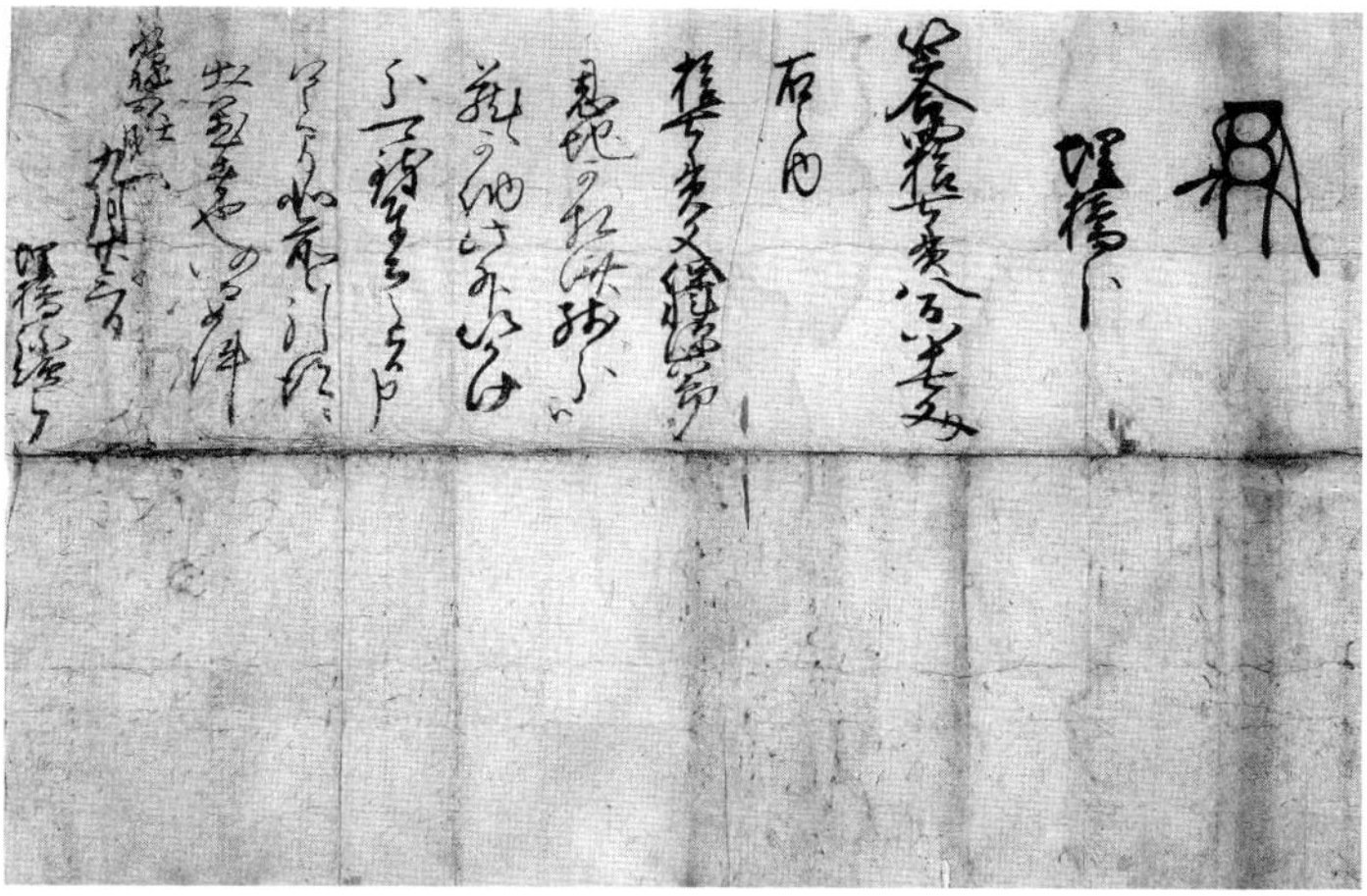

永禄５年９月23日付諏方（武田）勝頼判物（埋橋家文書　個人蔵　伊那市立高遠町歴史博物館寄託）

勝頼の高遠領支配を示す文書は、ほとんど残されていない。ただ、最初の一点目が永禄五年（一五六二）九月二三日付であることは、『軍鑑』の記す入部時期と矛盾しない。

埋橋《うずはし》弥次郎に宛てた折紙で、花押《かおう》を文書の右端（袖《そで》）に据えるという尊大な様式となっている。（「埋橋家文書」『戦武』七九八）。埋橋は現伊那市大字富県貝沼付近に比定され、埋橋氏は同地に城を有した土豪《どごう》である。

勝頼は、埋橋分の年貢高を四七貫八八七文と定めた上で、その内一七貫文は保科源六郎の知行地なので年貢として引き渡し、残りは高遠城の蔵に納めよ、井掛《いかけ》つまり用水管理の奉公をするというので、この他の収入は以前同様、弥次郎のものにしてよい、とある。

「如前々」とある点が重要で、現存はしないが高遠諏方頼継の安堵状を踏まえて出されたものである。いわゆる代替安堵で、入部後最初の年貢納入を行う際に、埋橋から先例の申告があり、それを承認したのだろう。

永禄七年一一月には、小野神社（現長野県塩尻市）に梵鐘《ぼんしょう》を奉納している（「小野神社所蔵」『戦武』九一六）。銘文を撰した天桂玄長は、信玄に招かれた臨済宗の高僧である。鐘銘《しょうめい》の最後に、「大檀那諏方四郎神勝頼」と刻まれている。諏方氏を継いでいるので、「源」姓ではなく「神」姓となっている。

ここでは、勝頼が「郡主」と呼ばれている点に注目したい。『軍鑑』で、勝頼は「信州伊奈の郡代に被成」とある。これには誇張があり、下伊那郡は秋山虎繁が管轄しているから、勝頼の管轄は高遠を含む上伊那郡と思われる。武田氏では、郡代のことを「郡司《ぐんじ》」と称するから、勝頼の立場は「上伊那郡司」と呼ぶべきであろう。

この鐘が奉納された小野神社は、信濃国二宮にあたる。同社がある小野盆地をめぐって、天正一九年（一五九一）に松本城主石川数正と飯田城主毛利秀頼の間で堺相論《さかいそうろん》が起きた。秀吉の裁定で盆地が南北に分けられ、神社も北側が小野神社、南側が弥彦神社という形で分裂したという。

その際、諏方大社上社神長官《じんちょうかん》守矢信真が提出した目安（上申書）に、諏方郡と伊那郡の境界をめぐる歴史が記されている（「守矢家文書」『信史』一七巻四三三頁）。守矢信真の主張は、諏方郡の範囲を諏方氏本宗家の最大版図という意味で述べており、郡境を考える上では適切とはいいがたい。ただ、領域再編の契機は三つに分けられる。第一は諏方庶流家の分出（高遠・藤沢）、第二は信玄による再編、第三は本能寺の変後の「天正壬午《じんご》の乱」混乱期の押領《おうりょう》（不法奪取）である。

検討したいのは、当然信玄による再編で、①勝頼の支配領域は、高遠諏方頼継旧領をそのまま継承したのではなく、箕輪領（藤沢頼親旧領）を併合して形成された、②しかし小坂（現岡谷市）・辰野（現長野県辰野町）は諏方衆の知行地扱い、③問題の塩尻・小野も諏方郡であり続けた、となる。

この主張は、鐘銘を見る限り怪しい。勝頼は「郡主」つまり上伊那郡司の立場で小野神社に梵鐘を奉納しているからだ。下諏方領分のままであったと主張する辰野についても、勝頼後任の上伊那郡司今井信仲が、諏方神社（現長野県辰野町）に棟札を奉納している（「辰野町諏訪神社所蔵」『戦武』二五五二）。

もっともここでは、勝頼が上伊那郡司として管轄した領域が、高遠諏方氏旧領を基本にしつつも、箕輪領などの併合で再編されたものであったことを確認すれば十分である。

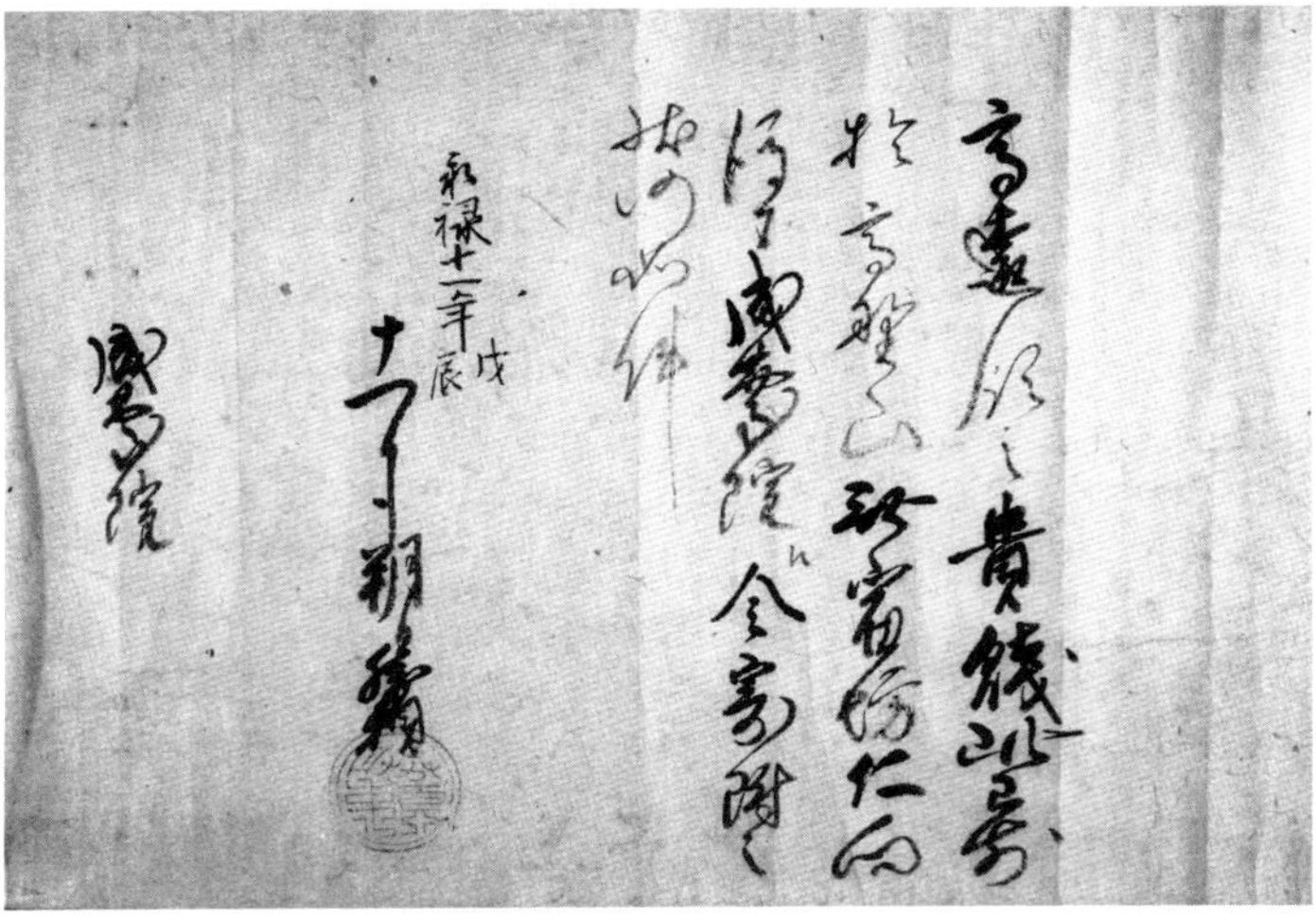

永禄11年（1568）11月1日付諏方（武田）勝頼朱印状（成慶院文書　東京大学史料編纂所所蔵写真帳　櫻池院蔵）

次いで永禄一一年、高野山成慶院に朱印を用いて証文を与えている（櫻池院所蔵「成慶院文書」『戦武』一三三四）。

内容は、高遠領の住民は貴賤を問わず、まだ高野山の子院と師檀契約を結んでいない者がいれば、今後は成慶院を宿坊とすると定めたものである。すでに頼継の段階で、高遠諏方氏は成慶院と師檀契約を結んでいたが、成慶院の要請で出し直されたのである。ただ「まだ宿坊が定まっていない者」への限定は、明らかに勝頼の意思である。信仰面でのトラブルが生じないよう配慮しているのだ。なお永禄八年三月二一日、成慶院で外祖母麻績氏（太方様）の逆修供養が行われ、「信州高遠勝頼様之御祖母」と記されている。

これは勝頼の依頼の可能性が高い。本文書の翌永禄一二年七月には、生母乾福寺殿の供養を依頼している。

本文書では、勝頼が自分の実名を刻んだ円形朱印を捺している点が注目される。武田氏は、龍朱印をはじめとして、印判状《いんばん》による領国支配を展開するが、支城主《しじょうしゅ》による発給例はほとんどない。御家騒動の結果、一門が少なく、支城主に任命して印判状発給を許可できる家格の人物がいなかったためである。永禄期の段階で朱印状を出しているのは、御一門衆にも列せられている穴山武田氏、準一門格の小山田氏、信玄女婿の木曾《きそ》義昌程度に限られる。諏方勝頼の政治的地位には、武田一門という側面が存在したことが読み取れる。

さらに注目したいのが、勝頼が自身の領国を「高遠領」と明言している点である。これは、先ほどの梵鐘銘で「郡主」と表記されていた「郡」と同じものを指す。勝頼は高遠諏方氏の家督を嗣いで、高遠領を継承し、高遠城主の座に着いた。しかしその際には、信玄の手によって周辺の「領」が併合され、拡大再編された新たな高遠領として再出発した。それは、「郡」（上伊那郡）とも呼称される領域であったのである。

武田氏や北条氏の文書をみると、行政単位として「郡」と「領」が併存していることに気づく。このことは、先に触れた守矢信真の目安などをみても明らかだろう。守矢信真が記した諏方郡の郡域変遷史は、事実上諏方氏本宗家・諏方衆の支配領域変遷史なのである。

「領」については、国衆領を基盤に形成されたことが指摘されており、高遠領形成は典型事例といえる。その高遠「領」を治める勝頼について、天桂玄長は「郡主」と呼称した。勝頼は他者から「伊奈四郎」と呼ばれることがあったが、これは彼の支配領域が上伊那郡であったことの反映でもある。

つまり、戦国大名が「郡」「領」という異なった呼称を用いていても、その内実は同じものであったわけだ。これは近世にも、ひとつの領域として受け継がれていく。現代に連なる地域のまとまりの起点のひとつが、戦国大名や国衆による再編であったといえるのである。

永禄五年段階の「高遠城主」「上伊那郡司」という諏方勝頼の支配領域は、武田領国全体でみればどのようなものであろうか。この前年の永禄四年九月に、第四次川中島合戦が行われている。五度にわたる川中島合戦のなかで、唯一主力部隊が直接衝突した、最大の激戦である。武田信玄と長尾景虎（上杉謙信）が一騎打ちをしたという伝承を持ち（この話は『軍鑑』にもある）、信玄の実弟武田信繁以下多くの重臣が討死した。しかし前年に拠点城郭として海津城《かいづ》（現長野市松代町）を築いていた信玄は、川中島防衛に成功した。以後、西上野進出を本格化する。

あまり知られていないが、武田領国は美濃にも及んだ。天文二三年（一五五四）、木曾義康出仕で武田氏が南信濃を制圧した結果、翌天文二四年には美濃東端恵那《えな》・土岐郡の苗木《なえぎ》

（現岐阜県中津川市）・岩村（同恵那市）の両遠山氏も信玄に服属を申し出たからだ（『明叔慶浚等諸僧法語雑録』『岐阜県史』史料編古代・中世二―三三六頁）。両遠山氏は、尾張織田氏とも関係があり、武田・織田に「両属」する形に落ち着く。さらに永禄六年には、信玄は遠山氏経由で美濃可児郡久々利（同可児市）に兵糧を補給している（東洋文庫所蔵『水月古鑑』『戦武』八五六）。また次章で略述するが、斎藤龍興と結んで織田信長に抵抗していた犬山織田広良（一般にいう信清）も、武田氏と和親交渉を進めている（「所蔵未詳文書」『戦武』九四四）。これらからすれば、美濃多治見～久々利一帯と犬山織田氏は、武田・斎藤氏に両属していた可能性が高い。東美濃・北尾張情勢は、かなり入り組んだ状況にあったようである。

したがって永禄五年段階の武田領国は、本国甲斐に加え、信濃の大半（信濃最北端は長尾領）に上野西部の一部、美濃東部、尾張北端部で構成されていた。信玄はこのうち信濃諏方郡の軍政を高島城代（現諏訪市）兼諏方郡司（小宮山虎高カ）に、川中島四郡（埴科《はにしな》・更級《さらしな》・高井・水内《みのち》）を海津城代兼川中島郡司春日（香坂）虎綱に、佐久郡（小県郡もか）を内山城代（現佐久市）兼佐久郡司小山田虎満に、下伊那郡を大島《おおじま》城代（現長野県松川町）兼下伊那郡司秋山虎繁に委ねている。西上野・東美濃・北尾張は国衆領中心のため、郡司未設置である。

これに、勝頼が高遠城主兼上伊那郡司として加わった形になる。永禄五年（一五六二）六月段階の、領域図を示しておこう。勝頼の管轄領域が意外に大きいことがみてとれる。

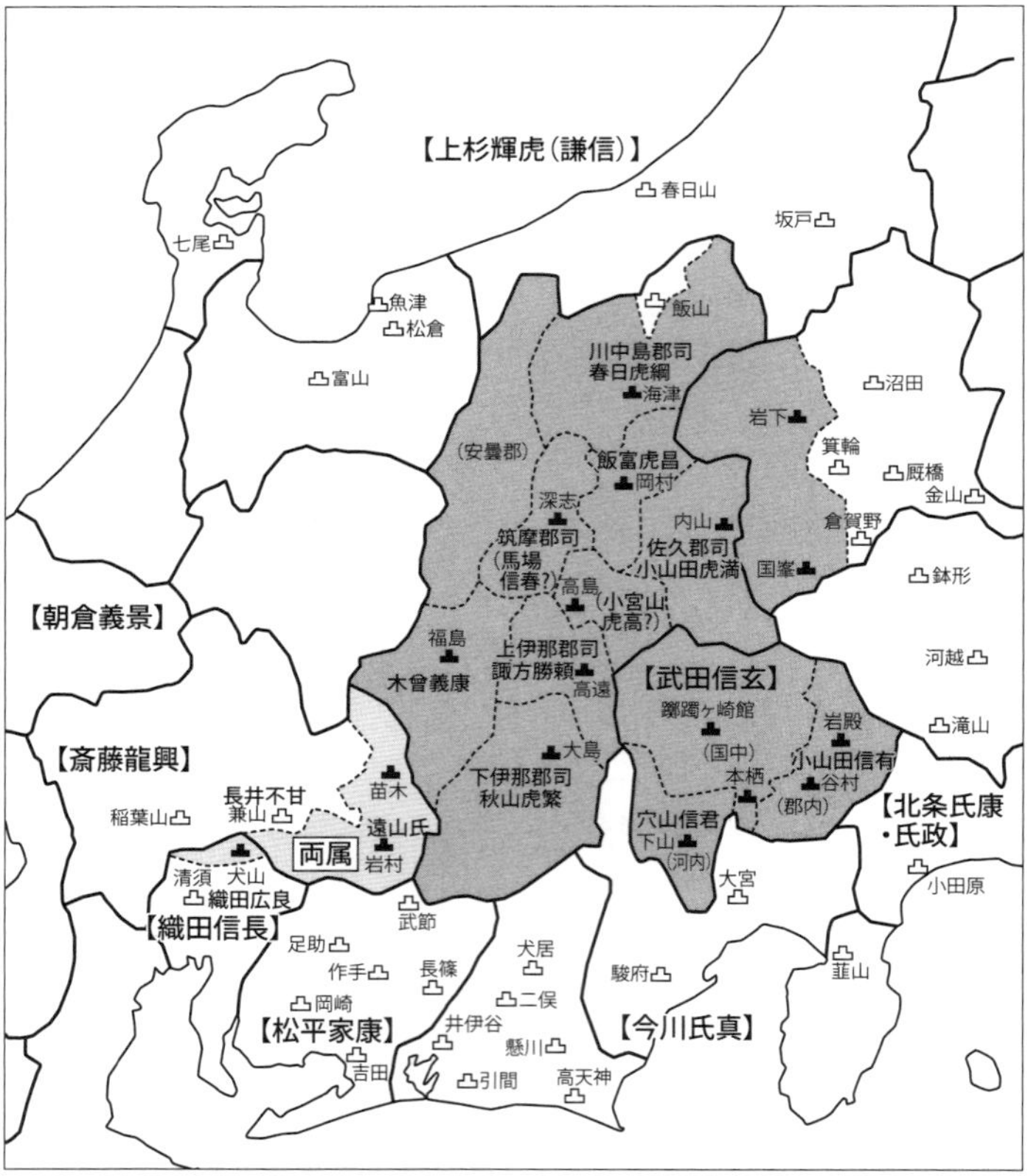


永禄５年時の武田領国図

# 第二章　思いがけない武田復姓

## 「御一門衆」という家格

勝頼は高遠諏方氏の家督と諏方惣領職を継承し、高遠城に入った。その際には高遠諏方頼継旧領と旧臣を受け継いだだけでない。箕輪領を併合するなど高遠領は拡大再編され、「郡司」という立場で上伊那郡の軍政を管轄することになる。もっとも、高遠領に箕輪領（藤沢頼親旧領）を加えたというもので、下伊那郡の境は明確ではない。上伊那郡南端から下伊那郡北端に勢力を有した「春近衆《はるちか》」（片切・飯島・上穂《うわぶ》・大島・赤須の五氏）は、下伊那郡司秋山虎繁の寄子に編制されている。

他家を嗣いだといっても、勝頼が信玄の四男であることに変わりはない。兄たちのうち、次兄龍芳は小県郡国衆海野氏に入嗣したものの、弘治二年（一五五六）一六歳の時に疱瘡《ほうそう》を患って失明し、政治的活動を行うことはなかった。三兄信之は、甲斐源氏安田氏の家督継承を想定されていたようだが、天文二〇年（一五五一）～二三年頃に一〇歳で夭折《ようせつ》している。弟の盛信は、永禄五年（一五六二）段階でまだ六歳に過ぎない。

このことは、勝頼が政治的には、信玄の「次男」という立場にあったことを意味する。その上、永禄四年の第四次川中島合戦で、信玄は信頼厚い弟信繁を失った。次の弟信廉は三三

高遠城（撮影：平山優氏）

歳になっているが、絵画に優れた文化人という側面が強い。文武両道で、前線で活躍した信繁ほどの働きは期待できない。
　だから勝頼は、高遠諏方氏当主以上の働きが期待された。諏方惣領職を継承したものの、上社大祝職は諏方頼忠が継承したし、諏方衆を家臣化してもいない。勝頼に求められたのは、武田一門の柱石となることであった。勝頼が信繁の嫡男（出生順では次男）で、三歳年下の信豊と「竹馬ノ友」（『甲乱記』）として育ったのは、信繁の次代を担う形で、信玄、やがては長兄義信を支える一門になることが予定されていたからといえる。
　戦国大名の多くは、一門を登用し、軍事・内政を任せた。これは身分を問わない人事登用を行ったイメージがある信長や秀吉においても変わりはない。その際「一門」として処遇されたのは、大名の子息・兄弟といった近親に限られ、早くに分かれた庶流家は区別された。大名によっては、庶流家に大名と同じ苗字の使用を禁じている。

武田氏では、信玄が一門を「御一門衆」と「親類衆」にわけた。御一門衆に列せられたのは、基本的には信玄の子弟と、二重の姻戚関係を結んだ穴山武田信友・信君父子に限られる。祖父信縄以前に分かれた庶流家は「親類衆」に列せられ、「御一門衆」とは区別された。このうち親類衆は、武田苗字の使用を制限される傾向にあったようだ。

御一門衆と親類衆とでは、任される役割がまったく異なる。永禄末期に作成された信玄旗本の陣立書《じんだてがき》をみると、親類衆は旗本、それも信玄本陣周囲に配置されている。親類衆に大きな軍事力を与える考えはなかったのだ。

内政面では逆に、親類衆には武田氏奉行人として登用されるものが増えていく。彼らは礼遇されてはいても、家中に包摂され、譜代家臣として扱われるようになっていった。

これに対し、御一門衆が奉行人のような役割を果たすことはほとんどない。彼らは、武田氏とは「別家」を構えた存在であり、独立した家の主として武田氏の「藩屏《はんぺい》」となることを期待された家中の外の存在であった。

ただし信玄は、御一門衆にもあまり大きな権限は与えなかった。信玄期の御一門衆が、各地の支城主・城代や郡司に任命された事例はほとんど存在しない。一時的に前線城郭への在番を命じることはあっても、基本的には甲府に留め置いた。彼らが活動したのは、主として外交面で、一門としての高い家格を活かし、他大名とのやりとりに関与した。

この背景には、御家騒動の繰り返しの結果、姉婿穴山信友を除き、「御一門衆」は信玄より年少の人物ばかりという現実が存在した。軍事・内政面で重責を任せられるほどの年齢に達した人物が、ほとんどいなかったのだ。

もうひとつ、一門・親類への猜疑《さいぎ》心をぬぐえなかったという側面もあったのではないか。自身のクーデターまで続いた武田氏の御家騒動の歴史が、影を落としたのである。

## 「御一門衆」としての諏方勝頼

そのなかで、弟信繁と勝頼は例外であった。信繁は北信濃で長尾景虎（上杉謙信）と対峙していたようで、どこかに在城していた節がある（嫡男信豊には継承されていない）。外交面でも信玄を補佐し、嫡男長老《ちようろう》（信豊の幼名）に宛てる形をとった「家訓九十九ヶ条」は、一門の立場での忠義を説いたものである。

勝頼は、次兄龍芳同様、国衆家を嗣いだ。龍芳が失明してしまったため、政治活動を断念せざるを得なかったのに対し、勝頼は高遠諏方氏当主として上伊那郡を治め、その軍勢を率いる身であった。

御一門衆は、甲斐南西部河内《かわうち》領を治める穴山武田氏を除けば、信玄の弟か子息であり、独自の基盤を持たない。つまり、信玄が領地と家臣を用意してやらねばならなかったのである。その有力な手段が、国衆家の相続であった。これは国衆側からすれば「御家」の乗っ取りに他ならず、当然反発を招く。

しかし、国衆家臣にとっては、より有力で強大な軍事権力である戦国大名武田氏に近づけることをも意味する。もともと国衆の家も、軍事力の結集・保護を期待した周辺小領主が家臣となって確立したものだから、武田氏に近づけることには、利点もあるのだ。家臣を味方につけるよう事を運べば上手くいく可能性があるといえる。高遠諏方頼継失脚後、「高遠近習」衆が信玄に所領安堵を求めたいっぽう、諏方満隆が勝頼誕生直後に謀叛を起こして自害したことを想起して欲しい。信玄が諏方氏本宗家を避け、後継者不在の高遠諏方氏を勝頼の入嗣先に選んだ理由が、これであった。勝頼は高遠諏方領と家臣団を相続し、ただちに武田氏を支える「藩屏」となりえたのである。

永禄七年（一五六四）六月、信玄は娘婿で、信濃木曾郡の国衆木曾義昌の家老千村俊政と山村良利に書状を送った（「千村家文書」『戦武』八九八）。前年、義昌が甲府に挨拶に訪れており、信玄はその答礼を考えていたのだという。木曾義昌は、『軍鑑』では「御親類衆」(同書では「御一門衆」の意味で用いられている)に列せられている人物である。信玄の娘婿は数多く存在するため、木曾義昌も先方衆《せんぽうしゅう》(外様国衆の武田氏における呼称)と位置づけるべきとされる。ただ、かなり早い段階で武田氏から朱印状使用を許可されている点は特別で、木曾一郡領有という勢力の大きさも無視できない。信玄の娘真龍院殿《しんりゅういんでん》が義昌と婚約したのは、彼女が五、六歳の時とみられ、東美濃を除けば、武田領国の西端を領する木曾氏が非常に厚遇されていた様子がうかがえる。

この時、信玄が書状で述べた答礼計画も、破格のものであった。信玄は、自分または義信か、最低でも勝頼が返礼として挨拶に行くべきだと考えていたが、関東出陣が続いたため、果たせないでいたという。これ以上遅れるときりがないので、家臣をひとまず派遣する。落ち着き次第、あらためて木曾領との境に位置する洗馬《せば》(現塩尻市)まで信玄自身が挨拶に赴くつもりだという。

これほど気を遣っていることからすると、義昌の参府自体が特別なものだったのだろう。永禄八年までに義昌の父義康が出家して聴雨斎宗春《ちょううさいそうしゅん》と号しているから、永禄六年の参府は家督相続の挨拶か、信玄息女真龍院殿の輿入れに関するものかもしれない。この年、彼女は一四歳になっている。

信玄が、「愚息四郎」こと勝頼を自分自身と義信に次ぐ答礼候補として挙げていることに注目したい。諏方勝頼となってわずか二年、勝頼はすでに信玄自身か嫡男義信の代理を務めうる人物と評価されているのである。ここで求められたものは、交渉能力ではない。武田一門における家格序列、それも信玄名代を果たせるかが問題となる。その際、勝頼は教養人である叔父信廉をさしおく形で、嫡男義信に次ぐ候補として選ばれた。それは、彼が「事実上の次男」であったからに他ならない。

「事実上の次男」――これは、庶子扱いで「信」字ではなく、「勝」字を与えたことと矛盾する一門内の序列である。なぜ、このように複雑な事態が生じたのだろうか。

## 桶狭間合戦と美濃・尾張情勢

諏方勝頼が政治活動を開始する二年前の永禄三年（一五六〇）五月一九日、桶狭間合戦で駿河の今川義元が織田信長に討ち取られるという事件が起きた。武田信玄は大きな衝撃を受けたが、それは今川義元および相模の北条氏康と「甲駿相三国同盟」を結んで、相互に軍事支援を行う関係にあったからである。信玄の娘黄梅院殿は北条氏康の嫡男氏政に嫁ぎ、嫡男義信の正室として今川義元の娘嶺松院殿を迎えている。また、北条氏康の娘早川殿《はやかわどの》が、今川

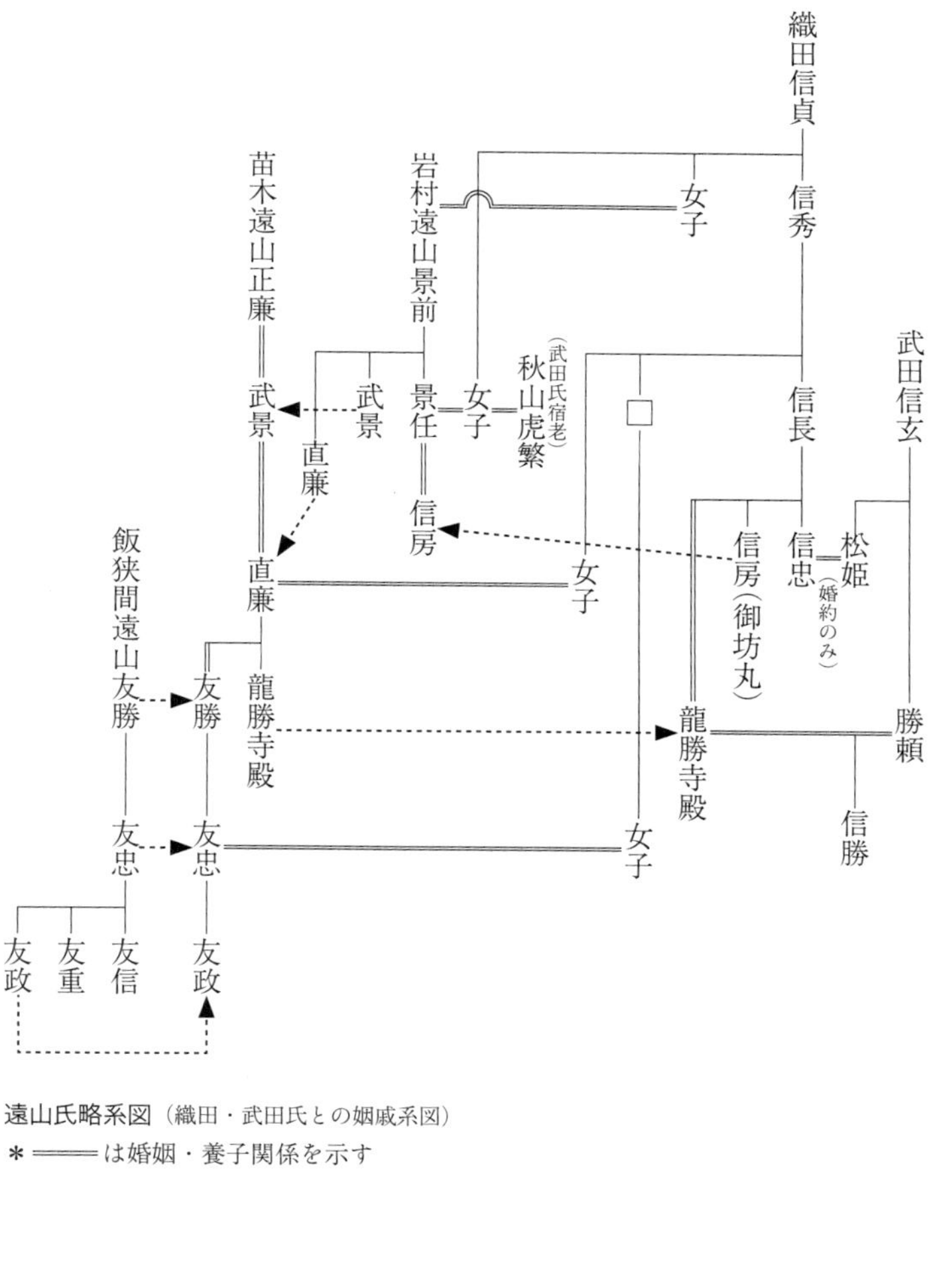


遠山氏略系図（織田・武田氏との姻戚系図）
＊═══は婚姻・養子関係を示す

永禄６年頃の東美濃遠山氏関係地図（横山住雄『武田信玄と快川和尚』掲載図を一部加筆・修正）

義元の嫡男氏真に嫁いでいる。

すでに今川氏においては、義元が隠居し、氏真が家督を嗣いでいた。しかし実権は義元にあったため、信玄は、今川氏との外交担当取次穴山信友に、氏真と同盟関係継続の交渉をするよう指示した。それと同時に、敗戦後も奮戦し、義元の首級を受け取ってから帰国した今川氏重臣岡部元信に書状を送ったのだ。そこでは元信の奮戦を讃えるとともに、自分のことを氏真に讒言《ざんげん》する者がいたら取り成して欲しいと頼んでいる（「岡部家文書」『戦武』六九六）。

このことは、今川家中に信玄に対して何らかの不信感が存在していた事を示唆する。その原因は、かなり複雑なようだ。

要因のひとつは、対織田外交と思われる。天文二三年（一五五四）、信玄が南信濃を制圧した結果、美濃恵那郡・土岐郡の国衆遠山氏が武田氏に服属を申し出たことはすでに述べた。

問題は遠山一族が、織田氏と姻戚関係を結んでいたことにある。従属時の当主岩村遠山景前《かげさき》・景任《かげとう》父子の妻はいずれも信秀の妹、次男苗木《なえき》遠山直廉《なおかど》の妻は信秀の娘と伝えられる。多少伝承の混乱があるように思うが、織田信秀の姻戚であったことは間違いない。

したがって遠山氏は、信秀嫡男信長とも友好関係にあり、武田・織田氏に「両属」することとなった。大名領国周辺部の国衆は、両属という形で自領の存続を目指すことはよくあり、信玄も了承したものであった。

ただ岩村遠山氏は、織田氏寄りの行動をとることが多く、三河に出兵して今川氏に敵対する軍事行動も少なくなかった。一方で信玄は、遠山領に武田勢を駐屯させていた。美濃斎藤氏と対立する遠山氏を軍事的に保護するためで、これこそ遠山氏が求めたものである。

問題は織田信長が美濃攻めを繰り返していることで、駐留する武田勢が、織田勢と偶発的に衝突する危険性をはらんでいた。信玄は北信濃川中島をめぐって、上杉謙信（長尾景虎・上杉輝虎・政虎、以下「上杉謙信」に統一）と争っていたから、東美濃での戦争は避けたい。

そこで、信長との友好関係樹立を選んだのである。花押《かおう》型から永禄元年と推定されている一一月二三日付織田信長書状は、大島城代兼下伊那郡司の秋山虎繁に宛てたもので、陣中見舞いへの礼を述べ、大鷹を送って欲しいと所望している（「新見家文書」『戦武』四〇二〇）。

早くも武田・織田間で友好関係が築かれていることがわかる。今川氏の疑念を招きかねない行為だが、信玄は直面する問題をひとつひとつ解決することに必死であったのだ。

義元討死で家中が大混乱に陥った今川氏真も同様である。特に永禄四年五月、三河岡崎の松平元康（徳川家康）が謀叛した上に信長と手を結んで東三河侵攻を開始したことは、大きな衝撃となった。信玄は、当初氏真の要請に応じて、援軍を派遣する準備を進めていた（国文学研究資料館所蔵『徴古雑抄』『戦武』補遺一一四他）。

しかし、永禄六年（一五六三）一二月、遠江《とおとうみ》国衆で引間《ひきま》城主（現浜松市、後の浜松城）飯《い》尾連龍《のおつらたつ》が謀叛し、「遠州忩劇《えんしゅうそうげき》」と呼ばれる内乱状態に陥ったことで事態は一変する。当時の対今川氏外交は、穴山信友が死去し、嫡男信君が取次を務めていた。

上野出陣中であった信玄は、急報に接すると、駿府滞在中の穴山家臣に密使を送り、遠江の情勢を探るよう命じた。そしてもし氏真が敗れるようであれば、駿河攻めを行うという本音を吐露したのである（彰考館所蔵『佐野家蔵文書』『戦武』八五三）。小川雄《ゆう》氏によれば、遠江と国境を接する南信濃の動揺を懸念してのものという。

信玄は、遠州忩劇をきっかけに、今川氏真に見切りをつけた。氏真には領国を維持する能力はないと判断し、駿河領国化を模索し始めたのである。結局、氏真は遠州忩劇鎮圧に成功するが、信玄は外交関係再編を考え始めた。その中心が、信長との同盟であった。

## 信玄・義信父子の亀裂

信玄の対織田政策は、美濃遠山領を「両属」とし、緩衝地帯化することが基本である。しかしながら、信長は美濃攻めを継続しており、偶発的衝突が懸念されていた。それが、美濃土岐郡神篦《こうの》（現岐阜県瑞浪市）で生じてしまったのである。信玄が神篦城主遠山右京亮に送った書状によれば反武田方の攻撃（慶應義塾大学三田メディアセンター所蔵「反町文書」『戦武』二〇六一）、『信長公記』によれば武田勢による神篦攻撃とあるから、境目の国衆同士の紛争が原因であろう。

懸念が現実化した信玄は、信長との同盟に向けて動き出す。具体的には、信長養女の勝頼への輿入れであった。ここに勝頼が、ついに歴史の表舞台に姿を現わすのだ。

『軍鑑』によると、両国の同盟交渉は、永禄八年九月九日に、信長から持ちかけられて始まったという。一次史料としては、六月二五日付で黒田城代和田新介に対し、「和親」仲介を求める信玄書状が、同盟交渉に関わるものと位置づけられている（「所蔵未詳文書」『戦武』九四四）。ただ、和田新介は信長に敵対していた犬山城主織田広良の家老で、その寝返りが犬山落城のきっかけとなった人物である（『信長公記』）。おそらく織田広良服属に関する書状の可能性が高い。広良は、犬山落城後甲斐に亡命するからだ。

武田氏と北条・今川氏との婚姻に関するやりとりをみると、交渉開始から輿入れまでは一年ほどかかっている。ところが『軍鑑』は信長養女の輿入れを一一月とする。同書の記述を信じれば二ヶ月、和田新介宛書状を関連文書とみても半年程度の交渉での輿入れで、かなり急な印象を受ける。何が両国をそう急がせたのか。軍事衝突の回避だけなら、そう焦る必要はない。

両国が同盟締結に本腰を入れた背景は、中央政界の動向にある。永禄八年五月一九日、一三代将軍足利義輝《よしてる》が、三好義継《よしつぐ》に殺害されるという衝撃的事件が勃発した（永禄の変）。義輝の弟たちは三好一門に捕縛されるが、大和を治める松永久秀は、弟のうち奈良興福寺一乗院の門跡《もんぜき》であった覚慶《かくけい》を軟禁した上で、逃亡を黙認した。彼こそ、後の一五代将軍足利義昭（初名義秋、以下「義昭」に統一）である。

近江甲賀郡和田（現滋賀県甲賀市）、次いで矢島（同守山市）に入った義昭は、諸大名に上洛支援を求めた。信玄も御内書《ごないしょ》を受け取り、永禄九年三月に遠国のため断念せざるを得ない旨を回答している（「尊経閣文庫所蔵文書」『戦武』九八一）。上杉謙信に対する信長の説明を信じれば、同盟は義昭を奉じて上洛する際の安全確保が目的であったという（「志賀槙太郎氏所蔵文書」『信長文書』九二）。つまり信玄は、親義昭陣営参加を信長に告げたのだ。美濃の斎藤龍興《たつおき》と信玄の同盟成立が永禄八年末なのも（「武田神社所蔵文書」『戦武』四〇七二他）、義昭奉戴と関係しよう。信長の上洛実現は永禄一一年だが、永禄九年に一時的に織田・斎藤間の和睦が成立しており、当初はこの年八月末に実行される予定であったからである（「米田文書」）。

しかし今川義元の娘を妻とする嫡男義信は、信長との同盟に反対したらしい。実は、外交路線をめぐる信玄と義信の対立は、かなり根深いものであった。

天文二四年（一五五五）と推定されている七月一六日付信玄自筆書状が、写の形で伝わっている（石川県立図書館所蔵『雑録追加』『戦武』補遺一五）。「晴信」と署判しているから、信玄が得度した永禄元年一二月以前、今川義元生前のものである。天文二四年なら、四月に始まり、閏一〇月に義元の調停で和睦した第二次川中島合戦の最中の書状となる。

自筆で密書をお送りします。そもそも義信のことですが、今川殿（義元）のために（晴信と）父子の関係にあることを忘れています。晴信は五郎殿（氏真）にとって伯父（叔父）にあたります。さらに長窪以来、現在に至るまで、（今川への）軍事支援を行ってきました。何回も懇切丁寧な対応をしてきたにも関わらず、このように等閑《なおざり》にされては、どうしようもありません。疎遠に見えて不信だというのですから、今度井上が帰国した時に直談判したいと思います。その際、北条氏康から越中衆の国分《くにわけ》（勢力間の国境画定）と和睦調停についてしかるべきようにやって欲しいと言われたとのことですね。どんなに工夫しても過ぎることはありません。ただこちらにては和睦調停は、敢えてやらずにおりますので、その点を心得ておいてください。そのため、糊で封印した書状でお伝えします。謹言。

七月十六日　晴信（花押影）

宛所が書写されていないのがもどかしいが、北条氏康とも関わりがあって越中衆間の和睦調停を行える立場におり、かつ信玄が胸襟《きょうきん》を開いて話せる相手となると、浄土真宗本願寺派の僧侶で、武田氏の使僧であった長延寺実了師慶《ちょうえんじじつりょうしけい》の可能性がある。実了師慶は、山内上杉氏一門で、北条氏に追われて甲斐に亡命したと伝えられる（『甲斐国志』）。信玄次男龍芳を弟子とし、娘を嫁がせてもいる。

どうも義信はかなり早い段階から今川氏への支援不足を訴え、親子関係に亀裂が生じていたらしい。文中「長窪」とあるのは、天文一四年の今川義元による駿河東部奪回戦において（富士川以東を北条氏が占領中）、信玄が義元と北条氏康の和睦を成立させた件を指す。ただ、和睦調停に今川方は不満で、一時信玄との関係が険悪化したという因縁浅からぬ話だ。

この密書以後、信玄は信長との関係を深めていく。それが今川方を刺激し、義信が反発するという悪循環を生んでいたのであろう。

嫡子義信が今川氏の意向の代弁者となっている状況は、大変な苦痛だったろう。何しろ、自身が父信虎を追放したという過去を持つ。自分がクーデターの手本を示したも同然で、疑心暗鬼に陥りかねない状況にあった。

それでも信玄は、一三代将軍義輝と交渉して義信に准三管領《じゅんさんかんれい》待遇という異例の恩典を与えて貰っている（東洋文庫所蔵「大館文書」『戦武』五八六）。信玄はこの栄典を自身ではなく、義信へ与えるよう求めた。来たるべき、義信政権樹立への準備である。

永禄五年の勝頼元服に際し、信玄が「信」字を与えずに庶子と処遇する姿勢を示したのも、義信に配慮したからではなかろうか。

『軍鑑』によると、義信は勝頼が城持ちとなったことに強い不満を示したという。義信には、いずれ家督が譲られるのだから、まったくの虚構とされるものだ。しかし、義信が今川氏の代弁者となっているという信玄の告白、つまり感情論を踏まえると、話が変わってくる。

今川氏では、永禄元年までに義元が駿河・遠江の政務を嫡男氏真に委託し、翌二年には隠居して家督を交代した。義元は隠居の立場で、三河・尾張侵攻に専念しようとしたのである。北条氏でも永禄二年末に氏康が大飢饉対策失敗の責任を取るとして隠居し、名目的ではあるが家督を氏政に譲り渡していた。このように形式的に隠居し、政務見習いをさせたり、役割分担をするというのは、中世社会では珍しいものではない。

つまり、義信が緊密な交際をしている氏真、さらに北条氏政は、すでに家督の座につき、政務の一部を任されているのである。ところが信玄はそのような行動をとる気配をみせない。義信が不満をもったとすれば、勝頼が城主の地位を得たことではなく、信玄が形式的であれ隠居をしたり、政務の部分委譲をしないことにあったのであろう。その意味で、義信は勝頼に先を越されたのである。

義信が内政に無関与であったわけではない。弘治三年一二月の寺領《じりょう》寄進状は、父子連署である(「真如苑所蔵文書」『戦武』五八三他)。また義信は単独で将軍側近大館晴光《おおだちはるみつ》などに書状を送っており、対外的にも信玄嫡男と認識されていた(岩瀬文庫所蔵『類聚文書抄』『戦武』一二〇二)。永禄元年に上杉謙信との和睦を命じた将軍義輝の御内書が、父子連名宛なのも、このためである(天理大学図書館所蔵『大舘記』所収「武家儀条々」紙背文書『戦武』四〇一九)。戦争に際しても、信玄とともに出馬し、間近で父の采配を見ていた。これらはすべて、後継者としての政務見習いであったが、義信はそれだけでよしとはしなかったのだ。

そして、特に正室嶺松院殿の実家今川氏の利益と合致しない外交政策には、反対し続けたものとみられる。舅である今川義元を討ち取った織田信長との同盟など、論外であった。

## 「義信事件」の勃発

永禄八年（一五六五）六月、義信は甲斐二宮美和《みわ》神社造立のため、奉納を行った。義信が銭三〇〇〇疋《ひき》を納めた他、武田一門・家臣が奉加帳に名を連ね、太刀一腰を奉納した。連署者は、御一門衆松尾信是（信虎五男）以下一七名である（「美和神社文書」『戦武』九四六）。

これを、義信派の決起集会と捉える見解をしばしば目にする。ただ、松尾信是を含めた六名は信玄・勝頼のもとで重用され続ける。また花押が据えられていない人物が四名おり、儀式の場に参会できなかったものと思われる。だから、ここで何らかの密談がなされたとは考えにくい。味方してくれるのは誰かを見極めるのがせいぜいであったろう。

連署者のなかでは、長坂釣閑斎《ながさかちょうかんさい》（虎房）の次男とみられる長坂清四郎勝繁が、もっとも義信に近い人物と思われる。『軍鑑』は、義信の側近を釣閑斎の嫡男源五郎とするが、源五郎昌国は勝頼の時代にも活動しているから、勝繁の誤りとみられる。このため、以下同書中の「長坂源五郎」は長坂勝繁と記す。

苗字が記されていない人物が五人おり、そのうち友光（花押なし）は、穴山信友から偏諱を受けた人物、つまり穴山家臣の可能性がある。一般に義信の傅役《もりやく》とされる飯富虎昌の名も見えないが、彼の実名は同時代史料で確認が取れないため、残り四人の誰かが彼に該当するのかもしれない。ただ、虎昌が傅役という話は『軍鑑』にはない。彼は信濃小県郡塩田城代（現上田市）として、北信濃の軍事を担当しており、甲府にいる義信の傅役を務めるなど、物理的に無理である。『軍鑑』は、一貫して曾禰《そね》周防を義信の傅（役）・「めのと」と記す。

いずれにせよ、義信は父信玄に対し、クーデターを目論んでいた。具体的な時期は、後述するように永禄八年一〇月である。これは、一一月に行われたとされる信長養女と勝頼の結婚の一ヶ月前にあたるから、婚姻による同盟成立阻止であると指摘されている。織田信長との同盟は、今川への敵対行為としか、義信には映らなかったのだ。

もっとも、対今川氏外交取次である穴山信君の家臣が、二宮奉加に参加予定であったのなら、義信と穴山氏の関係の親しさを示す。義信は親今川派だから、穴山氏と関係を深めるのは当然といえる。信玄が駿河攻めの意向を漏らした相手は穴山家臣であった。当然、義信の耳に入ってもおかしくはない。

義信は長坂勝繁および傅役の曾禰周防（実在が確認できない）と談合を重ね、灯籠見物と称して密かに飯富虎昌の屋敷を訪れたという。『軍鑑』はこれを永禄七年七月一五日とするが、翌八年の誤りであろう。これに、目付と横目が気がつき、信玄に報告した。ちょうど虎昌の弟飯富昌景（後の山県昌景）が、信玄の刀を持って障子の陰に控えていた。

脇で報告を聞いた昌景は、「七月頭より長坂が使いとして、兄の所に日々義信様の御書状を持って参っております」と、証拠として義信書状を差し出した。信玄は涙を流し、実兄の謀叛を訴え出た忠義を讃えたという。

飯富昌景の報告によると、戦場での謀叛計画とあるが、事実ではなかろう。義信自身の身が危うくなるし、大義名分も立たない。『軍鑑』は、信玄の行動には瑕疵《かし》はないという筋立てで記すから、謀叛の原因を信玄の失策とはできなかった。同書は義信について、「利根《りこん》すぎたる大将」つまり小賢しく、驕《おご》り高ぶりやすい人物と評している。あくまで義信謀叛は、彼自身の驕慢によるもので、自己認識とは裏腹な、がさつな計画であるために失敗したという話にまとめられたのだ。

また、やはり飯富虎昌は義信の傅役ではない。傅役であれば、義信が屋敷を訪ねても、目付は不信に思わないだろう。義信はクーデターを起こすにあたり、家中の有力者の協力を求めた。虎昌は古参の重鎮で、義信の具足始《ぐそくはじ》めに際し、介添え役を務めた人物である。率いる軍勢が「飯富の赤備《あかぞな》え」と呼ばれた精兵である点も、眼をつけた理由だろう。

同年一〇月二三日付で、上野国衆小幡《おばた》氏の一門小幡源五郎に送った返書において、信玄は「飯富虎昌の所行により、信玄・義信の間を妨げる陰謀が露見したので、虎昌を処断した。信玄・義信父子の関係は、もともと何の問題もないので、安心して欲しい」と述べている

（尊経閣文庫所蔵「小幡文書」『戦武』九五九）。

つまり信玄は、飯富虎昌に全責任を押しつける道を選んだのだ。この虎昌の処刑日は、長年不明であったが、筆者が高野山で発見した櫻地院所蔵成慶院『過去帳（甲州月牌帳）』に、次の記載がある。

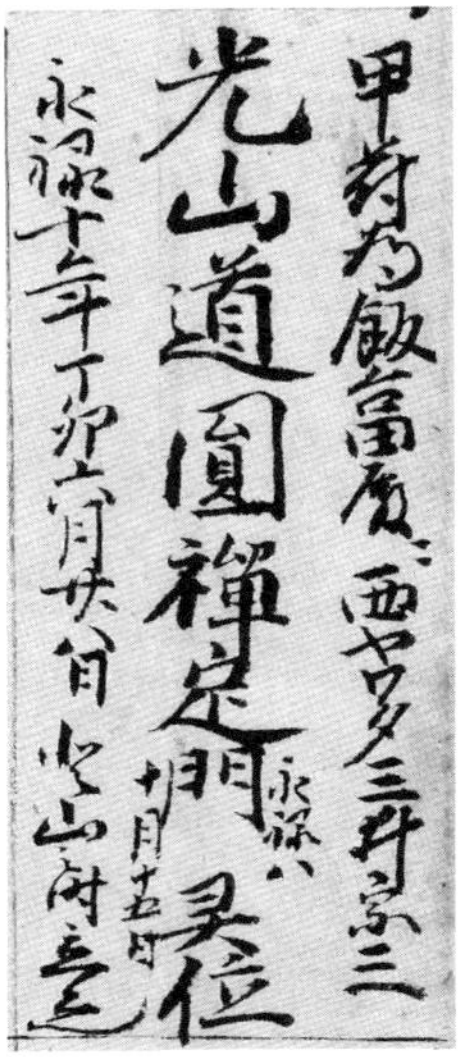

『過去帳（甲州月牌帳）』より飯富虎昌部分（高野山櫻池院・成慶院蔵）

甲府飯富殿ニ西ヤワタ三井宗三
光山道円禅定門 永禄八十月十五日 霊位
永禄十年丁卯六月廿八日登山之時立之

この記載を見つけた時の衝撃は、今でも忘れることはできない。「甲府飯富殿」が飯富虎昌を指すことは、西八幡が飯富氏の知行地であること、三井宗三が虎昌の家臣であることから確定できる。そして何より命日である。

高野山子院の供養帳は、命日よりも供養依頼日のほうが重視される。ここでは、永禄一〇年（一五六七）六月二八日登山時とあるから、三井宗三は虎昌処断の二年後に高野山に登り、成慶院に宿泊して主君の供養を行ったことになる。

戦国期の成慶院供養帳では、法名と下文字（この場合は霊位）の間に、命日が記される。そこには「永禄八／十月十五日」と記載がある。永禄八年一〇月一五日——これが、飯富虎昌の命日であった。信玄が二三日付書状で「処断した（生害を加えられ候）」と述べているのと符合する。重臣だから、切腹であろう。

長坂勝繁と曾禰周防も処刑された（『軍鑑』）。その他、義信衆八〇騎あまりを成敗し、残りの者は追放したという。穴山信君の弟で、永禄九年一二月五日に自害したという信嘉は、義信の謀叛計画荷担を罪に問われたという説がある（『寺記』）。義信の情報源はやはり穴山氏とみるべきであろうか。

兄と義信の謀叛計画を訴えた飯富昌景は、この後武田氏宿老山県氏の名跡を相続し、山県昌景に改名した。

これが「義信事件」の顚末である。義信自身はその後、東光寺に幽閉処分となった。

## 勝頼と信長養女の婚姻

勝頼の婚約は、兄義信によるクーデターという想定外の事態を招いた。しかし未遂に終わり、予定通り輿入れは進められた。

信長が提示したのは、実の娘や妹ではなく、養女であった。その人選は、なかなか興味深い。苗木遠山直廉の娘であったからである。たしかに、遠山直廉の妻は信長の妹だから、姪にあたる女性である。一見すると何の問題もない。

しかしながら、遠山直廉は、兄岩村遠山景任とともに、武田・織田氏に両属している国衆である。信長は、武田氏にも従属している国衆の娘を、自分の姪であるから養女として勝頼に嫁がせたいと申し出たのである。

幼少より信長が養い、姪とはいいつつも、実の娘より可愛がってきた間柄と説明がなされたという（『軍鑑』）。事実なら、人質として預かっていたのだろう。養女を選んだ理由は、信長はまだ三二歳で、嫡男すら一〇歳前後に過ぎない。二〇歳の勝頼の妻に相応しい年齢の娘がいないためだと述べたといい、筋は通る。

信玄は、いささか奇妙な縁談を受け入れた。同盟は①東美濃における織田氏との軍事衝突回避、②足利義昭擁立への賛意表明が目的だから、取りまとめを急ぐ必要があったのである。信長養女は、高遠に輿入れした。永禄八年一一月一三日のことという。高遠城主としての諏方勝頼に嫁いだ形となる。法名から、龍勝寺殿《りゅうしょうじでん》と呼ぶこととしたい。

近江亡命中の足利義昭から、上洛供奉をうながす正式な御内書が届いたのは、翌一二月のことであった。信長との同盟樹立を見てのものかもしれない。

さて服部治則氏は、信玄が永禄八年一一月一日より命じた、諏方大社上社・下社の神事再興という大事業を、勝頼の婚姻にあわせてのものとする。たしかに関係を考慮するとすれば、慶事では諏方勝頼の婚姻、凶事では「義信事件」による家中の動揺への対処となる。この事業では、家臣の知行地となっていた祭礼用田畠の返還が次々に指示されていくから、信濃一宮《いちのみや》であり、勝頼が惣領職を務める諏方氏の氏神諏方大社を復興することで、家中の引き締めを図りつつ、勝頼の婚姻を、国を挙げて祝う姿勢を示したというのは納得がいく。

## 義信死去と嫡男武王丸の誕生

信玄は永禄九年春になると、恵林寺《えりんじ》快川紹喜《かいせんじょうき》・長禅寺春国光新《しゅんこくこうしん》・東光寺藍田恵青《らんでんえせい》という臨済宗高僧の仲介で、義信との関係修復を試みた。しかし、半年かけても事態は好転しなかった（『紹喜録』『山』6下五九三頁）。三名はあわせて「放逐小臣等帰国赦免」についても信玄に訴えたが、これまた進展をみていない。『軍鑑』も雨宮《あめのみや》十兵衛という家臣を特記し、武功に優れていたため、春日虎綱の取り成しで帰参を許されたとしている。「義信事件」で追放された家臣をめぐり、さまざまな人物が救いの手を差し伸べていたといえ、事件の余波の大きさがうかがえる。

永禄一〇年八月、信玄は甲斐・信濃・上野衆から起請文《きしょうもん》を徴集し、自身への忠節を誓わせた（数通だけ、前年八月に記されている）。一般に「下之郷起請文」と呼ばれる。一斉徴集であり、内容は基本的に同じだから、文案は信玄の側で用意したものである。譜代家臣をはじめ、御《ご》一門衆《いちもんしゅう》・先方衆（外様国衆）、果ては陪臣《ばいしん》（家臣の家臣）にも提出を求めた。

起請文は、川中島への出陣拠点であった小県郡岡村城（岡城、現上田市）で徴集し、付近の生島足島《いくしまたるしま》神社に奉納された。江戸時代に一覧が作られているが、すべてが残っているわけではない。また、岡村在陣時に徴集されたため、すでに出陣していたり、別の城郭に在城していた家臣・国衆からの提出はない。

下之郷起請文の徴集意図は諸説あるが、「義信事件」による家臣団の動揺が沈静化していないことを示すことは確かだろう。

永禄九年八月に先行して書かせた起請文は、個々の文面が異なる。親類衆武藤常昭《つねあき》は自身が派閥を作らない旨を、側近三枝昌貞《さいぐさまささだ》は賄賂《わいろ》を貰ったり、知行宛行を約束されても、謀叛を企まない事を誓っている。長坂昌国は、信玄の怒りを買っている人間や家中の大身と親しくしないと誓わされた。「義信事件」の首謀者長坂勝繁の実兄だから、当然だろう。

これらも、信玄の側で文面を考えたものと思われる。微に入り細に入りというのが率直な感想であり、翌年の比較的画一化された文面とは歴然とした違いがある。

永禄九年八月は、おそらく信玄が義信との関係修復を断念したタイミングなのだろう。それは、義信の廃嫡《はいちゃく》を意味する。廃嫡をすれば、「事実上の次男」である勝頼を新たな嫡子に迎えることになる。その前に、家臣団の動揺を鎮めなければならない。信玄の考えは、およそこのようなものであったと思われる。なお、穴山信嘉自害は同年一二月であり、これで最後の謀叛人処理を終えたはずであった。その上で、永禄一〇年八月の「下之郷起請文」一斉徴集に臨んだのである。

ところが永禄一〇年一〇月一九日、義信は三〇歳でその生涯を終えた。『軍鑑』は複数の箇所で「御自害」と記し、一ヶ所だけ「病死とも申すなり」と書き添えている。飯富虎昌三回忌の四日後であり、自害とすれば、思い詰めての末のことであろう。

信玄にとって、大きな誤算であったのではないか。信玄が切腹を命じたなら、『軍鑑』は逆に病死を強調したはずだが、少なくとも信玄は死因を発表できなかったのだ。死因不明の義信死去は、家中に暗い影を落とす。信玄は、「義信事件」の事後対応に失敗した。しかし翌一一月のはじめ、勝頼正室龍勝寺殿が、男子を出産した。幼名武王丸《たけおうまる》と名付けられたこの子は、後に太郎信勝と名乗ることになる。『軍鑑』は、あまりに喜んだ信玄によって、ただちに信勝と命名されたというが、事実とは考えにくい。

なお、龍勝寺殿が難産のため死去したというのは、明確な誤りである。信玄がここで自分の家督継承者は武王丸だと述べた話も同様である。そもそも「七つまでは神の内」と呼ばれた、乳幼児死亡率の高い時代である。無事成人するかすら、わからないのだ。

傅役に任命されたのは、温井常陸介《ぬくいひたちのすけ》で、使番出身というから、家中では出世コースに乗った人物である。人選理由は、気立てがおとなしいためという。義信との激しい対立が、信玄の脳裏をよぎったのであろうか。

## 今川氏との関係悪化と勝頼の活動

信玄と信長の同盟、そして義信幽閉は、今川氏真に大きな衝撃を与えた。氏真は信玄の真意を疑い、信玄からの同盟破棄は時間の問題と考えるようになったのである。そこで上杉謙信に密使を送り、秘密同盟を求める動きに出た。謙信はこれを受け入れ、今川・上杉間で密約が成立する。

信玄は、途中でこの密約を察知したらしい。今川家臣の切り崩しを始めた結果、氏真の動きは筒抜けになってしまったものとみられる。

永禄一〇年三月、信玄は上野に出陣した。その際、勝頼は甲府の留守居役を命じられている。役割は重要で、駿河国境の本栖《もとす》（現富士河口湖町）および穴山氏の河内領の守りを固めるとともに、尾張・三河・遠江の様子を探って報告するというものであった。後者は、大島城に飛脚を飛ばしたというから、秋山虎繁に目付の派遣を指示したのだろう。勝頼はこれらの内容を、跡部勝忠を通じて信玄に言上した（「保阪潤治氏旧蔵文書」『戦武』一〇五九）。勝忠に宛てたのは、目上である父に直接書状を送るのは非礼にあたるための形式的処置である。

この段階で、すでに甲斐・駿河国境の「御用心」が問題になっており、その対応が諏方勝頼に任されていることは注目に値する。

永禄一一年三月にも、信玄は北信濃に向けて出陣し、越後にまで侵攻して郷村を焼き払った。勝頼はこの時、同陣したようである。三月二九日付で、親類衆栗原伊豆に丁重な返書を送った（「恵林寺文書」『戦武』一二五二）。栗原から、氏真の祖母寿桂尼《じゆけいに》が死去したという報告が届けられたからである。後述する書状からみても、栗原伊豆は駿河国境の城郭、おそらくは本栖城にいたのだろう。勝頼は信玄に寿桂尼死去を伝達したと述べ、無音を謝している。

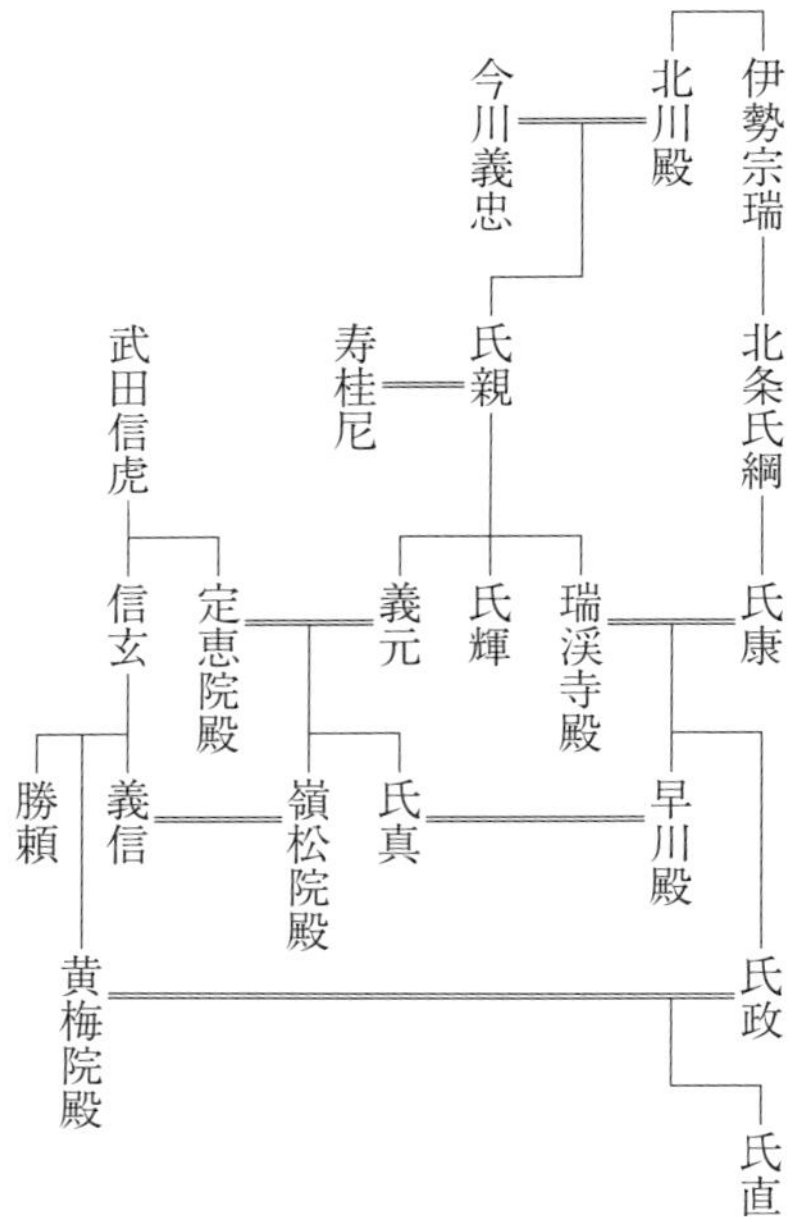


甲駿相三国同盟関係略系図
＊出生順は反映していない

寿桂尼は、今川氏親の正室として、晩年病床に臥した氏親と、家督を嗣いだものの病気がちであった嫡男氏輝に代わり、政務を担った経験のある女性である。今川家中への影響は少なからぬものがあった。弔問使を送る必要性からの報告だろうが、信玄は寿桂尼の影響力を重視し続けていたのかもしれない。

この間にも、今川氏との関係は悪化の一途を辿った。永禄一一年四月以前、氏真は義信死去により寡婦《かふ》となった妹嶺松院殿の帰国を求めた（『歴代古案』『上越』六〇二）。その際、氏真は三国同盟の一翼を担った北条氏康・氏政父子に仲介を求めた。中世社会においては、何かトラブルが起きた場合、第三者が調停の仲介を務めるという習慣がある。このような調停者を「中人《ちゅうにん》」と呼ぶ。もし双方が調停を無視したり、一方的に破棄したりすれば、中人の面目を潰したことになる。それは、中人を敵に回すことになるから、一定の強制力が保証されるという仕組みである。氏真は、北条氏を中人として、穏便解決を図ったのだ。

ところが、信玄は嶺松院殿の帰国に消極的であった。この時期、信玄は三河で独立した徳川家康と同盟交渉を進めており、その成立までは、彼女を「人質」として手許にとどめておきたかったのである。しかし、北条父子が中人に立った以上、無下《むげ》にはできない。そこで「氏真が（同盟を守るという）起請文を書かなければ、受け入れがたい」と「申し放たれた」という。放言したと今川方は受け止めたわけだ。氏真は、やむを得ず要求に応じたが、詳細な経緯を上杉氏に伝え、「信玄表裏（裏切り）は程あるまじき」と、いざという時の軍事支援を求めた（「柿崎家文書」『上越』六〇二）。

八月一六日、勝頼は再度栗原伊豆に書状を送った（「窪田家文書」『戦武』一三〇七）。どうも駿河で陣触れがなされたという報告が来たらしい。書中で再度の目付派遣を依頼し、続報がないことへの不安を述べている。城の用心・普請も指示されており、栗原伊豆は駿河国境の本栖城を固めていたとみてよい。宛所に付された脇付《わきづけ》は「御陣所」で、すでに厳戒態勢が敷かれていたことがわかる。

これが、「諏方」勝頼の確実な終見である。

整理してみると、信玄は義信との関係修復を断念した段階で、勝頼を取り立てる方向に動いている様子がうかがえる。一般に、勝頼の甲府入りは元亀二年（一五七一）とされるが、同時代史料上の裏づけはない。もともと勝頼は、元服直後から「事実上の次男」であり、義信廃嫡が定まった以上、その立場が「事実上の嫡男」に移行することは自然であった。義信死後は、なおさらである。

問題は、信玄が「義信事件」への対応に失敗し、家中に亀裂が残っていたことである。このような状況で、すぐに勝頼を新たな後継者に指名すれば、余計な火種を抱えかねない。この結果、勝頼は「諏方勝頼」のまま、「事実上の嫡男」として活動を開始するという、より複雑な立場に置かれてしまった。

一方、織田信長は永禄一〇年に稲葉山城《いなばやま》を攻略して斎藤龍興を追放し、美濃を制圧した。翌永禄一一年七月、越前にいた足利義昭を、新たな本拠岐阜城（旧稲葉山城）に迎え、一〇月に上洛を果たした。義昭は一〇月二二日に、征夷大将軍に任官する。ここに、足利義昭＝織田信長連合政権が成立した。武田氏は、その一翼を担う立場にあった。

## 駿河侵攻と甲駿相三国同盟崩壊

永禄一一年一二月六日、ついに信玄は今川氏真との同盟を破棄し、駿河に侵攻した。家臣の多くはすでに内通しており、氏真は一三日には駿府を放棄し、遠江懸川城《かけがわ》（現静岡県掛川市）に落ちのびることとなる。なお、今川領侵攻は、義昭支持を表明した上で徳川家康と挟撃することで、氏真を反義昭方（義昭を支持する徳川氏に敵対する勢力）と認定して攻撃する形をとった可能性が指摘されている。

戦国時代の同盟破棄にも、一定のルールが存在した。それは、同盟を破棄する理由を記した「手切《てぎれ》の一札《いっさつ》」を交換し合うということである。いわば宣戦布告であるが、攻め込む相手に送ることそのものにはさほど意味がない。関係大名・国衆や家臣に送って、「なぜ同盟を破棄せざるを得ないのか」を説明することが主目的である。つまり自分は誠実に尽くしてきたのにも関わらず、酷い扱いをされたのだと強調して、味方を募るのである。

信玄は、同盟国北条氏に「手切の一札」を送付した。その主張は、氏真が謙信と結んで信玄を滅ぼそうと企てたためというものだ。氏真の外交を自己正当化に用いたのである。

しかし、北条氏はこれを承認せず、信玄の非を糾弾して同盟破棄に踏み切った。北条氏康は、氏真の妹嶺松院殿の帰国交渉に際し、中人を務めた経緯がある。これは北条氏が武田・今川両国の同盟関係継続を調停したことを意味する。したがって、信玄の駿河侵攻は、氏康の顔に泥を塗ったも同然であったのだ。

北条氏政は直ちに駿河に出陣し、交通上の要衝薩埵山《さったやま》（現静岡市清水区）を占拠した。信玄は駿河西部で孤立し、三月に間道を通って帰国する。

さらに氏康は、永禄一一年中に宿敵上杉謙信との同盟交渉を開始し、永禄一二年六月には成立させた。武田・上杉との二正面作戦となることを避けたのである。ここに「越相《えつそう》同盟」が成立する。

信玄も、織田信長と将軍義昭に対し、上杉謙信との和睦調停を依頼した。謙信は当初渋ったが、将軍上意《じょうい》を重んじ、七月末には和睦に応じた（『謙信公御書集』『上越』七八六）。これを「甲越和与《わよ》」と呼んでいる。結果として謙信は、北条氏の期待に反し、武田領攻撃を見送り続けた。武田・上杉両氏とも、主力決戦となった第四次川中島合戦以後、声高に相手を非難しつつも、正面からの衝突を避けている。そこで受けた損害の大きさに衝撃を受けたのだろう。謙信が甲越和与を受け入れた最大の理由が、これである。

しかし、信玄はもうひとつ外交上のミスを犯していた。秋山虎繁を信濃から遠江に侵攻させたのである。これが、同盟を結んだばかりの徳川家康の怒りを買った。信玄は、家康を完全に侮《あなど》っていた。家康との同盟条件は、駿河と遠江の間を流れる大井川を境とし、駿河を武田氏が、遠江を徳川氏が実力次第で獲得するというものであったようだ（『三河物語』）。しかし信玄は、家康を支援すると称して、遠江に兵を向けた。

家康の抗議を受けると、信玄はすぐに非を認めて秋山虎繁を撤退させた。しかし、家康の不快感は大きかった。懸川城に逃げ込んだ今川氏真を包囲していた家康は、信玄との約束を無視して北条氏康からの和睦斡旋を受け入れた。永禄一二年五月、氏真は懸川城を明け渡して、海路、北条領へと退去した。

これは明確な同盟協定違反である。しかし家康からすると、先に約束を破ったのは信玄であり、武田・徳川両国は同盟締結から半年にして、早くも不和に陥っていた。信玄は、信長の居城岐阜に派遣していた市川十郎右衛門尉に「氏真と家康が和睦交渉をしているのは不可解」と述べ、「今は信長を頼む他、味方がいないのだ」とこぼす有り様であった（『武家事紀』『戦武』一三七九）。

同時に、「家康はもっぱら信長の助言を得る人だ」とも記している。この時期に織田方に送った書状をみると、信玄はかなり無理のある主張をし、信長から家康に圧力をかけさせようとしている様子が読み取れる（「神田孝平氏旧蔵文書」『戦武』一四一〇）。

どうも信玄は、家康は独立大名ではなく、信長の従属国衆と認識していたようだ。信長としても対応に苦慮しただろうが、家康の怒りは膨らむ一方であった。両国の関係は徐々に冷え込んでいってしまう。翌元亀元年（一五七〇）一〇月、家康はついに信玄との同盟を破棄するとともに、上杉謙信に甲越和与を破棄させ、謙信・氏康と武田包囲網を構築する。

## 勝頼の駿河侵攻参陣

永禄一二年七月末の甲越和与成立で、信玄の北条氏への反転攻勢は本格化した。八月、武田勢は西上野から武蔵に入り、一〇月に小田原城を包囲する。『軍鑑』は武蔵滝山《たきやま》城（現八王子市）攻めの総大将を勝頼とするが、事実関係は怪しい。同書が記す勝頼の戦ぶりは、次に述べる駿河蒲原《かんばら》城（現静岡市清水区）攻めの話とそっくりではあるが、他例からみても信玄が勝頼を総大将にしたとは思えないからだ。

信玄の小田原城包囲は一種の示威《じい》行為で、わずか四日で撤退した。その途上、三増峠《みませとうげ》合戦で北条氏政を打ち破り、甲斐に帰国する。

翌一一月の駿河出陣で、勝頼は武名を轟かせた。一二月六日、武田勢は蒲原城を一気に攻略し、城将北条氏信以下を討ち取った。信玄が徳秀斎という僧侶に送った書状は、勝頼の戦いぶりを示して余りある（「信玄公宝物館所蔵文書」『戦武』一四八二）。「いつもながら勝頼と信豊は無思慮なため、無謀にも城に攻めのぼった。まことに恐れていたところ、思いがけず乗り崩した」という。

これは『軍鑑』が滝山城攻めのエピソードとして記すものと酷似する。やはり若気の至りとされており、信豊とともにみずから鎌鑓を振るったという話が克明に記される。

たしかに、信玄は「例式《れいしき》」つまりいつもながら「聊爾《りょうじ》」無思慮で無謀な戦いをしたと述べているから、勝頼・信豊が、みずから敵陣に突撃することは珍しくなかったのだろう。また徳秀斎宛書状は、勝頼と信豊の無茶な戦いを嘆いているというよりは、親馬鹿という表現がしっくりくる。攻略した蒲原城について「海道第一之険難之地」と持ち上げ、その攻略を「人のなすところではない。あまつさえ、味方はひとりも損害がなかった」と記す文章は明らかに誇張で、息子自慢という印象が強い。

ただ、少なくとも、勝頼を総大将に任じたことはなさそうだ。翌元亀元年八月九日の韮山《にらやま》城（現伊豆の国市）攻めでは、「物主《ものぬし》」つまり大将として山県昌景・小山田信茂と勝頼の三人が軍勢を率いていたと、北条氏政の側近山角康定《やまかくやすさだ》が述べている（「尊経閣文庫所蔵文書」『戦北』一四三五）。北条氏からすれば、勝頼は有力指揮官のひとりに過ぎず、かつ最後に記されている。呼び名も「伊奈四郎」で、まだ諏方勝頼と認識されている様子がうかがえる。

このように、勝頼は信玄と同陣するようになっていたが、従兄弟信豊らと同様、「御一門衆」のひとりとして、活動しているに過ぎなかった。つまり勝頼は、戦陣では「信玄の後継者」という処遇を受けなかったのである。

## 武田復姓

勝頼の甲府入り、武田復姓の時期について、元亀二年説は根拠が明確ではないと述べた。では、いつとみるのが妥当であろうか。

筆者は、それは信玄が将軍義昭に対し、勝頼の官途《かんと》吹挙《すいきょ》と偏諱拝領を求めた永禄一三年（元亀元年）四月以前と考える。将軍に官途吹挙と偏諱を求める以上、勝頼の立場は家督候補とみるべきであろう（『玉英堂古書目録』一一四号掲載文書『戦武』一五三五）。

永禄一二年の伊豆韮山城攻めでは、まだ北条氏から「伊奈四郎」と呼ばれており、武田復姓は認知されていなかった可能性が高い。ただ、同年の攻勢で武田氏の駿河支配はおおむね確立したから、それを機に甲府へ迎えられたものと思われる。

しかしながら、信玄の義昭への要請は、実現しなかった。一般に、織田信長の妨害によるものとされるが、この時点の信長が、信玄に悪意を抱いた形跡はない。むしろ、問題は信玄にあったようだ。

信玄は一連の要請を一色藤長《いっしきふじなが》を通じて義昭に披露してもらったが、それらを記した条目のなかに、「現在の出頭人《しゅっとうにん》が、隣国の諸士に対して送る書状の書きぶりは、（義昭の）上意の御《お》下知《げち》であるとのことです。これについて思うところを使者から口頭で申し上げさせます」とある。原文「当出頭之人」とあるのは、明らかに織田信長を指している。なお「出頭」とは、「主君から特別な寵愛を受けていること」を指し、「出頭人」で「重用されている家臣」「寵臣」を意味する。

永禄一三年（元亀元年）正月、信長は「諸国に御内書で仰せ出されることがあれば、信長にお聞かせ下さい。私が書状を副えます」と明智光秀・朝山日乗《あさやまにちじょう》を通じて言上し、義昭の承認を受けた（「お茶の水図書館所蔵文書」『信長文書』二〇九）。つまり義昭御内書には、信長副《そえ》状《じょう》が付されることになったのだ（もっとも義昭はこれを無視する）。次いで二月半ば、信長は義昭政権を支持する諸大名・国衆に朝廷および幕府への忠誠を示すため、上洛を求めた（『二条宴乗記』永禄一三年二月一五日条）。信長は信玄に配慮し、「甲州名代」つまり武田氏は名代で構わないとしたが、この命令は義昭御内書ではなく信長書状で出されている。

つまり信玄は、義昭御内書に信長副状が付されるという形、そしてさらには信長が自身の書状で義昭の意志を奉じている状況に苦言を呈したのである。これが、義昭自身の不快感を誘ったのではないか。義昭は信長との連合政権という形であれ、幕府を主宰している自覚があった。有力大名の補佐を得て幕政を司《つかさど》るのは、戦国期将軍によくみられた姿である。だから義昭が幕政をめぐって信長からしばしば諫言を受けたことは、彼が信長の傀儡《かいらい》ではないことの裏返しである。

特に官職吹挙については、自己の管掌《かんしょう》という意識が強かったらしい。義輝殺害後、幕府ではなく関白《かんぱく》近衛前久《さきひさ》を通じて、徳川改姓勅許《ちょっきょ》と従五位下《じゅごいのげ》三河守《みかわのかみ》任官を果たした徳川家康は、義昭に再確認を求めるという手続きを踏まなかったために、松平蔵人佐《くろうどのすけ》と呼ばれ続けた。信長が重視した家康にすら配慮するつもりがないのだから、信玄の不用意な苦言は、幕政介入と受け止められ、マイナスにしかならなかったのである。ここでも、信玄は人間関係を読み間違えた。この時期の信玄は、全体に信長の影響力を過大評価しすぎたきらいがある。

翌元亀二年になると、勝頼は後継者として対外的にアピールされるようになる。元亀二年一〇月三日、北条氏康が死去した。これにより北条家中の主導権を回復した氏政は、上杉謙信との関係を絶ち、武田氏との甲相同盟復活に向けて動き出す。

上杉謙信も、武田氏との和睦交渉に動き出した(「新潟県立文書館所蔵文書」『上越』一〇六八)。先の甲越和与といい、武田・上杉間では和睦・同盟に向けて模索する動きが繰り返しみられた。ただ前回は信玄が窮地に陥った結果だったのに対し、今度は謙信からの働きかけである。

元亀二年一二月一七日、信玄側近跡部勝資は、箕輪城代兼西上野郡司の内藤昌秀の意見として、「提示された条件は、以前と変わらないもので、信玄・勝頼に申し開かせる必要もな

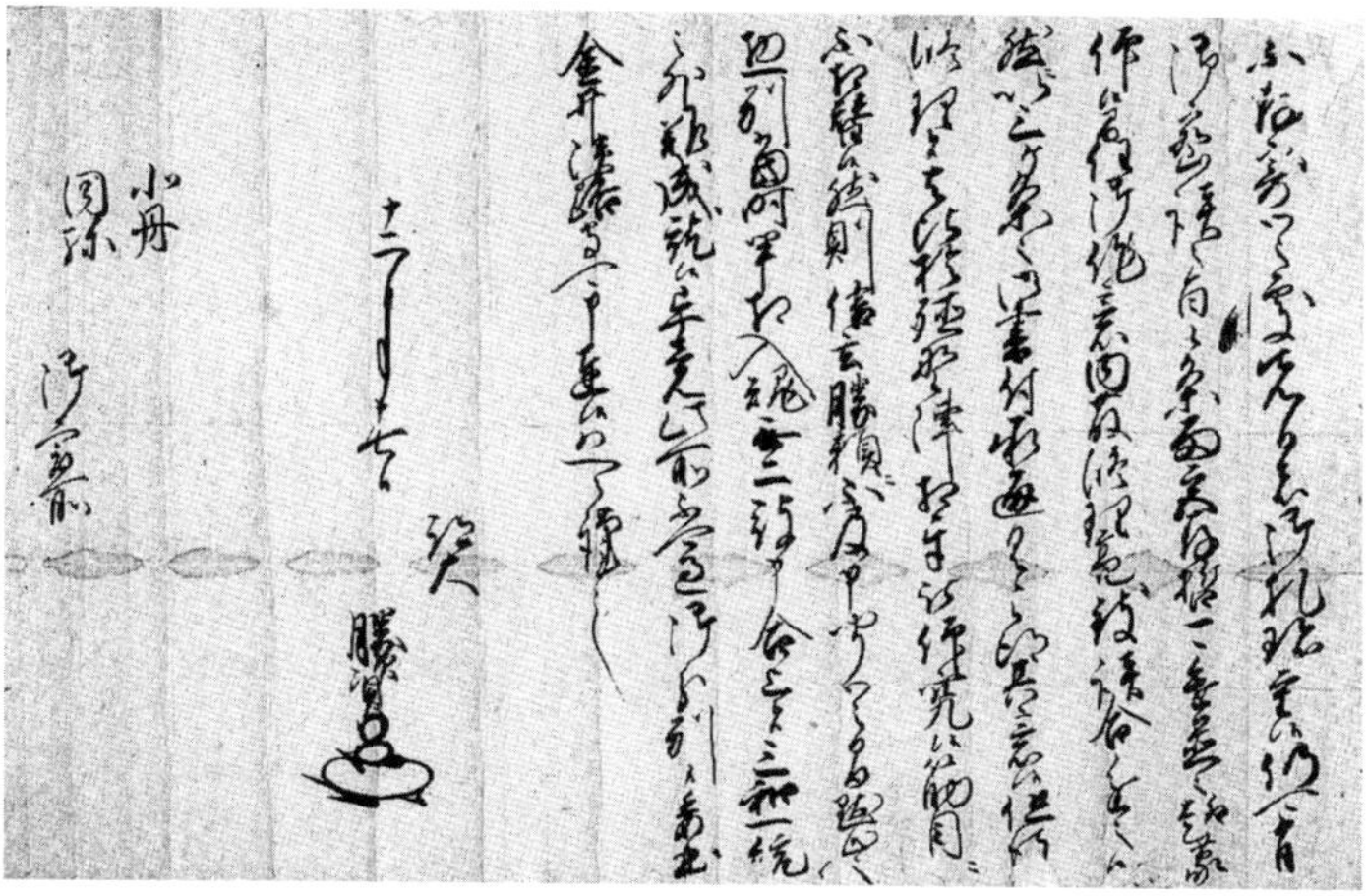

元亀２（1571）年12月17日付跡部勝資書状（高橋家文書　個人蔵　「山梨県史」より転載）

い」とにべもない書状を返した（「高橋耕田氏所蔵文書」『戦武』一七六二）。

この発言が事実を述べているかはわからない。重要なのは、勝頼が信玄と並んで、外交交渉に参加する立場になっている点である。対外的には、勝頼は明確に「信玄の後継者」と披露された存在であったことを意味するからだ。勝頼は、「武田勝頼」として新たな道を歩み始めていた。

## 正室の死去と妹松姫の縁談

しかしこの頃、勝頼は失意の内にいた。元亀二年九月一六日、正室龍勝寺殿が死去したのである（櫻池院所蔵成慶院『信州日牌帳』）。美濃国衆遠山直廉の娘で、織田信長養女として嫁いだ女性である。一一月二六日、勝頼は稲村清右衛門尉と富沢平三を高野山成慶院に派遣し、日牌供養（通年供養）を依頼した。法名は、龍勝寺殿花萼春栄禅定尼と付された。

　これにより、武田・織田間の婚姻関係は消滅してしまったことになる。そこで、新たな縁談が動き出した。『軍鑑』の記す、信長嫡男信忠と、信玄息女松姫の縁談である。もともと武田・織田間では、元亀元年に縁談が出ていた。おりしも、徳川家康が武田信玄との同盟を破棄する決意を固め、謙信に同盟を打診していた時期である。元亀元年一〇月、謙信からの返書を受け取った家康は、起請文を書き送り、同盟構築を誓った（「上杉家文書」『上越』九四二）。その二条目に織田信長に対する諫言の誓約が記されている。諫言の後半が、武田・織田間の縁談妨害である。

　このように、信長が信玄との同盟関係強化を模索する一方で、家康は信玄との同盟破棄に踏み切り、武田包囲網構築に動いていた。謙信が甲越和与破棄を決断したのも、家康の要請による。実際この時点では、新たな縁組みは進まなかった。ただ、これが家康の妨害の成果かはわからない。

　ところが元亀二年に、信忠と松姫の縁談が、再度動き出したわけである。この縁組みについては、同時代史料では確認がとれないでいた。しかし近年、遠藤珠紀《たまき》氏が宮内庁書陵部所蔵「土御《つちみ》門《かど》文書」から、関連史料を見出した（『日時勘文留』紙背文書『戦武』補遺参考二二）。

そのものずばり、信長の子息と信玄の娘の縁組みの話で、明智光秀のところまで、信長から指示があったとある。実際には光秀が多忙であったため、足利義昭の同朋衆《どうぼうしゅう》が代行し、土御《つちみ》門有脩《かどありすけ》に書状を送っている。土御門氏は陰陽道・天文道を家業とするから、吉日の勘申《かんじん》（占い定めての報告）を求めたのだろう。同朋衆が代行しているのだから、義昭の承認を得て進められた話であったわけだ。

つまり武田・織田間では、龍勝寺殿死去を受け、婚姻関係を再構築しようと急遽、話が動き出したのである。ただ結果的に、輿入れ前に同盟は崩壊してしまう。

元亀三年正月二八日、信玄は取次である武井夕庵《たけいせきあん》に書状を送った（『武家事紀』『戦武』一七七五）。そのなかでもっとも重要なのは、「いつも通り家康が虚言を伝えてくるだろうが、自分は信長との関係を絶つなど考えたこともないので、讒言《ざんげん》を信じないよう取り成して欲しい」というくだりである。信玄は、家康が繰り返し自家との手切（同盟破棄）を信長に訴えていることを把握していたのだ。

もっとも、家康が信玄との関係を再考したのは、今川攻めに際する武田勢別働隊の遠江進軍にあるから、最終的には信玄の責任に行き着く。北条氏照が信玄の駿河侵攻を「国競望之一理ヲ以《もって》」つまり、領国拡大の野心によってと批判したことに（「上杉家文書」『戦北』一一三六）、信玄の軍事・外交が周囲からどのような眼でみられていたかが現われている。

いずれにせよ、武田・織田間では、龍勝寺殿死去で途絶えた婚姻関係再構築への道が開かれた。徳川家康という不安定要素を抱えてはいるものの、武田氏は信長とともに、足利義昭政権を支える立場を貫くはずであった。

## 「元亀争乱」の勃発

永禄一三年（元亀元年）二月、織田信長は朝廷および義昭への忠誠を示すよう、諸大名に上洛を命じた（武田氏は「名代」上洛）。信長書状の送り先は奈良興福寺の僧侶が記した『二条宴乗記』に記載があるが、上杉謙信の記述がないから、すべてではなかろう。

越前の戦国大名で、かつて義昭を庇護していた朝倉義景の記載もない。しかし比較的信頼性の高い軍記物『朝倉始末記』によると、上洛を命じる「御教書《みぎょうしょ》」が送られてきたという。「御教書」とは、貴人の意を受けて出す奉書を意味するから、信長書状とみてよい。朝倉家中は、「これは公方《くぼう》（義昭）の上意ではない」と判断し、上洛を拒絶したという。

信長にとって、この上洛命令は、足利義昭政権確立のための試金石であり、一種の「踏み絵」でもあった。これに従わない者を将軍義昭への謀叛人として討伐し、「天下静謐《せいひつ》」を図るというのが彼の政治目標である。ここでいう「天下」とは、日本全国を指すのではない。

室町幕府または幕府が治める領域を指す。戦国期には、各国で戦国大名が独自の「地域国家」を形成し、幕府の命令が行き届くのは畿内に縮小していたから、「天下」は事実上、五畿内を指して用いることが多かった。信長の目的は、彼が理想とする形での室町幕府の再興であり、天下を構成する五畿内（山城・摂津・河内・和泉・大和）平定が目標であった。ただその際、五畿内だけを平定しても、周辺諸大名が敵対しているようであれば、「天下静謐」は砂上の楼閣に過ぎない。また、信長の理想とする室町幕府再興とは、最終的には幕府のもとに全国の大名を再統合することを意味するはずだ。上洛命令が、「踏み絵」であったというのは、このような意味である。

四月、信長は同じく上洛命令に応じない若狭国衆武藤氏を討つとして出陣した。武藤氏があっさり降伏したため、そのまま越前に転進した。朝倉義景を義昭政権に従わない「謀叛人」と糾弾し、討伐対象としたのである。

ところが突如、信長の妹婿で、近江北部の大名である浅井《あざい》長政が離叛し、背後を断った。信長は越前攻めを断念し、帰国する。

同年四月二三日、元号が「元亀」に変わるため、以後の畿内近国で生じた戦乱を「元亀争乱」と呼んでいる。

この間、信玄は「今度浅井謀叛」（「牧田茂兵衛氏所蔵文書」『戦武』一五四七）などと織田方に書き送り、信長の同盟国として、浅井長政を非難していた。これが、元亀争乱初期における信玄の姿勢である。

六月二八日、信長は家康の援軍を得て姉川合戦に勝利し、浅井・朝倉勢を打ち破った。ところが、七月、信長に追放されていた三好三人衆（三好長逸《ながゆき》・三好宗渭《そうい》・石成友通《いわなりともみち》）が四国から摂津に侵攻した。さらに九月には本願寺顕如《けんにょ》が挙兵する。信長は包囲された形となったが、攻勢に出た朝倉・浅井勢への対処を優先させた。思わぬ反撃に混乱した朝倉・浅井勢は、比叡山にのぼって守りを固め、最終的に足利義昭と関白二条晴良《はるよし》の調停により講和した。

しかし延暦寺は、和睦に難色を示し続けた。信長は、これを延暦寺の敵対行為と捉え、翌元亀二年九月一二日の比叡山焼き討ちにつながることになる。

## 義昭の和睦調停

元亀三年九月、「天下静謐」とは程遠い状況を憂慮した将軍足利義昭は、和睦調停に動き出した。武田信玄に信長と本願寺の和睦調停を、織田信長に信玄と上杉謙信の和睦調停を命じたのである。信長・信玄という義昭政権を支える有力者に「中人」となってもらい、畿内近国の戦乱を治めるとともに、義昭陣営に属しながら抗争を続けている武田・上杉間の和睦を成立させようというものである。

弘治三年（一五五七）に三条公頼《さんじょうきんより》の娘が本願寺顕如に嫁いだ結果、信玄と顕如は相婿《あいむこ》（妻同士が姉妹）の関係となっていた。なお、信玄正室円光院殿は元亀元年に死去し、一二月に顕如から弔問の書状が出されている（龍谷大学所蔵『顕如上人御書札案留』『戦武』四〇四〇）。

このような関係にあったため、信玄は上杉謙信への牽制に、しばしば北陸の本願寺門徒（いわゆる「一向一揆」）の力を借りていた。また、武田・織田両氏は同盟中で、信忠・松姫の婚約も成立していた。信玄は、信長と顕如の和睦を調停する上で最適の人選であった。すでに顕如は、元亀元年一二月に勝頼に初信となる挨拶状を出しており（龍谷大学所蔵『顕如上人御書札案留』『戦武』四〇四二）、勝頼もこの外交に関わる立場にあったといえる。

信長も、武田・上杉間の和睦調停に熱心に取り組んだ。両者が和睦してくれれば、元亀争乱を有利に進められる。謙信も乗り気であった。すでに謙信は、武田氏と積極的に戦う意志を有していなかったようだ。北陸における勢力拡大と、関東管領として関東を掌握することを課題としていたからである。

ところが信長・謙信のもとに、信玄が北信濃に進軍中という情報が入った。信長は必死に信玄を諌め、撤兵と聞いて安堵した。ただ肝心の和睦調停は、信越国境が雪で閉ざされたため、翌年に持ち越す旨、信玄に書き送った。元亀三年一〇月五日のことである（「名古屋市立博物館所蔵文書」『戦武』四〇三九）。

実はこの時、すでに武田勢は徳川領になだれ込んでいたが、信長は知るよしもなかった。

## 信玄の権僧正任官と郡上遠藤氏の動向

信玄が、信長との同盟破棄を決断したのはいつだろうか。通説では、信玄は元亀二年と三年、二回にわたって徳川領に侵攻したとされてきた。しかし鴨川達夫氏の研究により、前者の関連史料は一点を除き勝頼期のものであることが明らかにされた。残る一点も、遠江東端の小山城《こやま》（現静岡県吉田町）をめぐるもので、伊那郡国衆に北からの遠江侵攻を命じているが、実施された形跡はない。いずれにせよ、これはあくまで家康との戦いに関するものである。ここまで述べてきたように、元亀元年一〇月には、家康は信玄との同盟を破棄して上杉謙信と結び、信長に信玄との手切を進言していた。しかし、信長はそれにまったく応じていない。

信玄の動きがわかりづらいのは、後述するように、勝頼が信玄の遺言「三年秘喪《ひも》」を守り、信玄の実名を記した書状を、信玄没後も出し続けたためである。それらは信長・家康との戦争について述べたものだが、実際には翌元亀四年に勝頼が「偽作」した書状が含まれており、慎重な見極めが必要となる。また、長篠合戦時の勝頼書状にも、信玄生前と誤解されてきたものが少なくない。

信玄の外交判断に影響を与えたもののひとつが、信長による比叡山焼き討ちである可能性はある。ただ、信玄が焼き討ちの時点で、信長を非難した事実はない。公家衆は大きな衝撃を受けたが、信長と朝廷の関係が悪化することもなかった。当時の天台座主《てんだいざす》は、正親町《おおぎまち》天皇の異母弟曼殊院覚恕法親王《まんしゆいんかくじよほつしんのう》（准三后《じゆさんごう》）だが、覚恕法親王の身に危害が及んだわけではなく、信長と正親町天皇の関係に亀裂が生じたわけでもなかったのである。

覚恕法親王は、元亀元年に天台座主となったものの、儀式費用が足らず、翌年五月に信玄に資金援助を要請している（『晴豊公記』元亀二年五月一一日条所収文書『戦武』四〇四二）。ここに、信玄との接点が生じる。

元亀三年七月、覚恕法親王の吹挙により、信玄は権僧正《ごんのそうじよう》に叙された（「曼殊院文書」『戦武』一九二六・一九二七号他）。『軍鑑』によると、信玄は身延山《みのぶさん》に延暦寺を移転するという計画を打ち出したというから、よほど嬉しかったらしい。

もっとも、権僧正に補任《ぶにん》されたから、比叡山焼き討ちの報復を思いついたなどという話をしたいわけではない。周辺情勢に微妙な変化が生じたことを指摘しておきたいのである。

美濃郡上《ぐじょう》郡の国衆遠藤氏は、斎藤氏滅亡後、織田信長に従属していた。遠藤慶隆《よしたか》（郡上城主、現岐阜県郡上市）と胤繁《たねしげ》（後に胤基《たねもと》に改名、木越《きごし》城主、同前）は、比叡山焼き討ちにも参陣し、その次第を目の当たりにした。これに、衝撃を受けたらしい。元亀二年九月一八日、郡内の本願寺派寺院安養寺《あんようじ》に書状を送り、以前から話のあった本願寺からの鉄砲の玉薬《たまぐすり》支援要請を受けること、越前朝倉氏との連絡を密にすることを依頼している（『経聞坊旧記』『郡上町史』一六七頁）。これは飛驒国衆の動向次第で、郡上郡経由で越前や北近江との連絡が容易になることを意味する。

信玄が郡上遠藤氏および安養寺と交渉を開始したのは、元亀三年に入ってからである。勝頼「偽作」書状が含まれているためややこしいが、元亀三年九月二六日、遠藤胤繁の一門加賀守（胤勝ヵ）に出した返書が、最初の接触である。同日付で複数伝存しているが、いずれも実際に出されたものである（「鷲見栄造氏所蔵文書」『戦武』一九五九他）。

## 「西上作戦」に向けて

信玄最後の軍事行動は、一般に「西上作戦《せいじょう》」と呼ばれる。まず、「西上作戦」という呼称が、先行研究にならった便宜的なものであることをお断りしておきたい。信玄がこの時、何を目標にしていたかをめぐって、古くから議論がなされているからである。

かつては、信長と決戦して「天下人」になることを目指していたという上洛説と、そうではなく遠江・三河・美濃への領国拡大を目指していたという局地戦説で議論がなされていた。ただ、近年の研究の進展により、少なくとも初期の目標は、徳川領侵攻であったことが明らかになったと思われる。

そこで信玄の動きをみると、元亀三年七月晦日《みそか》に、三河国衆奥平定能《おくだいらさだよし》（作手《つくで》城主、現愛知県新城市）に条目を与え、奥平氏・田峯《だみね》菅沼氏・長篠菅沼氏という三河北部山岳地帯の国衆「山家《やまが》三方衆《さんぽうしゅう》」を味方につけている（東京大学総合図書館所蔵『松平奥平家古文書写』『戦武』一九二九）。山家三方衆は徳川氏の従属国衆であり、信玄がこの時、宛行・安堵を約束している所領は、いずれも家康の領国内にある。つまり、七月には徳川方国衆の切り崩しを開始していたのだ。なお、権僧正位補任受諾の返書を出したのは七月二六日であり、時期が重なる。

九月五日、浅井長政は従属国衆の島氏に対し、「甲州信玄が今月二〇日より前に、遠江表に出馬すると決断し、起請文を送ってきた」と述べている（『島記録』『大系真宗史料』文書記録編一二―六七頁）。ただ九月二〇日以前出陣という約束は、延期となった。

次に動きがわかるのは、遠藤加賀守に返書を出した九月二六日である。同じ日に信玄は、木曾義昌の家老山村良利《よしとし》に、飛騨国衆を味方につける調略の成果を讃え、美濃国内における知行宛行を約束している（「山村家文書」『戦武』一九五六）。
飛騨情勢に目を転じると、北部の江馬《えま》時盛《ときもり》・南部の三木《みき》自綱《よりつな》（姉小路頼綱）は、武田・上杉に両属していたようで、特に三木自綱の動向こそ、山村良利の交渉成果とみられる。三木領は郡上遠藤領と隣接するから、両氏の動向は上方との連絡を取る上で、非常に大きな意味をもったのである。

一〇月一日、朝倉義景に、九月二七日に三河に「先衆《せんしゅう》」（先鋒）を派遣し、今日一日に自分も出陣する旨を伝えている。そこでは「越中において加賀の本願寺派門徒（いわゆる加賀「一向一揆」）が謙信と対陣しているため、出馬が遅延したのは思いがけないことでした」と陳謝している（静嘉堂文庫所蔵『南行雑録』『戦武』一六九四）。これは、浅井長政に伝えた予定とのズレを謝したものである。出陣先は、徳川領遠江・三河で、浅井氏にも連絡をしているが、結局一日も先衆出陣に留まり、信玄自身の出陣は一〇月三日にずれ込んだ（『思文閣古書資料目録』一五〇号掲載文書『戦武』一九六七、『南行雑録』『戦武』一六九八）。

ここで、一〇月五日付で信長が信玄に出した書状の内容を思い起こして欲しい。信玄は、同盟国織田信長を完全に騙しているのである。足利義昭に対しても変わりはない。九月二六日に、側近の一色藤長に宛て、本願寺と信長の和睦調停を進めていること、謙信との和睦については応じかねることを言上しているのだ（石川県立図書館所蔵『雑録追加』『戦武』一七四一)。信玄は、将軍義昭の命令を忠実に履行している姿を見せ続けた。

越中にいた本願寺坊官《ぼうかん》の杉浦玄任《げんとう》と武田家臣の長延寺実了師慶にも、越後攻めの予定を示し続けている(「尊経閣文庫所蔵文書」『戦武』一九五七)。敵はおろか、同盟国重臣、さらには身内にも、動向を隠していたのである。

では、信玄を挙兵に至らしめたものは何か。まず、鴨川達夫氏が指摘するように、本願寺顕如と朝倉義景の要請に応えたものであることは間違いない(山口市歴史民俗資料館所蔵『万代家手鑑』『戦武』二〇二一)。

ただ、信玄がこの呼びかけに応じた最大の動機は、徳川家康への報復だろう。元亀三年一〇月二一日に、山家三方衆奥平氏の隠居道紋《どうもん》に宛てた書状で、「五日以内に天竜川を越えて(家康の居城)浜松に攻め込み、三ヶ年の鬱憤《うつぷん》を散じるつもりだ」と述べているのは(観瀾亭松島博物館寄託「武市通弘氏所蔵文書」『戦武』一九七六)、信玄の本音とみてよい。三ヶ年の鬱憤とは、足かけ三年溜め込んだ不満を意味する。元亀元年一〇月、家康は信玄との同盟を破棄し、上杉謙信と結んだ。そして信長に対し、信玄との同盟を破棄するよう繰り返し求めた。信長も、家康の振舞を放置した。これが、信玄に出陣を決断させたのだ。

## 徳川領侵攻

『三河物語』によると、信玄は「今川攻めに際して河切りとだけ定めたのに、家康が勝手に(国境を)大井川と定めた」ことを非難し、侵攻してきたという。

信玄の主張が書かれているからには、信玄は家康に同盟破棄を通達する「手切の一札」を送りつけたのだろう。『三河物語』という史料の性格上、信玄が記したであろう家康の「悪行」は省略されているだろうが、今川領侵攻時に国分《くにわ》けをめぐるトラブルがあったのは事実である。どうも家康が駿河・遠江国境の大井川で国分けが決まったと理解したのに対し、信玄はそれを遠江中央部を流れる天竜川と主張できるよう、具体的な川の名前を記さなかったものとみられる。ほとんど難癖に近い。

信玄は九月二七日に遠江経由で三河に攻め込ませた別働隊と、一〇月三日に自身が率いた本隊(一部は一〇月一日に先発)とに分けて出陣した。信玄は駿府から東海道を西進し、山県昌景・秋山虎繁が、別動隊として信濃伊那郡から青崩《あおくずれ》峠を通って南進したようだ(『当代記』他)。これについて、伊那郡から南進したのが信玄という説があるが、信玄自身の書状の内容と矛盾するし、文書の発給状況からそのように考えることはできない。

勝頼は、信玄と同陣して駿府から西進していたが、一時的に後方の支配を任されたらしい。一一月二四日、駿府の臨済寺の要請を受け、以前と同様の権益を保証する文書を出している(「臨済寺文書」『戦武』一九九四)。勝頼が花押を据えた判物の形で出されており、信玄の指示であるという。各所に「(この件に関する)印判状(龍朱印状)をただいま送ります」と付記があるから、龍朱印状送付の差配も担っていたようである。これは信玄が、勝頼に内政を代行させたほとんど唯一の事例である。おそらく、自身は「西上作戦」に専念したかったのだろう。ただ、行政権を委譲したわけではなく、「勝頼から伝えよ」と指示したに過ぎない点に注意したい。

徳川領国を蹂躙《じゅうりん》した信玄は、北遠江・北三河をほぼ制圧した。家康からすれば、一一月二七日の遠江二俣《ふたまた》城(現浜松市天竜区)落城の衝撃が、特に大きかったようである。このまま座視すれば大名としての信頼を失いかねず、家康は事態を放置しておくわけにはいかなかった。

一二月二二日、信玄は家康を浜松城からおびき出し、待ち構えた軍勢で大勝した(『三河物語』他)。いわゆる三方《み》ヶ《かた》原《がはら》合戦で、勝頼も参陣している。ただ、比較的良質な年代記『当代記』によると、合戦の経緯は通説とかなり異なる。家康は少数の物見を出していたが、これが武田勢と衝突してしまった。そこで撤退支援のために出馬したところ、遭遇戦となり、大敗したという。

この合戦には、信長からの援軍として宿老佐久間信盛・平手汎秀《ひらてひろひで》、三河国衆水野信元（織田・徳川に両属）が参陣していた。ここに武田・織田間は明確な手切となる。

## 激怒する織田信長と美濃情勢

先述したように、この時期、信長は足利義昭の命を受けて、武田信玄と上杉謙信の和睦を調停中であった。信玄も同様に、本願寺と信長の和睦を調停中であり、足利義昭は「謀叛人」朝倉義景・浅井長政を討伐しての「天下静謐」実現を目指して動いていたのである。謙信も信玄との和睦に乗り気であったばかりか、楽観的見通しを述べていた（『上杉定勝古案集』『上越』一一二六）。

ところが、突如信玄が「朝倉義景が仲介に立つのなら、上杉・武田間の和睦を成立させたいが、信長が仲介するならば、受け入れられない」と謙信に通告してきたという（「上杉家文書」『上越』一一三九）。そこに、武田勢による徳川領侵攻の報が入ったようである。

信長も、これまでの信玄の動きが徳川領侵攻を隠すためのものであったことを悟った。激怒した信長は、一一月二〇日付で謙信に書状を送り、「信玄の所行はまことに前代未聞の無道であり、侍の義理を知らず、都鄙《とひ》（都と田舎）の嘲弄《ちょうろう》を顧みない次第は、何といってよいかわからない題目です」「未来永劫を経るとしても、ふたたび友好関係を結ぶことはありません」などとかつてない苛烈な言葉で信玄を罵倒している。

問題になるのは、信玄が徳川領侵攻と織田信長との同盟破棄をイコールと考えていたかどうかである。謙信は、信玄の徳川領侵攻を知った初信で「信長は美濃に帰陣して家康と談合し、何としてでも駿河へ攻め込んで信玄を討ち果たすだろう。ともかく信玄は蜂の巣に手を指し、無用なことをしたものだ」と論評している（『歴代古案』『上越』一一三〇）。

信玄自身、謙信に「調停者が織田信長では和睦交渉には応じかねる」旨を通告しているのだから、徳川領侵攻が信長との同盟破棄につながるという認識はもっていただろう。

ただ、信長との全面戦争は、必ずしも既定路線ではなかったようだ。当初の目的は家康への「三ヶ年の鬱憤を散じる」ことで、さしあたり遠江・三河制圧を目指した。その方針に変化をうながしたのは、美濃情勢である。

何度も述べてきたように、東美濃恵那郡・土岐郡の国衆遠山氏は、武田・織田氏に両属していた。岩村遠山景任・苗木遠山直廉兄弟は、第五次川中島合戦や信玄の駿河侵攻に援軍を派遣し、飯狭間遠山友忠は信長の比叡山焼き討ちに参陣している（『信長公記』）。

しかし、元亀三年五月一八日に遠山直廉が死去し（『開善寺過去帳』）、同年八月一四日に遠山景任が死去したことで（『濃飛両国通史』）、事情が変わった。両名とも男子なく、織田信長が後継者指名に乗り出したのである。遠山景任の養子として、信長の子息御坊丸（後の信房、一般にいう勝長は誤伝）が入部し、苗木城には飯狭間《いいばさま》遠山友勝（友忠の父）が入城した。ここに恵那郡・土岐郡の遠山領は、完全に織田領国に組み込まれた。

ところがこれは、武田氏との調整どころか、遠山一門の合意を得て行われたものですらなかった。御坊丸は、信長の庶兄織田信広と河尻秀隆の軍勢に保護されて入部しており、いわば織田方の軍事圧力のもとで実施された強引なものであったといえる。しかし遠山一門は、人質を甲府に差し出しており、信玄から「裏切り行為」と見なされることを恐れた。

問題は、信長による遠山氏家督介入の時期はいつかという点である。同盟中であれば、あまりに迂闊《うかつ》としかいいようがない。しかし、上杉謙信が一〇月一八日付書状で「信玄が不慮を（下手を）打った」と総括し、入部に際して戦闘があった旨を述べていることから（『歴代古案』『上越』一一三〇）、信玄敵対を知った信長が、遠山領確保による美濃の完全掌握に動いたものとみたほうがよい。この点、筆者は従来同盟中の出来事と捉えてきたが、このように訂正する。

だからこそ、遠山一門中の親武田派が、信玄に支援を求めたのである。苗木城は、親織田派である飯狭間遠山友勝が入部したから織田方に残ったが、岩村城の遠山一門は、武田氏に軍事支援を仰いだ。

武田氏に救援要請が届いたのは一一月一二日以前で、同一四日に岩村城を受け取っている（「鷲見営造氏所蔵文書」『戦武』一九八七・一九九一）。遠山領は、岩村城のみが武田方となり、残りは織田方と二分された。

信玄は岩村城服属により、年明けの美濃侵攻を決断した。そこで郡上遠藤氏に、信玄の美濃侵攻のタイミングにあわせて挙兵するよう指示をくだした。当初の予定通り、徳川領攻略を優先させたのである。この状況下で、徳川勢を打ち破ったのが三方ヶ原合戦ということになる。なお本願寺顕如からは、一二月三日付で遠江での戦勝を祝う書状が届けられた。この書状は信玄だけでなく勝頼にも送られており、勝頼が対外的に嫡子として周知されていたことをあらためて確認できる（龍谷大学所蔵『顕如上人御書札案留』『戦武』四〇五三・四〇五四）。

## 足利義昭の挙兵

信玄の徳川領侵攻を、将軍足利義昭はどのように見ていたのか。よく義昭は、元亀争乱を背後から操った黒幕であるといわれる。しかし信玄挙兵時点で、義昭は織田信長との連合政権を維持していた。姉川合戦に際しても、義昭は信長の要請で出馬する予定であった。義昭にとって、朝倉・浅井・本願寺ら反織田連合は、「謀叛人」という認識であったのである。

信玄についても変わりはない。義昭は徳川家康に対し、信玄討伐を命じる御内書を出している（「鹽川利員氏所蔵文書」『新修徳川家康文書の研究』四九頁）。信玄もまた、「謀叛人」であった。

状況に変化を与えたのが、三方ヶ原合戦である。遠江刑部《おさかべ》（現浜松市）で越年した信玄は、この戦勝を徹底的に喧伝した。

元亀四年（一五七三）正月一一日、信玄は義昭側近の上野秀政に宛てて書状を送り、信長・家康の非を弾劾した。まず信玄は、家康の非道を糾弾し、これが「義兵」を起こした理由であると述べる。勝利を重ねていたところ、義昭から「寛宥《かんゆう》の御教書をなされ」たとあるから、停戦を命ずる義昭側近の書状（「御教書」は奉書を意味する）が出されたようだ。

信玄は、上意は無視できないが、家康の罪悪を考え、御請けできないと判断した。信長・家康以下の逆党を誅伐し、天下を静めたいという考えを謹んで言上したい、とする。そして信長の悪行を列挙し、信長・家康を誅殺する御下知《おげち》を賜りたいと結ぶ。

この文書は、『軍鑑』に写が載せられて著名なものだが、偽文書という理解が主流であった。しかし、醍醐寺理性院に伝来する写が、正親町天皇宸筆《しんぴつ》と判定されており、少なくとも当時、流布したものであることは間違いないようだ。信玄は同盟破棄に際する「手切の一札」と同じように、この上申書を畿内の諸勢力に送りつけたのではないか。

注意したいのは、その筆頭として延暦寺の「山上山下焼亡」が掲げられていることである。また、信長の悪行として五ヶ条が並べられているが、その四ヶ条目は再度、比叡山焼き討ちの話になっている。信玄は、信長との決戦に方針を変更するにあたり、その大義名分を、比叡山再興に求めたのではないか。当時、京都にいた宣教師ルイス＝フロイスが、一五七三年四月二〇日（元亀四年三月一九日）に送った書翰の内容とも一致するからだ（『日本耶蘇会年報』『山』６下九四四頁）。

この点は、謙信が元亀四年三月一九日に示した、信玄を追い詰める方策からも明らかである。謙信は、①比叡山再興容認、②浅井長政赦免の二ヶ条を実施すれば、信玄や朝倉義景は大義名分を失うと提言している（「旧高田藩和親会所蔵文書」『上越』一一四二）。信玄の掲げた旗印が、比叡山再興であったことを裏づけるものだろう。逆にいえば、義昭を補佐する上での信長の失政は、その程度しかなかったのである。

信長も、信玄の主張に反駁《はんばく》する上申書を義昭に提出した。しかし、義昭のもとには、すでに朝倉義景・浅井長政・本願寺顕如から働きかけがなされており、三方ヶ原の「敗戦」と相俟って、動揺は著しいものがあったようだ。義昭は信長と連合政権を維持してきたが、信長と共倒れになることを望んではいない。

元亀四年二月一三日、義昭はついに反信長陣営の要請に応じ、挙兵することを決断した

（「勝興寺文書」『静』８六〇七）。武田氏への第一報は、二月二一日付で浅井長政が穴山信君に送った書状で、義昭が味方についたことを知らせ、その御内書を転送したものである（「土屋家文書」『戦武』四〇六四）。義昭の使者は若狭武田氏の一門武田中務大輔《なかつかさのたゆう》で、元亀四年春から三河の信玄本陣を訪ねていたという。信玄はこの使者を留め、「信長御追罰」決断の報が入ったので帰洛させたと述べているから（「荒尾親成氏所蔵文書」『戦武』二〇三二）、御内書を受け取って、中務大輔に帰国を許したのだろう。帰洛させないことで、無言の圧力をかけたものと思われる。三河野田城（現新城市）を攻略した信玄は、長篠城（同前）に入った。

信玄は正月の段階で、本願寺顕如に対し、遠江・三河・尾張・美濃の本願寺派門徒の挙兵を求めていた。三河では、勝鬘寺《しょうまんじ》（現愛知県岡崎市）が挙兵する予定であり、伊勢長島の門徒も岐阜城付近に進出し、砦を築いた。郡上遠藤氏には、元亀三年一一月段階で鉈尾《なたお》砦（現美濃市）を築き、岐阜城を北から圧迫するよう命じている。元亀四年二月までには、鉈尾砦に加え、加治田城（現岐阜県富加町）・津保城（現岐阜県関市）も武田氏に帰順しており、岐阜城包囲の体制は整っていた（「勝興寺文書」『静』８六〇七）。

信長の反撃も懸念されたから、三月六日、大島城代兼下伊那郡司の秋山虎繁に、美濃岩村城入城を命じた（京都大学所蔵『古文書纂』『戦武』二〇二七）。この判物写は、文言が当時のものとしてはおかしいが、虎繁の岩村入城はおおよそこの時期と思われる。秋山虎繁は遠山

元亀４年時の武田領国図

景任の後室（未亡人、織田信長の叔母）を妻に迎え、岩村城代兼美濃遠山郡司として、岩村領の軍政を司ることになる。信長子息御坊丸はこの時、甲府に送られたとされるが（『軍鑑』）、前年中かもしれない（『当代記』）。

三月六日の秋山虎繁岩村城代任命に蓋然性があるとしたのは、理由がある。それは、信玄の病状悪化であった。

## 信玄死去

二月に挙兵した足利義昭は、信玄の父武田信虎を近江甲賀郡に派遣し、軍勢を募らせた（「細川家文書」『信長文書』三六四）。信長に滅ぼされた南近江の大名六角承禎《ろっかくじょうてい》が、反信長軍事活動を続けていた地域である。

三月一一日、朝倉義景は出陣の準備を進め、一乗谷《いちじょうだに》を発して越前府中に入った。義昭も、謙信に信玄・本願寺との和睦を呼びかけた。

しかしこの頃、信玄の病状が急激に悪化していた。信玄は、長篠から信濃国境へと軍勢を動かしており、これ自体は美濃への転進の可能性を示すものでもあったが、侍医《じい》僥倖軒宗慶（板坂法印）に「かく」（膈、『日葡辞書』に「胃が食べた物を留め得ないために吐き出す病」とある）と診断された病状の悪化は（『軍鑑』）、それを許さない。三月一二日、信玄は密かに信濃への撤退を開始し、一六日には全軍を撤退させた（『謙信公御書集』『上越』一一四三）。問題は、これを上杉謙信に伝えた信長の条目が、三月一九日付ということである。「堺目方々より告げ来たり候」とあるから、「一円隠密候て、惣紛れに退き候」という撤退戦は、すぐ噂として広まった。

信玄の病状は重く、領国信濃に入っても進軍速度はまったくあがらなかった。三月二六日、山城大山崎惣中から、軍勢の濫妨《らんぼう》禁止と、以前と同様の免税特権を認める禁制を出して欲しいという使者が到来した。信長の情報が正しければ、この時、すでに信濃に入っていたはずだが、行軍中の本陣を捕捉され、追いつかれてしまっているのである。大山崎惣中の使者は、禁制の草案を提示し、文書化を求めた。

応対したのは、土屋《つちや》昌続《まさつぐ》と僥倖軒宗慶である。両名は、諸役免除は応じられるが、禁制については、遠国のため、京表《きょうおもて》については現在、発給を停止していると断った（「離宮八幡宮文書」『戦武』二〇三〇・二〇三一）。

土屋昌続は、この時期の信玄の側近筆頭、僥倖軒宗慶は信玄の侍医である。両名とも、信玄の側に侍っていたはずで、「このことは（われわれ）両人に任せていただきたい」と述べていることからも明らかなように、信玄の内意を受けてのものであった。京表に禁制を出さないというのは、もはや信玄の病状が戦争に堪えうるものでないためである。また、そもそも本当に上洛戦を敢行しようとしていたかも怪しい。信玄が、本格的な対織田戦を決意したのは、信長による遠山領の掌握がきっかけであるからだ。上杉謙信が、比叡山再興を信長自身が行えば、信玄は大義名分を失うと指摘しているのも、信玄にそれ以外の大義名分、ひいては上洛後の構想がないことを看取してのものである。

ましてや信玄死去となれば、信長との関係改善も視野にいれなければならない。そのためには、京近辺に禁制を出すなど、絶対にやってはならないことであった。

しかし、事ここに及んでも、勝頼の影は薄い。勝頼は対外的には嫡子として紹介され、諸大名からそのように処遇されてきたが、禁制発給の処理は、信玄側近が応対している。信玄の病状を隠すためには、勝頼が前に出ては困るという点を差し引いても、そう思えてならないのだ。勝頼が撤退戦を主導できたかも怪しい。宿老との合議であったと思われる。

元亀四年四月一二日、武田信玄は信濃伊那郡南端で死去した（櫻池院所蔵成慶院『武田御日坏帳　一番』他）。享年五三。

ここに、武田氏の家督は、勝頼が相続した。

# 第三章　武田氏の家督相続と不安定な基盤

## 『甲陽軍鑑』の記す信玄の遺言

ようやく、筆を勝頼に戻すことができる。

『軍鑑』によると、死を悟った信玄は、一門・宿老を集めて遺言を残したという。そこに記されているものは、とても死に臨んで言い残したとは思えない長文のものである。

この遺言は、大きく三つにわけられる。①三年秘喪、②勝頼陣代《じんだい》・信勝家督、③当面の軍事・外交方針の指示である。

①三年秘喪でいう「三年」とは、「足かけ三年」の意味で、二年後の今日まで、ということになる。自身の死を偽装するために、信玄はふたつの手をうったという。まず、自分の花押だけを据えた紙を八〇〇枚ほど用意したとする。それを使って他国への書状を出し、信玄の死を隠せというのである。

花押だけを据えた紙というのは、「判紙《はんがみ》」と呼ばれ、戦国期にはいくつか用例があるし、「真田家文書」には白紙に「昌幸（花押）」とだけある判紙の現物が残されている。

次に弟の信廉（逍遥軒信綱《しょうようけんしんこう》）を信玄の影武者とせよという。信廉は年の離れた弟だが、容貌が信玄によく似ていたとされ、毎日顔をあわせるほどではない家臣や、他国の使者には区別がつかないだろうという判断である。

②は、信玄の後継者は孫の信勝で、勝頼は信勝が一六歳で家督を継ぐまでの「陣代」とするというものだ。信玄は、勝頼に武田の旗印、特に孫子の旗・勝軍地蔵の旗・八幡大菩薩の小旗の使用を禁じたという。勝頼の旗印には、以前と同様大文字の小旗を用いよという。信玄が着した諏方法性の甲《かぶと》は、勝頼が着した後、信勝に譲ることを許している。

③においては、上杉謙信との和睦を命じるとともに、三年秘喪中の他国への攻勢を禁じている。勝頼は若いのだから、他大名が死去するのを待てというのが趣旨である。これまで武田・上杉間では和睦交渉がたびたび持ち上がっており、これを機に和睦せよという。信玄はついにそれができなかったと述べているのは、「西上作戦」直前の信長調停による和睦を無視したことを指しているのだろうか。

あわせて、自分の遺骸は諏訪湖に沈めよと述べている。指定されている日付は、秘喪が明けた時である。

遺言を述べ終えた信玄は目を閉じ、一同退出したとある。その後、宿老山県昌景を招き、「明日、其方の旗を瀬田に立てよ」と命じたという。瀬田（現滋賀県大津市）は、近江から山城に入る軍事交通上の要衝だから、上洛戦を敢行せよと述べたことになる。もちろん、武田氏はそのような状況にはない。『軍鑑』は、この発言を「御心みだれてかくのごとし」と病気によるうわごとと評している。
最後にもう一度だけ目を開き、辞世の句を詠んで死去したという。

## 勝頼は陣代であったか

三つにわけた遺言は、相互に関連したものである。①三年秘喪は、実施されたことが古くから明らかにされている。問題は、②勝頼陣代・信勝家督である。

この点について、諏方氏を継いだ勝頼は、武田氏においては陣代にしかなれなかったと説明がなされることが多い。

陣代は、名代《みようだい》ともいい、家督継承者が幼少または不在であった際に、多くの場合は一門の誰かを指名して、本来の家督継承者が成人するまでの間、家督代行を務めさせるというもので、上位権力の許可をもらう場合もある。

家督が返還される成人年齢は、一六〜二〇歳と幅がある。信玄は、信勝が一六歳になった時と指定したという。幼名武王丸を称している信勝は、この時まだ七歳に過ぎない。

もし信玄がこのような遺言を残したのならば、勝頼の権威は大きく損なわれたはずだ。信玄の遺言は一門・宿老が集まるなかでなされたとある。勝頼は重臣一同を前にして、「お前は中継ぎに過ぎない」と名指しされたことになるのだ。孫子の旗以下、信玄の旗印を使ってはならないという遺言も同様である。もっとも、各種「長篠合戦図屏風《びょうぶ》」をみると、勝頼の旗印は「大文字の小旗」で描かれており、「孫子の旗」などは描かれていない。ただ、これらの屏風が江戸時代の大ベストセラーである『軍鑑』を踏まえて描かれた可能性もあるし、写実的絵画ではないから、どこまで現実を反映しているかはわからない。

陣代という遺言は、勝頼の「悲劇性」を高めるモチーフとして、使用されてきた。しかし勝頼は、兄義信生前から「実質的な次男」として位置づけられていた。だからこそ、信長養女が勝頼に嫁いだのである。永禄一三年（一五七〇）には、足利義昭に勝頼への将軍偏諱と官位授与申請がなされている。これはもちろん、信玄が勝頼を後継者と位置づけた上での行動である。義昭の機嫌を害して失敗に終わってしまったが、もし将軍偏諱が許されていれば、兄義信の先例にならい、「義」字偏諱がなされたはずで、「義勝」「義頼」といった実名を名乗ることになったであろう。

外交面でも、たとえば本願寺に対して、勝頼は信玄とともに書状をやり取りしている。これもまた、信玄が勝頼を嫡男であると対外的にアピールしたことを意味する。

つまり、勝頼は信玄生前から武田氏の次期当主と御披露目されていたのであり、ここで信玄が突然「勝頼は陣代に過ぎない」と言い出すのは、筋が通らない。事実であれば、それこそ「御心みだれて」の話である。

実際、勝頼は信玄と自身の名前で、家督相続を発表した。元亀四年（一五七三）七月一四日に北条氏政が長延寺実了師慶に送った書状には、「勝頼御家督について、使者がこちらに派遣され、以前と同様に入魂《じっこん》の関係を保つ旨、あらためて起請文を取り交わし、浮沈を共にすると申し合わせました」という一文がある（「秋山吉次郎氏所蔵文書」『戦武』四〇七四）。

ついで九月二一日には、本願寺顕如から、信玄および勝頼に対し、返書が送られた。信玄宛の返書には「御家督の儀は、四郎殿へ御譲与とのこと、珍重に存じます」とあり、勝頼に対しては「今度御家督のこと、もっとも千喜万悦めでたく覚えます」と記されている（龍谷大学所蔵『顕如上人御書札案留』『戦武』四〇七五・四〇七七）。

つまり勝頼は、同盟国である北条氏政・本願寺顕如に「信玄が隠居し、勝頼が家督を相続した」と通達し、同盟関係継続を確認しているのである。したがって、『軍鑑』の記す「勝頼陣代」説は虚構と断言できる。

それでもなお、疑念が残る方がおられるかもしれない。それは、信玄は「勝頼陣代」という遺言を残したものの、勝頼が勝手に「家督相続」と発表したという可能性である。しかし、これも論理的に成り立たない。

信玄の遺言に、「三年秘喪」が含まれており、勝頼がそれを実行したことは、本願寺顕如が「信玄」に出した返書からも明らかである。問題は、信玄が隠居するのなら、「家督継承予定者」武田信勝成人までの「陣代」を立てるのはおかしい、という点である。病気であれ、信玄は書状を出せる程度には元気なのだから、病床から幼少の信勝を後見するという筋書きでなければならない。

しかし実際には、勝頼が「御隠居様」信玄の後見を得て政務をみる、というフィクションが展開されていくし、『軍鑑』に記された信玄の遺言のうち「判紙」というのはまさにこれを指す。もしも勝頼が「陣代」であるのなら、信勝の家督代行であるはずの勝頼に政務をみる能力がなく、病床の信玄が「陣代」勝頼を後見するという奇妙な図式ができあがってしまうのだ。

勝頼家督は、天正一〇年（一五八二）の武田氏滅亡後に穴山信君《のぶただ》（梅雪斎不白）が、明院《みょういん》玄昉《げんぼう》に撰してもらった生母南松院殿の一七回忌の法語において、「本州太守勝頼公、在其位已十歳」と記させていることからも明らかである。この法語は、穴山信君が自身の謀叛を正当化する意図も籠めて依頼したものだが、勝頼の治世は足かけ一〇年、つまり元亀四年（天正元年）の信玄死去から天正一〇年の武田氏滅亡までだとはっきり述べているのである。

したがって、勝頼は正式に武田氏家督を継承しており、それは家臣団や同盟国も認めるところであった。勝頼「陣代」という遺言は、『軍鑑』の創作とみてよい。

## 『甲陽軍鑑』における勝頼像

『軍鑑』は、長篠合戦後に生き残った宿老春日（香坂）虎綱（いわゆる高坂弾正《こうさかだんじょう》）が、勝頼側近跡部勝資・長坂釣閑斎を諫めるという体裁で編まれている。天正六年に春日虎綱が死去した後は、その甥の春日惣二郎が引き継いで「勝頼記」二巻を書き上げ、それを虎綱の副将であった小畠虎盛の嫡孫小幡勘兵衛景憲（尚縄）が整理したとされる。小畠虎盛の死後、嫡男小幡昌盛（小畠から改姓、景憲の父）は甲府詰めの旗本になることを望み、海津城代副将は次男光盛が引き継ぐ。小幡光盛経由で、景憲の手に『軍鑑』祖本が渡ったというのは、理屈は通る。

かつては「偽作」説まで唱えられたが、国語学者酒井憲二氏により、従来用いられてきた木版本ではなく、写本系のほうが古態を留めており、こちらを用いるべきという提言がなされた。写本系の『軍鑑』には、「この先切れてみえず」といった破損注記が散見され、景憲は祖本の破損箇所を「書写できない」と正直に書き記しているというのである。

また酒井氏は、『軍鑑』およびその補遺編『甲陽軍鑑末書』（以下、『軍鑑末書』）の語彙を検討され、そこで用いられている言葉が戦国期の京都の口語表現とかなりの割合で一致すると指摘された。確認されている『軍鑑』の初見は元和《げんな》七年（一六二一）の写本（現物は未確認）だから、戦国期の語彙が散見されることは当然といえる。したがってこの点は措くとしても、同じ表現が繰り返し出てくるという文体は口語調であれば納得がいく。つまり、原記主が本当に春日虎綱であるかはともかく、『軍鑑』は武田氏関係者が口述筆記させて編まれた回想録の集成である可能性は高い。随所にある年月日の誤りも、同書のなかで明記されているように、記憶頼みであったためと考えれば、いちおう説明はつく。

『軍鑑』に頻出する山本勘助（正しくは菅助）の子孫が仕官を試みた際に、武田遺臣が「この人物は間違いなく『軍鑑』の勘助の子孫です」と保証していることも（「山本家文書」）、同書の記述が武田氏旧臣に問題なく受け入れられたことを示すものだろう。

ただし、これらは『軍鑑』の内容が事実であると意味するものではない。ここに記されているのは、武田氏旧臣にとって受け入れやすい「歴史」なのである。その論調は、「側近ばかりを重用する勝頼の政治を改め、正道を行った信玄の治世に立ち返れ」という趣旨で一貫している。これが結果的に、勝頼側近たる吏僚《りりょう》系の家臣と、信玄が低い身分から抜擢した古参宿老の対立という構図を生み出しているのだ。この筋立てがいかに受け入れやすいものであったかは、穴山信君生母の一七回忌法語や、武田氏滅亡を綴った軍記物『甲乱記』が、勝頼の側近重用こそ滅亡の原因と記していることからも明らかといえる。

だから『軍鑑』においては、信玄に誤りがあってはならない。誤りがあっても、諫言を容れてみずからを律する。それは後継者問題にも及ぶ。武田氏を滅ぼした勝頼を、後継者に指名したのは信玄であるとは書けないのだ。これこそ、勝頼「陣代」説の苗床である。

『軍鑑』は、勝頼を「強すぎたる大将」と評し、国を滅ぼす四大将の一類型に区分する。この文章は誤読を招きやすい。「心は猛々しく、気がはやって、大略《たいりやく》弁舌も明らかに物を言い、智恵は人に優れ、何事についても弱気になることを嫌うのだけれども、しかも常に短気なることもなく、少しも狷狭《けんきよう》にありたまわず、いかにも静かに、奥深く見え奉る故」とはじまる一文は、あたかも褒めているようにみえる。

しかし、最後に「見え奉る故」つまり「一見すると」とあるように、本題はこれ以降である。すなわち、自負心が強いため、家老が諫めても「何と弱気なことを言上するのか」と考えるので一〇のうち五つを申し上げるのがやっとで、その五ヶ条さえも、三ヶ条は理屈に合わないと考えて取り上げない、と続く。

家老を集めて談合するのも、名大将である父親（信玄）への礼儀として不本意ながら行っているに過ぎない。そこを悪しき侍で頭でっかちな者が、その場限りの進言をして取り入り、家老の列に加わってしまう。これを許してしまった大将こそ勝頼で、その側近重用が武田氏を滅亡に導いたという趣旨なのである。この点をよく意識して扱う必要がある。

### 宿老層との摩擦

家督を相続したばかりの元亀四年（一五七三）四月二三日、勝頼は箕輪城代兼西上野郡司の内藤昌秀に対し、起請文を与えた（「京都大学総合博物館所蔵文書」『戦武』二一二二）。本文（前書《まえがき》）の内容は、以下のようなものである。

（現代語訳）

一、おのおのがひたすら奉公に励んでいるところ、佞人《ねいじん》がいて、その方の身上について讒言《ざんげん》するようなことがあれば、できる限りの糺明《きゅうめい》をする。そしてその人物がそなたに遺恨があり、何の理由もない訴えをしていたのであれば、同心・被官《ひかん》については、以前と同様に出し置き、そなたの考えに任せることとする。非法の訴えをした者については、処罰することを約束する。

付、思うところを訴訟するに際しては、起請文を出して関係を結んだ人物か、奏者《そうじゃ》を通じて訴えること。そうすれば、細かく聞き届けることを約束する。

一、今後格別の奉公をしたら、手厚く遇することを約束する。ゆめゆめ内心において、

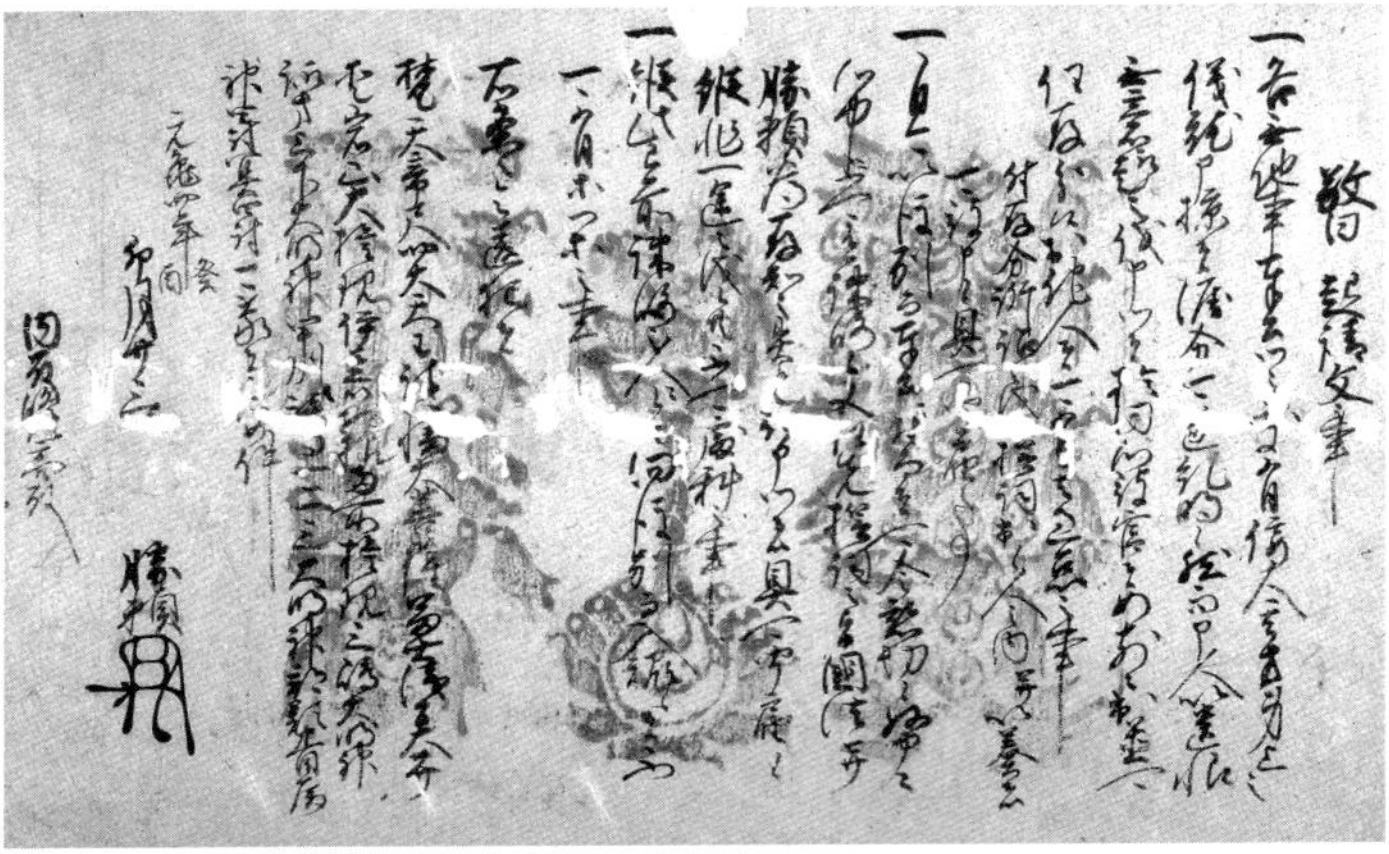

元亀４年（1573）４月23日付武田勝頼起請文（京都大学総合博物館蔵）

　疎略に思うことなどしない。また先の起請文の内容にしたがって、国法および勝頼に知って貰いたい意見を申し出れば、詳しく聞き届ける。たとえそれを採用しなくても、処罰するようなことはしない。

一、たとえこれ以前は疎遠な人物であろうとも、今後は特別に親しくしてくれれば、疎略には扱わないと約束する。

内藤昌秀について、不当な訴えがあったとしてもきちんと調査して対応する、今後忠節を尽くしてもらえれば厚遇する、といった内容である。大名の代替わりに際し、起請文が交わされる事例は多い。戦国期の場合、大名側からも家臣に対して「疎略に扱わないので忠義を尽くして欲しい」旨を記した起請文を与えることがあり、そのひとつである。

ただ、他大名でも残存例は多くない。勝頼の場合でも、重臣みなに与えたのか、内藤昌秀に限った特殊例なのかが問題となる。

まず、第二条で「先の起請文の内容にしたがって（任先誓詞之旨）」とあるから、以前に内藤昌秀から忠誠を誓う起請文が提出され、その返書とわかる。つまり勝頼は家督相続にあたり、重臣たちから起請文を徴集し、自身も起請文を返したのである。内藤昌秀個人の話とみるべきではない。

ただ、誓約事項がいくつか気になる。第一条の付則は、訴訟は正規のルートを使って行えと定めたもので、直訴を禁じている。内藤クラスの重臣であっても、直接大名に言上することはせず、側近が取次役（奏者）として間に入る。当たり前の話をわざわざ禁じているのだ。一般に代替わりに際しては側近の顔ぶれが一新されることが多い。しかし勝頼は、信玄側近をそのまま起用したから、側近交代による混乱が生じた可能性は低い。内藤昌秀の奏者は、勝頼に重用された跡部勝資だから、なおさらである。ただ、昌秀が何らかの事情で直訴した可能性は残る。

第二条・第三条は、勝頼が家臣を疎略に扱わないと誓約したものである。これも定型文だが、わざわざ「たとえこれ以前は疎遠な人物であろうとも（縦此已前疎略之人ニ候共）」と明記している点は気になる。勝頼は、個々の家臣との関係に親疎があることを率直に認め、今後の改善を約束しているのだ。

勝頼が家臣団統制に配慮している様子が窺える。どうしてこのような事態を招いたのか。

## 勝頼不在の「御備えの談合」

『軍鑑』によると、信玄は毎年一二月に宿老を集め、翌年の軍備を話し合う「御備《おそな》えの談合」を開いたという。

談合に加わることができる宿老はかなり限定される。牧之島城代の馬場信春、箕輪城代兼西上野郡司の内藤昌秀、大島城代兼下伊那郡司の秋山虎繁、海津城代兼川中島郡司の春日虎綱、大宮城代兼富士大宮郡司の原昌胤、江尻城代の山県昌景がその構成員であった。これに甲斐郡内の国衆・準一門格で、谷村城主の小山田信茂が書記として加わったという。『甲乱記』によると、小山田信茂は文武に秀で自画自賛するほどであったというから、能筆を買われたのであろう。祐筆《ゆうひつ》の参加すら許さない極秘の談合であったことがわかる。

ただし元亀元年の談合には、信玄が目をかけていた若手の土屋昌続・武藤（真田）昌幸・曾禰《そね》昌世《まさただ》・三枝昌貞《さいぐさまささだ》が御供をしたという。将来の家老候補に聴講させたというわけだ。

固定メンバーは、誰をとっても信玄に抜擢され、重職を任された歴戦の宿老である。彼らは境目地域の城代であったから、近隣諸国の動静報告も大きな目的であった。内藤昌秀が関東、小山田信茂が北条氏、馬場信春が越中・飛驒、山県昌景が遠江・三河という担当区分であったとされる。春日虎綱も上杉謙信の動静を報告したことであろう。

注意したいのは、勝頼の姿がどこにもみえない点である。勝頼こそ、信玄自身の後継者として、この談合に参加させなくてはならない。ところが、勝頼が参加した形跡はない。

その点は、信玄死後に明確になる。御備えの談合は、信玄死後は宿老の屋敷を回り持ちにする形で続いたのだという。つまり、新当主勝頼の御前で行われてはいないのだ。

宿老たちも気にしたようで、「新しく参加すべき者はおりますか」と、土屋昌恒（昌続実弟）を介して勝頼に言上したという。遠回しに勝頼御前での談合開催を進言したものとみられる。これに勝頼は、軍備は特に大事なことなのでそのままでよいと返答したという。結局、馬場屋敷において談合は行われた。

ところが天正二年末に、山県屋敷に皆が集まると、勝頼の側近跡部勝資・長坂釣閑斎が談合に加わりたいと言い出したという。両人から話を聞いた内藤昌秀は、信玄以来の慣例ばかりか、勝頼の命にも背くものと激怒した。

これに長坂釣閑斎が「（あなた方は）勝頼公のお考えはよく知らないだろうから、命を受けて伝えに来たのだ」と返したため、火に油を注ぐことになった。

釣閑斎が伝えた勝頼の考えは、一両年の間に美濃・尾張・三河へ出陣し、信長・家康と決戦したいというもので、さらに内藤昌秀の反発を買ったとされる。昌秀が「義信事件」で釣閑斎の次男勝繁が殺害された過去を持ちだし、「若い御屋形様を唆《そそのか》して敗北に導き、武田の家を絶やして恨みを晴らそうという魂胆に違いない」と吐き捨てれば、釣閑斎も昌秀の兄（父の誤りか）が武田信虎に殺害された話を蒸し返して、危うく刃傷沙汰になりかけたという。

この記載が、事実かどうか定かではない。天正二年の談合とは、翌天正三年の軍備を定めるものだ。追い出された跡部・長坂が、勝頼のもとに駆け込み、長篠の敗戦に導いたというストーリーに続くからである。

ただ、年末の談合というのは、正月に出仕儀礼が行われることを考慮すると、蓋然性はある。問題は信玄が勝頼を後継者と定めながら、御備えの談合には参加させなかったこと、家督継承後の勝頼も談合から距離を置いたと「信じられた」ことである。そもそも、軍事行動の最終決定権者は勝頼だから、宿老だけで御備えの談合をしても何の意味もない。

もし、信玄が御備えの談合に参加させなかったのであれば、それは新当主勝頼の権威確立にとって致命的であったことだろう。

そして、内藤昌秀が「義信事件」を、長坂釣閑斎が信虎の行状を引き合いに出して相手を非難したと「されている」点も注目したい。「義信事件」の傷跡は、まだ修復されていないと『軍鑑』は主張しているのだ。そして長坂の反論からは、両者の争いが古参家臣同士の衝突であること、武田氏の御家騒動の歴史の根深さをも読み取れるだろう。

## 勝頼家臣の世代差

こう考えると、勝頼とその家臣の年齢・世代差は軽視できない要素となる。新当主勝頼はまだ二八歳に過ぎない。内藤昌秀が「若い御屋形様」と呼んでいるのもうなずける。まず、御一門衆からそれぞれの年齢をみていこう。

『軍鑑』によると、信玄は武田信豊と穴山信君の両名に、勝頼を支えて欲しいと後事を託したという。実際この二人が、勝頼期の御一門衆筆頭となる。

**勝頼家督時年齢表　御一門衆**

| 名前 | 勝頼との関係 | 年齢 |
|---|---|---|
| 武田信豊 | 従兄弟（信繁子） | 二五 |
| 穴山信君 | 従兄弟（国衆） | 三二 |

| | | |
|---|---|---|
| 武田信廉 | 叔父 | 四二 |
| 仁科盛信 | 弟（国衆） | 一六 |
| 大龍寺麟岳 | 従兄弟（信廉子） | 一四前後？ |
| 武田信堯 | 従兄弟 | 二〇？ |
| 小山田信茂 | 準一門（国衆） | 三四 |
| 木曾義昌 | 準一門（国衆） | 三四 |

御一門衆の長老格は、勝頼の叔父信廉（逍遥軒信綱）だが、四二歳に過ぎない。勝頼の相談役で、『系図纂要』が信廉の子息とする大龍寺麟岳《だいりゅうじりんがく》は年齢不明だが、信廉の嫡男信澄が勝頼家督時一四歳だから、庶兄としても勝頼より年下となる。他に系譜関係を示すものがないため、さしあたりこれに従っておく。ただし、武田氏滅亡時に「分国の僧俗・貴賤崇敬する事、他に異なる」（『甲乱記』）と称されて首座《しゅそ》（禅宗寺院で修行僧の筆頭、住持の次位）にまで登りつめている弟子もおり、『信長公記』でも「長老」とある人物だから（この文言は年齢とは無関係だが）、滅亡時三〇にも満たないというのはしっくりこない。再検討の余地が大きい。

いずれにせよ、武田一門は最長老でも四二歳、平均三〇歳前後になる。年齢不明の一門も、さほど違いはない。

次に、宿老層をみてみよう。

**勝頼家督時年齢表　宿老層**

| 名前 | 役職 | 年齢 |
|---|---|---|
| 馬場信春 | 牧之島城代 | 六〇 |
| 内藤昌秀 | 箕輪城代 | 五一 |
| 秋山虎繁 | 岩村城代 | 四七 |
| 春日虎綱 | 海津城代 | 四九 |
| 原昌胤 | 大宮城代 | 四五前後？ |
| 山県昌景 | 江尻城代 | 六〇位？ |

平均年齢は五〇代前半と、明らかに高い。

それでは、側近層はどうか。

**勝頼家督時年齢表　側近層**

| 名前 | 来歴・役職 | 年齢 |
|---|---|---|

| | | |
|---|---|---|
| 跡部勝資 | 信玄以来 | 五〇弱? |
| 長坂釣閑斎 | 信玄以来 | 六一 |
| 跡部勝忠 | 勘定奉行 | 五〇弱? |
| 秋山紀伊守 | 勝頼付家老 | 不明 |
| 秋山昌成 | 勝頼取立 | 不明 |
| 小原継忠 | 高遠旧臣 | 四〇弱? |
| 土屋昌続 | 信玄以来 | 二九 |
| 土屋昌恒 | 勝頼取立 | 一八 |
| 武藤昌幸 | 国衆真田幸綱子 | 二七 |
| 三枝昌貞 | 甲斐譜代 | 三六 |
| 曾禰昌世 | 古参側近庶流 | 不明 |

並べてみると、武田一門が三〇歳前後と若いのに対し、信玄以来の宿老層は五〇代前半となる。側近層は、跡部勝資・勝忠・長坂釣閑斎が宿老層と同世代である以外は、やはり若い。勝頼家臣は、年齢構成のバランスが悪いのだ。長老格を、信玄が抜擢した宿老が占めている。したがって、御備えの談合をめぐる対立で描かれているのは、古参長老同士の対立なので

ある。そもそも原昌胤や山県昌景に代表されるように、宿老層も武田領国の拡大に伴って側近から城代に転出した存在である。

つまり内藤と長坂の衝突は、武断派と吏僚派の衝突ではない。この構図こそ、『軍鑑』による虚像なのだ。そもそも跡部勝資・長坂釣閑斎は、勝頼派ではない。両名とも取り立てたのは信玄である。勝頼派というならば、付家老の安倍宗貞、高遠諏方氏旧臣の小原継忠や保科正俊父子が該当するが、彼らは蚊帳の外である。

両者の親疎を分けたのは、勝頼が甲府入りした際、宿老層の大半が境目の城代・郡司として転出していたことにある。甲府に残って内政・外交を管掌した跡部・長坂等が、勝頼に接する機会が多かったに過ぎない。

勝頼は、信玄の側近層をそのまま引き継いだ。ただ、非常に小さな変化がみられる。それは跡部勝資と土屋昌続の勢力の逆転と、長坂釣閑斎の再起用である。「義信事件」以後の釣閑斎は、鳴かず飛ばずの状況にあった。その長坂を、勝頼は重用する。

勝頼が、最晩年の信玄がもっとも重用した側近土屋昌続ではなく、跡部勝資を重視しだすのも、これと関わる。昌続自身は勝頼と同年代で気安い相手であったろうし、弟の昌恒は厚い信頼を受けているから、土屋氏が遠ざけられたわけではない。ただ、二回りも年上の宿老層を束ねるために、勝頼は古参長老格の二人で対抗しようと考えたのではないか。

武田復姓後の勝頼は、信玄のもと多くの合戦に参加し、宿老層と同陣した。信玄も後継者として周知するため、将軍偏諱と叙任を求め、外交の場にも参加させた。側近層が速やかに勝頼との関係を構築できたのは、このためである。

ところが戦場において信玄が、勝頼を副将と処遇した形跡はない。たとえば武田信豊と並ぶ有力一門のひとりと扱ったのである。

御備えの談合という極秘の軍議にも参加を許さなかったのが事実であれば、こうした処遇が関係していよう。

この結果、宿老たちは、代替わり時の意識改革が困難になってしまった。たしかに勝頼は、もともと「事実上の次男」であり、その後は「信玄の後継者」となった。しかし、自分の子供のような年齢で、戦場では傍輩《ほうばい》として同陣していた勝頼を、いきなり主君と仰ぐことは難しかったろう。これが、内藤昌秀宛の勝頼起請文の背景にある。勝頼の政治手法は、滅亡後に側近政治・密室政治と非難される結果を生み、それが『軍鑑』の筋立てとなるが、勝頼自身が積極的に行ったわけではない。

信玄のもとで、勝頼はあらゆる意味でナンバー2と認められる地位を得ることは叶わなかった。外交面では後継者として周知されても、甲府での内政には携わらず、軍事面でも有力一門のひとりに留まった。諏方勝頼時代から信玄死去に至るまで、その立場は実に中途半端なものであり続けたといえる。

つまり信玄は、義信の処遇と同じ轍《てつ》を踏んだのだ。もし信玄が、生前に家督と権力の一部を勝頼に委譲し、隠居の身で「西上作戦」に臨んでいれば、家臣団が勝頼を見る眼はおのずと異なっていただろう。それを得られなかった勝頼が家臣団を糾合するには、接触機会の多かった信玄側近に頼るしかなかったのだ。

## 「三年秘喪」の実施

信玄は、「西上作戦」末期において、将軍義昭に忠節を誓う旨を記した起請文を書き送った。おそらく、武田中務大輔に持たせたものであろう。義昭はそれを受け、五月一三日に御内書を出し、天下静謐のために働くよう信玄に命じた（「槻家文書」『戦武』四〇四九）。しかしながら、この時すでに信玄はこの世にいなかったのである。

勝頼は、信玄の遺言を守り、信玄病気による家督交代と発表した。以下は勝頼が元亀四年に、信玄の名前で出した書状の一覧である。

元亀四年、信玄名で出された勝頼の書状

| 日付 | 宛所 | 署判 | 『戦武』史料番号 |
|---|---|---|---|
| 5・6 | 下間頼廉（摂津本願寺坊官） | 信玄（「晴信」朱印） | 一七〇五 |
| 5・17 | 岡国高（大和松永久秀麾下） | 信玄（花押） | 一七一〇 |
| 5・20 | 安養寺（美濃郡上郡本願寺派寺院） | 信玄（花押） | 一八九七 |
| 6・20 | 大藤与七（北条家臣） | 信玄（「晴信」朱印） | 二一二八 |
| 6・21 | 大藤与七（北条家臣） | 信玄（「晴信」朱印） | 二一二九 |
| 7・3 | （越中衆カ） | 信玄（花押） | 一七二五 |
| 9・29 | 鍋山顕綱（飛騨三木自綱弟） | 信玄（花押）・勝頼（花押） | 一九六二 |
| 10・1 | 勝興寺（越中本願寺派寺院） | 信玄（花押）・勝頼（花押） | 一九六六 |

このように勝頼は「三年秘喪」を、真面目に履行していたのだ。同時に、あくまで「西上作戦」を継続する姿勢をみせ続けた。そうしないと、畿内近国の同盟国が離叛しかねないからである。ただし、武田氏との縁が浅いにも関わらず、信玄死去を知ってしまっている者たちがいた。信玄の病気が悪化し、撤退を決意した地である奥三河の国衆たちである。その中心たる山家三方衆は、「西上作戦」直前に武田氏に従属したばかりであり、武田氏としてはもっとも知られたくない相手に信玄死去を知られてしまったことになる。

そこで長坂釣閑斎は、七月七日に奥平定能に書状を送り、「こちらでは、御隠居様は御煩い、このような手筈になっている（「爰元之儀、御隠居様御煩如此筈ニ候」）」と念を押している。信玄病気による隠居――それが武田氏の公式見解であった。

特に著名なのが、六月二〇日と翌二一日に、北条氏の足軽大将大藤《だいとう》与七（二代目政信）に送った書状で、二俣城攻めに際し、援軍としてきていた実父大藤政信《だいとうまさのぶ》が討死したことへの弔問状である。どちらも信玄と書いて「晴信」朱印を捺しており、「病気が本復しないため、花押を据えることができない」と印判を用いる非礼を謝している（『諸州古文書』『戦武』二一二八、「大藤家文書」同前二一二九）。

これらのことは、信玄が花押のみを書いた白紙（「判紙」）八〇〇枚を用意していたという『軍鑑』の記述を裏づけるものにみえる。ただ、判紙使用と思われる文書は確認できない（判紙なら、字配りがどうしても不自然になる）。また病気による隠居と主張しているのだから、印判で通しても問題ないはずだ。しかし「晴信」朱印を押捺したのは初期だけで、しかも花押と混在している。花押から「晴信」朱印に移行したのなら、判紙を使い果たした結果と考えることもできるが、そうでもない。病状回復のアピールだろうか。

信玄花押

勝頼花押

なお、信玄・勝頼の花押は、まるで定規で引いたかのような直線部分がみられる点に特徴がある。一部の花押をよくみると、花押の輪郭線が見えることがある。これは古河公方《こがくぼう》などでも確認できるもので、祐筆があらかじめ輪郭線を書いてから、その中を墨で塗りつぶすことがあったようだ。信玄・勝頼の花押には、墨に膠《にかわ》が混ぜられており、筆遣いがわかりづらい。輪郭線を隠すためだろう。であれば、判紙を用意するまでもなく、祐筆は信玄の花押を書くことができたはずだ。これこそ、勝頼が信玄花押を活用できた理由である。

対外的な終見は、九月・一〇月に北陸方面に出した書状で、信玄・勝頼連署状となっている。一〇月一日に本願寺派寺院勝興寺（現富山県高岡市）に宛てて越中富山城落城を悔やんだ書状（「勝興寺文書」『戦武』一九六六）では、信玄の病気悪化を述べており、公式声明はあくまで「病気による信玄隠居・勝頼家督」であった。

国内向けはどうか。六月七日、勝頼は遠江衆三輪元致《みわもとむね》の本領を安堵した（国立国会図書館所蔵『集古文書』『戦武』二一三〇）。信玄判物を踏襲したもので、代替安堵を開始したのである。中世の安堵状は、権力側が自発的に出すのではなく、家臣・寺社の申請で出されることが基本である。三輪元致も、家督交代を知って代替安堵を求めたのであろう。本文書の署名は勝頼だが、花押は信玄のものである。誤写の可能性を残すが、信玄花押を襲用した時期があったのかもしれない。

七月以降の判物になると、花押も含めて勝頼の名前で出すようになる。ただし、内容をよくみると、勝頼の命令では必ずしもない。遠江国衆奥山氏への新恩宛行状は勝頼判物だが、「新恩として法性院殿《ほっしょういんでん》（信玄）より渡された」と文中にある（「奥山家文書」『戦武』二一三六）。もっとも、新恩宛行が信玄生前の可能性もあるから、確定はできない。

しかし、信濃国衆小笠原信嶺《のぶみね》が長篠在城命令を受諾したことを賞した勝頼判物にも、「法性院殿（信玄）より仰せ付けられたところ」とあり、「勝頼としても祝着に思っている」と続く。長篠在城の命令主体は、勝頼ではなく「御隠居様」信玄なのである（「勝山小笠原家文書」『戦武』二一三八）。以後の本領安堵は、「法性院殿」の文書を追認する形で進むから、安堵主体は勝頼となる。しかし同年一一月二七日に、岡部元信に岡部氏惣領職を安堵した文書は、「法性院殿より、去夏岡部惣領職に任じられる上は相違なし」というもので（「岡部長武氏所蔵文書」『戦武』二二二二）、元亀四年の夏（四〜六月）に信玄の名前で惣領職安堵をしたことがわかる。勝頼は、信玄の名前で安堵した惣領職を、年内に自分の名前で安堵し直したわけだ。

つまり国内向けにも、信玄は「御隠居様」であり、その御隠居様からの命令を勝頼が伝達する形をとったのである。信玄は、生前隠居することも、勝頼に内政権を委譲することもなかった。そこで勝頼は、「死せる信玄」を「御隠居様」として生かし、そこから権力委譲を受けるという段階を踏んだのだ。混乱を防ぐための、苦肉の策であった。

龍朱印

「晴信」朱印

「伝馬」朱印

武田氏は印判状を用いて領内仕置を行ったことで知られる。勝頼は、家印である龍朱印や伝馬《てんま》使用許可手形用の「伝馬」朱印は当然として、父の実名印である「晴信」朱印も公印として使い続けた。信玄の威光を最大限に活用しようと考えたのである。

## あっけない露顕

勝頼の努力むなしく、信玄死去の報は瞬く間に広まった。戦国期の秘喪の先例としては、三好長慶《ながよし》が挙げられ、やはり二年後に死去が発表されている。同じく三年秘喪であったが、京から離れて河内飯盛山《いいもりやま》城（現大阪府大東市）を本拠としていた長慶の死去は、上手く隠し通せた。

しかし、信玄死去は「西上作戦」中止とリンクしたものだから、綻びが生じるのは当然であった。元亀四年四月二五日、飛騨国衆で、武田・上杉に両属していた江馬氏の家老河上富《かわかみとみ》信《のぶ》は、上杉氏の越中松倉城代（現富山県魚津市）河田長親《かわだながちか》に対し、信玄病気のため帰陣と説明を受けたが、すでに死去しているとの噂もあると書き送り（「上杉家文書」『上越』一一五二）、謙信への披露を求めている。

書状を受け取った河田長親も情報収集に努め、四月晦日に「信玄死去疑いなし」と謙信に報告した（「吉江家文書」『上越』一一五三）。

こうした噂を受け、家康は五月には反撃に出て、海路駿府まで侵攻した。謙信はこれをもって、信玄死去を確信した（「赤見文書」『上越』一一六一）。信玄が生きていれば、駿河侵攻を許すはずはないとみたのである。

信長も、七月一三日に、毛利輝元に信玄死去を伝えた（「太田荘之進氏所蔵文書」『信長文書』三七七）。九月七日付の書状では、「信玄が病死しました。その後は続きがたいでしょう（其跡之躰難相続候）」と論評している（『乃美文書正写』『信長文書』四〇一）。

実に皮肉なことに、同盟国である北条氏政・本願寺顕如からは信玄隠居による家督相続を祝う使者が送られていた一方で、敵対する織田・徳川・上杉には信玄死去があっけなく露顕するという事態が生じていたのである。『軍鑑』によると、北条氏政は板部岡江雪斎《いたべおかこうせつさい》を派遣し、真偽を見極めようとしたが、信玄に扮した武田信廉を見破れず、信玄存命と報告したという。ただ同盟国も、外交儀礼上、形だけ合わせたのかもしれない。

こうした現実があったから、なおさら勝頼は「死せる信玄」を生かすことに懸命であったといえる。それは、勝頼が武田家中の実権を掌握し、領国の防衛を固める時間を稼ぐために、必要不可欠な処置であった。しかし幻の「御隠居様」信玄は、少なくとも信長や謙信を「走らせる」ことはできなかったのである。

## 上方の同盟国の滅亡

信玄が三年秘喪中の「対外戦争禁止」を遺言したかは、判断材料がなくよくわからない。しかし「信玄病気による家督交代」という通知は、同盟国に送られることとなった。

将軍義昭からの御内書に対しては、信玄の名前で、将軍家に忠節を尽くすことを誓約する起請文を返した。五月一三日、何も知らない義昭は、「ただちに天下静謐を馳走する軍事行動を起こせ」と命じる御内書を「法性院」つまり信玄に返した（「槻家文書」『戦武』四〇四九）。勝頼も、たとえば大和の松永久秀家臣である岡国高に対し、「上洛」の意志を伝えて味方につなぎとめようと画策した。つまり同盟国は、信玄死去を知らされぬまま、「元亀争乱」を続行したのである。

しかし信長・家康は、すでに信玄死去を察知していた。信長はこの機を逃さなかった。七月に再挙兵した足利義昭は、信長勢を前にあっけなく降伏し、わずか二歳の嫡男（義尋《ぎじん》）を人質に出して山城を退去した。

この直後の七月二八日、信長の要請により天正と改元される。結果的に、信長と勝頼を象徴する元号となる。なお、武田氏の使用開始は一二月にずれこむ。改元をすぐには受け入れなかったのかもしれない。

八月二〇日には朝倉義景が、九月一日には浅井長政が、信長に滅ぼされた。一一月四日、義昭を保護した河内の三好義継も滅んだ。松永久秀は、信長への帰順を許された。ここに元亀争乱は、信長勝利で幕を閉じる。

家康も、反転攻勢に出た。五月、駿府に続き、遠江井伊谷《いいのや》まで攻撃を受けた勝頼は（「山梨県立博物館所蔵文書」『戦武』二一二〇）、三河の山家三方衆のつなぎ止めに動いた（『松平奥平家古文書写』『戦武』二一三二）。彼らに信玄死去を隠すことは不可能であったから、必死だったのである。しかし、七月に長篠が攻撃を受けたことで、事態は決した（同前『戦武』二一四三）。八月末、奥平定能・信昌父子が家康に内通し、隠居道紋を残したまま作手城を脱出して家康のもとに奔《はし》ったのである（『譜牒余録』『静』8六五九、『当代記』）。

長篠城も九月七日に家康に降伏し（『当代記』、「本成寺文書」『戦武』二一七七）、三河における武田氏の勢力は大きく後退した。

飛騨・美濃も同様で、三木（姉小路）自綱は離叛し、郡上遠藤氏も信長に帰参した。

## 東美濃攻勢

天正二年（一五七四）正月九日、謙信は「例式四郎経略名之下ニ候」つまり「いつもながら勝頼の武略はその名に劣る」と勝頼を酷評した（「榊原家文書」『上越』一一八三）。しかし、まさにこの年、その評価は一変する。

正月末、勝頼は東美濃に出陣し、明知城（現恵那市）を包囲し、二月五日までに攻略させた（『信長公記』）。岩村領の守りを固めるためで、完全に先手を取った。勝頼は櫛原《くしはら》城（同前）・飯狭間《いいばさま》城（同前）・神篦城（現瑞浪市）ら周辺諸城を攻略した上で、織田勢の動きをみて速やかに兵を退いた（若尾資料『古文書雑集』『戦武』四二九四、『当代記』）。

前年一一月一日、出陣時の武装や人員に関する規定を通達しており（『諸州古文書』『戦武』他）、入念な準備が実ったのである。

武田勢には北条勢が援軍として参陣しており、戦勝報告は紀伊亡命中の足利義昭や近江甲賀郡に籠もる六角承禎にも届けられた（『紀伊国古文書』『戦国遺文瀬戸内水軍編』四三四・四三五、「於曾家文書」『戦武』補遺一二〇・一二一）。この時、義昭は「信玄」と記している。未だに生存を信じていたのだろうか。

## 祖父の帰国

凱旋した勝頼に、祖父信虎が甲斐に帰国したいと望んでいるという知らせが届いた。信虎は「西上作戦」時に足利義昭の命によって近江で兵を募っており（「細川家文書」『信長文書』三六四）、織田領国となった畿内に滞在することが困難になっていたのだろう。

『軍鑑』によると、帰国した信虎が派閥を作ることが不安視され、高遠で対面することになったという。高遠は、勝頼の武田復姓後に直轄領化されていた。余談となるが、高遠諏方氏の家督そのものは、高遠紀伊守なる人物が継いだようだ（成慶院『信州日牌帳』）。紀伊守は頼継が称した受領名だから、彼が後継者なのだろう。ただ、家臣は武田直臣として起用され、国衆としての高遠諏方氏は解体されている。

高遠での対面に際し、信虎は居並ぶ宿老が皆苗字をあらためていることで気分を害し、抜刀せんばかりの勢いであったが、長坂釣閑斎の機転で事なきを得たとされる。信虎は、結局甲斐帰国を許されないまま発病し、三月五日に高遠で急逝した。勝頼の依頼で、龍雲寺北高《ほっこう》全祝《ぜんしゅく》が甲府大泉寺で葬儀を営み、同寺に葬られた（「龍雲寺文書」『戦武』二二七〇）。享年は八一とされるが、七七説もある。法名は、大泉寺殿泰雲存公居士と付された。子息信廉が描いた肖像画が、大泉寺に奉納され、五月五日付で長禅寺春国光新が賛《さん》を付している。信廉は、高遠で父の最期を看取《みと》ったのだろう。

信虎がいまさら武田家中で支持を広げられるとは考えがたい。それでも、勝頼周辺はナーバスな対応を取った。それだけ勝頼の権力基盤は脆弱であったのである。

## 高天神城攻略

この間、二月より家康が遠江二俣城攻めを開始し、勝頼は信濃衆・西上野衆を後詰《ごづ》めに派遣していた。挟撃を求められた謙信は、上野沼田に出陣したものの（「徳川黎明会所蔵文書」『上越』一一八七）、結局約束した武田領西上野攻撃を避けて北条領に侵攻した。

事情を知らぬ家康が三月一九日の駿河攻めを計画するなど攻勢を強めたため、勝頼も反撃に出た。四月五日に箕輪城代内藤昌秀に甲府着府を命じたのが初見となる（「工藤家文書」『戦武』二四七九）。四月後半に遠江へ出馬し、五月一二日に高天神城《たかてんじん》（現静岡県掛川市）を包囲した（『武州文書』『戦武』二二九五）。

城主小笠原氏助は、「西上作戦」時に一度信玄に降伏したものの、結局家康に帰参した国衆である。勝頼の猛攻を受け、氏助はわずか数日で降伏を申し出るが（山梨県誌本『巨摩郡古文書』『戦武』二二八八）、叔父義頼が強硬に反対したため家中をまとめきれず、攻撃は続行された。六月一〇には本城（本丸）・二之曲輪《くるわ》（二の丸）を残すばかりとなり、まもなく氏助は降伏した。その際、小笠原義頼ら反対派は、徳川氏における取次役（「指南」）大須賀康高を頼って、付近の馬伏塚《まむしづか》城（現静岡県袋井市）に入城した。

勝頼は信玄死後の頽勢を挽回したといえ、周辺諸大名はその認識を新たにした。穴山信君はこの戦勝を、三好存康《まさやす》（十河存保《そごうまさやす》）にも連絡している（谷氏所蔵「於曾家文書」『戦武』補遺一二二）。存康は滅亡した三好義継（従兄弟）の後継者として三好を称したとみられ、同盟関係の再構築と位置づけられる。

六月二九日、信長は謙信に条目を送り、そのなかで勝頼を「若輩ではあるが、信玄の掟を守り謀略を用いるだろうから、油断ならない（四郎雖若輩候、信玄掟を守、可為表裏之条、無由断之儀候）」と高く評価した（「今清水昌義氏所蔵文書」『上越』一二一三）。正月の謙信の評価とは正反対である。

七月、勝頼は高天神領の戦後処理に入り、後に氏助へ「信」字を与えて信興《のぶおき》と改名させた。九月には遠江諏訪原《すわばら》城（現島田市）を修築して、反転攻勢を強める。家康の居城浜松を始め、遠江の諸城を焼き討ちし、刈田《かりた》（敵方村落の稲の刈り取り）を行った。さらに久野（現袋井市）・懸川（現掛川市）攻撃のための砦を築いて帰陣している（「滝口家所蔵文書」『戦武』二三七四）。

## 内政基盤の強化

高天神城攻略で、勝頼は遠江支配を本格化させた。当時の高天神城は、菊川入江を通じて太平洋とつながる海上軍事拠点でもある。

この直後、勝頼が海上交通手形用に「船」朱印を創設したのは、同城攻略で駿河湾の制海権を回復したことをアピールすると同時に、交易振興に乗り出したものであろう。

「船」朱印状は一点も残されていないが、勝頼は北条氏政に「船」朱印を押捺した紙を大量に送っていた。七月一〇日、氏政は同朱印が捺された紙片を北条氏虎朱印状に貼り付け、伊豆半島の浦々に配布した。「船」朱印状を持つものは同盟国武田氏の公認船なので、来港を許可せよと指示したのである（「江梨鈴木家文書」『戦武』二三一一他）。

遠江における武田氏の勢力伸長は広く知れ渡るところとなった。八月三日、駿河臨済寺は遠江の末寺一覧を提出し、「御隠居様」から安堵を受けた寺院と述べて代替わり安堵を求めた（「臨済寺文書」『戦武』二三二六）。

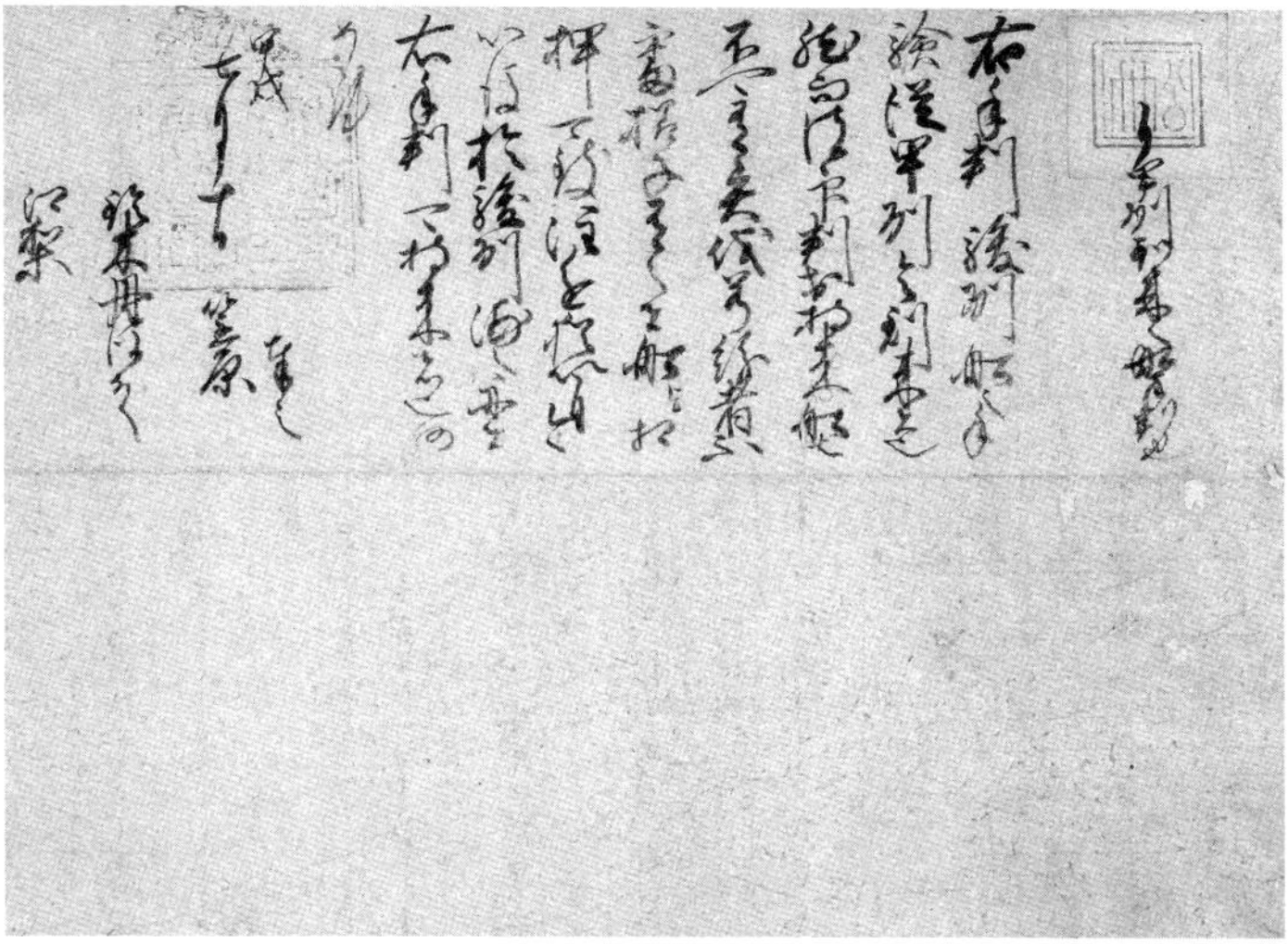

（天正２年）7月10日付鈴木繁定宛北条家朱印状〔武田氏「船」朱印添付〕（江梨鈴木家文書　神奈川県立歴史博物館蔵）

勝頼はこれを快諾しただけでなく、相次いで寺社興行《こうぎょう》政策を打ち出していた。寺社興行政策は、裁判制度改革と並んで、古くから「徳政」と位置づけられ、権力者の「徳」を示すものとされる。また各国の一宮《いちのみや》再興支援は、その国の国主であることの表明でもあった。

最初に手をつけたのは、富士郡の大宮浅間《せんげん》社（現富士山本宮浅間神社、静岡県富士宮市、以下富士大宮）の社家再編と神事再興で、天正元年一二月に行われている（「宝幢院文書」『戦武』二二三六他）。同社は、駿河一宮にあたる。富士大宮の大宮司職は同地の国衆富士氏が相伝していたが、武田信玄の駿河侵攻に際し、富士信忠は最後まで今川氏真に忠節を尽くした。このため、武田氏に服属を申し出た後も、旧領安堵と大宮司職復帰を認められず、勝頼の命で武田家臣鷹野徳繁《のりしげ》が神事再興を指導している（「宮崎家文書」『戦武』二二三九）。

次いで、上野一宮貫前《ぬきさき》神社（現群馬県富岡市）造替のための勧進《かんじん》承認と太刀などの寄進（「大坪家文書」『戦武』二三三一他）、駿河府中浅間社（現静岡浅間神社、静岡市）の神事再興と神職安堵（「浅間神社文書」『戦武』二三四〇他）が行われた。前者は貫前神社の要請によるものと思われるが、後者は勝頼の主導である。駿府は家康の攻撃を受けた経緯があり、勝頼は浅間社再興を駿府復興のシンボルとするとともに、社家の再編を行ったのだ。駿河一宮たる富士大宮の神事再興とあわせ、自身こそ駿河国主であると宣言したといえる。

同月、諏方大社下社千手堂が再造された。そこに奉納された棟札には「信玄大僧正」と並んで「太守武田大膳大夫勝頼公」の名がみられる（『諏訪史料叢書』二九掲載文書『戦武』二三五五）。臨済寺からの申請にあるように、領国内ではいまだ信玄は「御隠居様」であり続けた。しかし勝頼は、信玄が任官した大膳大夫を自称し、正統な後継者であることを重ねてアピールしたのである。

一二月三日、大祝《おおほうり》諏方頼忠の要請を受け、諏方大社上社における神長官《じんちょうかん》（神長より改称）守矢信真と禰宜大夫守矢氏（房実ヵ）の座次《ざなみ》相論を裁許《さいきょ》（訴訟審理）した（「矢崎家文書」『戦武』二四〇二)。上社禰宜大夫職は、信玄から神長守矢頼真に与えられ、子息信真が就任したが、その後、庶流の守矢房実に移っていた。問題は守矢頼真・信真父子が、武田氏権力を後ろ盾として権益拡大を図り、永禄二年に禰宜大夫守矢氏以下、権祝《ごんのほうり》・擬祝《ぎほうり》・副祝《そえのほうり》という他の神官(あわせて五官《ごかん》という)と衝突したことである。天正二年前半、「前宮夏参役」徴収をめぐって対立が再燃し、勝頼は五月一日に同役に輪番制を導入した(「矢島家文書」『戦武』二二八五)。それでも守矢信真の抵抗は続いたため、勝頼は先例を踏まえ、あらためて同役の上座は禰宜大夫と定め直したのである。

ところがこの結果、禰宜大夫の力が強くなりすぎてしまった。天正四年、今度は権祝・副祝・凝祝が武田氏のための祈禱をしても恩賞に預かれないと反発する事態を招く(「矢島家文書」『信史』一二巻七七頁)。いずれにせよ、勝頼は先例を重視しつつも、時に果断に宗教統制に乗り出していたのである。

なお、伝存する甲斐二宮美和神社の祭礼帳成立もこの年とされるが、根拠不明である(「美和神社文書」『山』4七八四)。

天正二年は、「高天神城攻略」が強調されがちである。しかし、宗教統制を中心とした内政基盤強化も、軽視できない年であった。

# 第四章　長篠合戦

## 信玄三回忌法要

明くる天正三年（一五七五）は、三年秘喪の呪縛から解放される年となるはずであった。まず三月六日、山県昌景がみずから高野山成慶院に参詣し、信玄の位牌を奉納した（成慶院『武田御日坏帳　一番』）。陸路での織田領通過はかなり危険だから、海路だろうか。もっとも、紀州灘《なだ》も難所として著名である。

四月一二日、信玄の三回忌法要が、甲府躑躅ヶ崎館《つつじがさきやかた》内において、長禅寺高山玄寿《こうざんげんじゅ》・恵林寺快川紹喜らの手で営まれた（『天正玄公仏事法語』『山』6上二九二頁）。ただこの時、武田氏は三河出陣中であり、本葬は翌年に延期されている。ここまでみてきた勝頼と宿老層との関係を考えると、この選択はあまりよいものとはいえない。

勝頼は三月二四日付の書状で、自身の出馬を四月一日と述べており（「慈雲寺文書」『戦武』二四七三）、信玄命日の法要参加を最初から断念していたことになる。もっとも実際には、勝頼どころか、武田信豊・山県昌景も四月一九日に攻略した足助《あすけ》城攻めに参加していない（『徴古雑抄』『戦武』一七〇三他）。予定を変え、法要に参列してから出馬したのであろう。なお、四月一二日に内藤昌秀に着府を命じた書状が、この時のものとされるが、宛所は「内藤修理亮」とある（「工藤家文書」『戦武』二四七九）。実は、昌秀は天正三年には「内藤大和守」に改称しており、本書状は養子昌月《まさあき》宛のものである可能性が高い。信玄法要とは関係がないものである。

なお平山優氏は、『軍鑑』が天正四年の本葬時のものと記す法要が、三回忌のものであるとする。行列の周囲に虎落《もがり》が結われ、周囲から見えないように配慮されている記述を根拠としたものだ。であれば、まだ秘喪は継続したことになるといえるだろう。

普通に考えれば、日程を繰り上げて預修《よしゆう》法要を行えば事は済む。それを行わなかったのは、武田氏をめぐる情勢の変化が、勝頼の予想を超えたものであったためだ。

## 長篠への道

勝頼が三河侵攻を優先させたことには、明確な理由がある。

信玄発病後、武田勢は甲斐に撤退し、結果的に朝倉義景・浅井長政・三好義継といった同盟国の滅亡を見過ごし、足利義昭も京を追われる結果となった。翌天正二年の攻勢は成功するが、信長は七月から九月にかけ、伊勢長島の「一向一揆」を攻撃し、殲滅した（『信長公記』）。勝頼は本願寺に対し、軍事支援を約束していたが、何ら有効な手を打つことができな

徳川家康像（忍東照宮蔵　写真提供：行田市郷土博物館）

かった。つまり家督相続後、勝頼は同盟国への支援を行えていない。同盟国の信頼を回復する必要を感じていたはずだ。

天正三年三月三日、上洛した信長は四月六日に大坂本願寺と河内高屋《たかや》城（現大阪府羽曳野市）の三好康長を攻撃すると触れ回った。これを受け、義昭側近の大和《やまと》孝宗《たかむね》や近江の六角承禎が、勝頼に軍事支援を求めてきた（谷氏所蔵「於曽家文書」『戦武』補遺一一三、「尊経閣古文書纂」『戦国遺文佐々木六角氏編』九九三、『信長公記』）。

戦国大名「国家」の本質は、地方軍事政権であり、その信用は軍事的保護・軍事支援の成功によってこそ成り立つ。勝頼は信長を牽制し、同盟国攻撃を中止させて信頼の回復と威信の確立を図るために、出馬する必要があったのだ。

おりしも、徳川氏の岡崎町奉行大岡弥四郎（一般に大賀弥四郎で知られる）が、内通を申し出ていた（『三河物語』）。岡崎城主は、家康の嫡男信康である。その右腕たる町奉行の内通とは、穏やかな話ではない。しかも、これは弥四郎の個人的発案にとどまらず、信康傅役や、信康生母築山殿《つきやまどの》が関与していたとする史料もある。つまり、徳川家中に親武田派が生じており、彼らは信康を担ぐ形でのクーデターを計画していたとみたほうがよい。

これ以上の好機はないだろう。なお、信康は後に武田氏内通の嫌疑で自害に追い込まれるが、この件が影響した可能性は高い。

出陣理由のひとつが、上方の同盟国からの支援要請である点は、「西上作戦」と同様である。しかし、勝頼は攻撃先を三河に絞った。岡崎城からもたらされたクーデター計画も大きいが、三河から尾張に西進し、直接、織田領を圧迫することを目標に据えたのである。三月二四日、上野国衆安中《あんなか》重繁に出陣を命じた際に「計策の首尾が調った」と述べているのは、弥四郎内通を含めた調略のことだろう。「今回は特別に軍勢を多く整えることが肝心」と軍役規定以上の軍勢動員を求めており、強い意気込みがうかがえる（「慈雲寺文書」『戦武』二四七三）。

このため、勝頼は三月下旬には先衆（先鋒）を伊那郡根羽《ねば》（現長野県根羽村）から三河武節《ぶせつ》（現愛知県豊田市）を経由して足助城に進軍させた。

武田勢先衆は四月一五日に足助城を包囲し、一九日に降伏させた。足助落城に衝撃を受けた周辺諸城は、次々と無血開城していった。足助攻略の報告を受けた勝頼は、同城に伊那郡国衆下条《しもじょうのぶうじ》信氏を配置し、岡崎ではなく東三河に軍勢を動かした（「孕石家文書」『戦武』一七

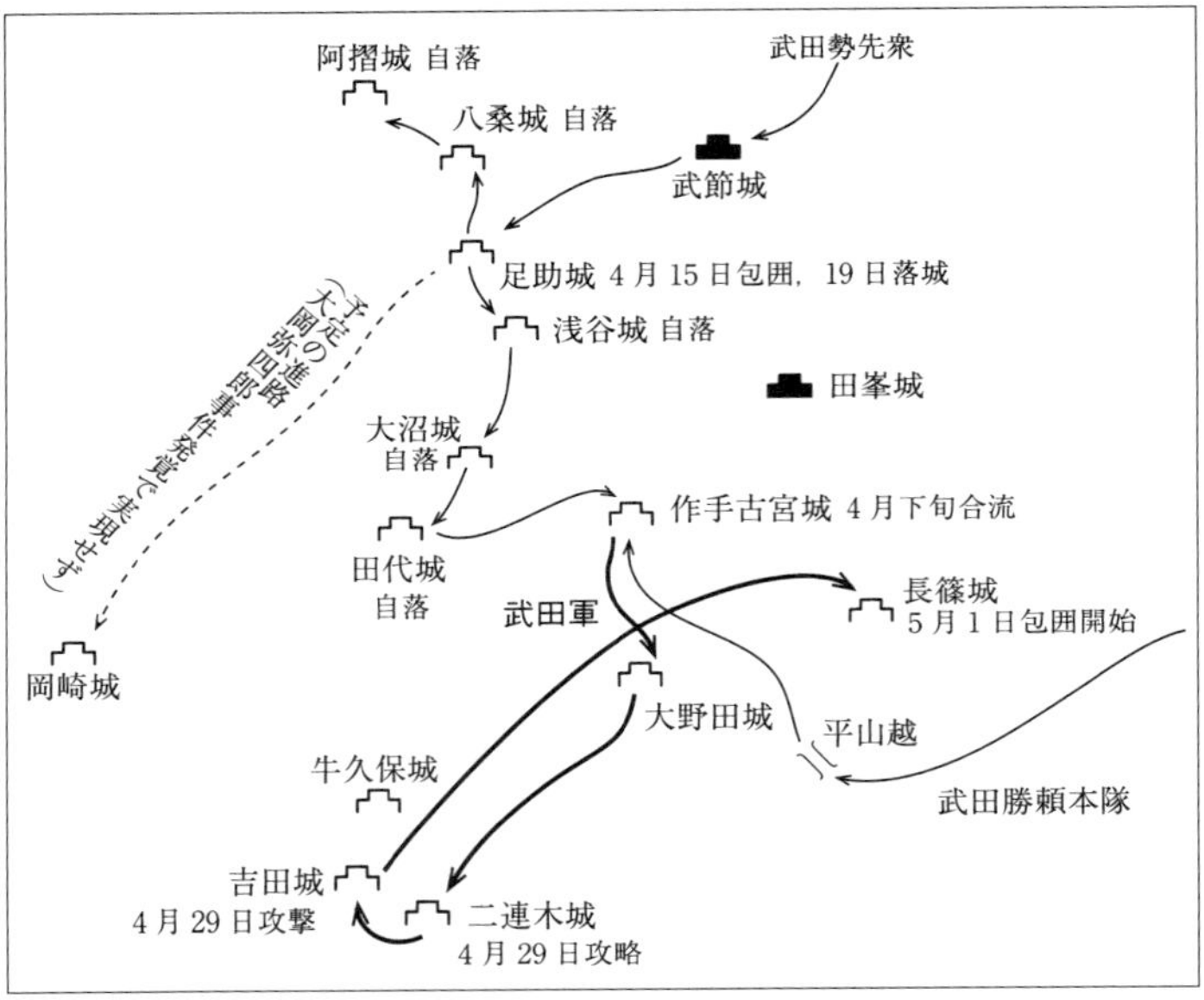


武田軍侵攻路想定図（平山優『長篠合戦と武田勝頼』所載図を一部修正）

〇四他）。なお、足助攻略戦には勝頼どころか、武田信豊・山県昌景といった首脳部も参陣していない。彼らが出した書状を読むと、足助城攻めの主体を勝頼とも自分ともしていないからだ。伊那衆中心と思われるが、誰が総指揮をとったのかは不明である。

一方勝頼は、信濃から遠江に入り、西進して作手で先衆と合流した。そこから岡崎城に進軍する計画を断念したのである。

『三河物語』によると、勝頼転進の理由は、大岡弥四郎の内通が発覚して処刑され、アテが外れたためという。同書はクーデター計画を弥四郎個人の問題に矮小化《わいしょう》しただけでなく、彼をまるで頭がおかしくなった人物のように描写して、忠義あふれる「あるべき」三河武士像という執筆意図を必死に守っている。もっとも、計画失敗を知った勝頼が、西三河最大の拠点、岡崎攻略を断念したのは事実だろう。家康は一度、破却《はきやく》していた野田城を急ぎ普請し、守りを固めていた。しかし、山県昌景・小笠原信嶺率いる武田勢が、山家三方衆を案内者として夜中に攻めかかったところ、城将菅沼定盈《さだみつ》は旗印をみただけで城から敗走し、山県勢は追撃して徳川方を壊滅させた。

四月二九日、勝頼はみずから徳川方の東三河支配の拠点、吉田城（現愛知県豊橋市）攻略に取りかかった。第一目標は二連木《にれんぎ》（同前）で、やはり山県以下の軍勢が城の搦手《からめて》に回ったのをみて、戸田康長も城を捨てて逃走した。

昌景は、両度の追撃戦の戦果が不満であったようだが、家康からすれば、大名としての信頼に関わる問題である。戸田勢を救援するため、みずから出馬してきた。「御屋形様眼前の戦」と勇躍した昌景は、家康本隊に猛攻を加えて潰走《かいそう》させ、吉田城に逃げ込ませたと、留守を預かる寄子の孕石元泰《はらみいしもとやす》に伝えている。昌景としても、勝頼との信頼関係構築に心を砕いていた様子が読み取れる。

まるで、三方ヶ原合戦を彷彿させるような圧勝ぶりである。五月一二日には、奈良に武田勢の先鋒は尾張熱田《あつた》（現名古屋市）まで進軍しているとの誤報が届いたほどであった（『多聞《たもん》院日記』)。

ただ、家康の籠もる吉田城を攻め落とそうとした形跡はなく、城下を焼き討ちしたに留めた。翌晦日、長篠城攻めを決定する(「水野寿夫氏所蔵文書」『戦武』一七〇二)。吉田城を落とせば、徳川領国を東西に分断したも同然となるが、当然家康は頑強に抵抗するに違いない。勝頼の目的は、織田領国圧迫だから、時間をかけることは得策ではなかった。

新たな攻撃先として選ばれた長篠城は、信玄死去後に攻略された城である。勝頼は、五月一日に同城を包囲下に置いた。その上、同城の城将は、勝頼のもとから出奔《しゅっぽん》した奥平信昌である。勝頼からすれば、見過ごすことのできない相手であった。信昌にとっても、出奔後に弟仙千代丸や正室ら人質が処刑された経緯があり、勝頼に降るという選択肢はあり得ない。これが足助城・野田城・二連木城とはまったく違う、長篠城攻めの難しさといえる。勝頼は、毎度の事ながら金山衆《きんざんしゅう》(金掘の抗夫)を動員し、昼夜構わず攻め立てた。

当然、この攻城戦も長引くであろう。勝頼は、援軍として家康を吉田城から引きずり出すことを狙ったのである。『当代記』によれば、長篠包囲中の勝頼は、軍勢を牛久保表《おもて》に派遣して、所々を放火させたばかりか、東三河の田地用水の根幹をなしている橋尾の井を切って帰陣したという。同書は城攻めに際して、このようなことを行うなど聞いたことがないと驚きをもって記しているが、これこそ、勝頼の挑発である。

## 信長出馬

家康はこの間、信長に繰り返し使者を送り、援軍を求めていた。しかし、勝頼の出馬自体、信長の本願寺・高屋城攻めに端を発するものだから、信長もすぐには身動きが取れず、言を左右にしていたという。佐久間信盛を国境まで派遣したが、三河長沢（現愛知県豊川市）で進軍を止めてしまったと『軍鑑』にあるのは、信盛が家康との外交交渉を担当していたことによる。

『軍鑑』などによると、家康は一計を案じ、「家康は信長殿と起請文を交わし、『互いに援軍を送り合う』と約束しました。それに従い、近江箕作《みつくり》をはじめとして、若狭・姉川と加勢して参りました。今度信長殿の御出馬がなければ、勝頼に遠江を差し出し、自分は三河一国のみを治めるという条件で、勝頼と和睦しようと思います。このように、信長殿が今、長篠の後詰めをなさらなければ、起請文をそちらから破ったことになりますから、仕方ありません。誓約を破棄し、勝頼と和睦して先鋒をつとめ、遠江の代わりに尾張を頂戴しようと思います」などと詰め寄ったという。『大三川志』はその使者を長篠城将奥平信昌の父定能とする。定能派遣は『当代記』にも記載があり、本気で説得したことだろう。

信長も、勝頼と同じ事情を抱えていた。三方ヶ原の際に派遣した援軍は、あっけなく敗走してしまったし、前年の勝頼による高天神攻めに際しても上方の戦争で動きが遅れ、三河吉田に到達したところで落城を知った。

したがって、家康が使者に述べさせたとされる発言は、事実の可能性があるばかりか、外交上の駆け引きとも言い切れない。武田勢の攻撃に独力で対処できない状況が長期化し、信長が本腰をいれて援軍を出さないようであれば、武田氏との和睦に動いても何ら不思議ではないのだ。「清須同盟」と一般にいわれる信長と家康の同盟が破綻しなかったのは結果論であって、この時、最大の危機を迎えていた。実際、嫡子信康を担いだ親武田派のクーデターの動きを鎮圧したばかりではないか。徳川家中とて、一枚岩ではない。

信長・家康にとって幸運であったのは、四月一九日の決戦で織田方が大勝し、高屋城の三好康長が降伏を申し出たことである。信長は康長を赦免した上で河内国内の城を悉《ことごと》く破却し、摂津本願寺の動きを封じた。二一日に帰京して政務をみた後、二八日には岐阜に帰城した。上方の情勢は安定し、家康を救援できる体制が整ったわけである。

五月一三日、家康への援軍を率いて岐阜を出立した信長は、翌日には早くも岡崎に入った。長篠付近の設楽原《したらがはら》に着陣したのは、一八日のことである（『信長公記』）。

## 「武田騎馬隊」対「鉄砲三段撃ち」

長篠の戦いをめぐる評価は、めまぐるしく変化した。当初は、信長が鉄砲三〇〇〇挺《ちょう》三段撃ちによって、「武田騎馬隊」を打ち破ったという新旧戦術の衝突という評価がなされ、信長の鉄砲運用は「軍事革命」とまで称された。それに対し、勝頼は守旧的な「騎馬隊」に固執し、敗れたという見方である。

しかしその後、藤本正行氏などにより、鉄砲三〇〇〇挺という根拠となっている『信長《しんちょう》公記《こうき》』の記述は一定せず、一〇〇〇挺と記す写本もあることが指摘された。特に、記主太田牛一の自筆献上本である池田家本では、「千」という数字の肩に小さく「三」と追記されており、鵜呑みにはできないことが明らかにされた。

この時信長は、細川（長岡）藤孝をはじめとする麾下《きか》の諸将に「鉄砲衆に玉薬を持たせて派遣せよ」と命じている（「細川家文書」『信長文書』五〇九他）。鉄砲を重視したことは間違いないが、寄せ集めの混成部隊で、信長が実数を把握できていたのかも検討を要するという指摘である。なお、『信長公記』諸本でも「計《ばかり》」（くらい）とあり、牛一は概数に留めている。

三段撃ちについても、初見史料は太田牛一が記した信長の年代記『信長公記』ではなく、儒医小瀬甫庵《おぜほあん》の記した軍記物『信長記（甫庵信長記《ほあんしんちょうき》）』である。とても信頼できる史料とは言いがたい。そもそも鉄砲に限らず、弓などの射撃武器を複数人が持てば、交替で撃つことは自然な発想であり、別に目新しい戦術とはいえない。それどころか、数百人の一斉交替とすると、無駄弾が続出するばかりか、鉄砲の故障や戦死者が出た場合に柔軟な対応が取れなくなる。現実味のある話ではなかろう、というわけだ。

「武田騎馬隊」はというと、太向義明《たいこう》氏などにより、この言葉は長篠合戦を論ずる際にしかみえないこと、武田氏の軍役定書《ぐんやくさだめがき》は各家臣に対し、馬何疋・鑓《やり》何本・鉄砲何挺・弓何張《はり》といった具合に雑多な兵種動員を義務づけており、「武田騎馬隊」なるものは存在しないと指摘された。『軍鑑』も長篠合戦について、「馬から下りて戦った」と記している。

ここに、新旧戦術の衝突という古典的構図は、成り立たないものとされた。筆者自身も、このように考えていた時期が長い。

## 戦国大名の軍隊編制

その後の研究の進展は、この理解をさらに改めさせた。早くに藤本正行氏や高木昭作氏に指摘されていたものだが、黒田基樹・則竹雄一・平山優・西股総生各氏によって、北条・武田・上杉氏といった東国の戦国大名は、永禄年間（一五五八〜七〇）頃に、軍制改革を行ったことが明らかにされたのだ。

たしかに各家臣は、知行高を踏まえて定量の軍役が賦課され、その結果は軍役定書という形で決められる。軍役定書の中身は、先ほど述べたように雑多な兵種によって構成されている。北条氏の場合、知行高五貫文につき軍役一人が賦課されることが基本で、騎馬一疋は他の兵種の三人分と換算することがわかっている。いずれにせよ、軍役定書を見る限り、このまとまりのまま戦争に赴いたようにみえる。

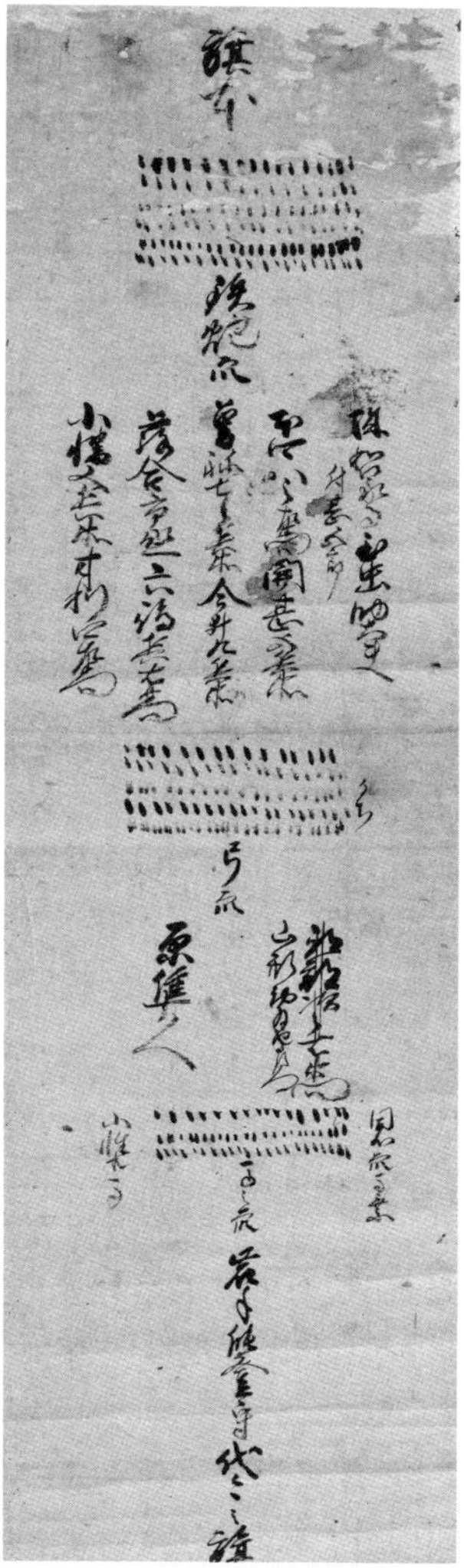

武田信玄陣立書（部分　山梨県立博物館蔵）
記載される人名と書風・紙質から、永禄末年頃の旗本陣立書と思われる。「鉄炮衆」「弓衆」「馬之衆」とある冒頭部分を掲出した。後半に「信玄」とあり、親類衆や小姓衆が周囲を取り巻く。

しかし北条・武田・上杉の三大名は、集めた軍勢を兵種ごとにわけ、各指揮官のもとに再編させていた（旗持などはもちろん本来の主人に従うが）。武田氏の場合、永禄末年、今川領侵攻直前頃の信玄旗本の陣立書《じんだてがき》が残されており、現在山梨県立博物館が所蔵している（『戦武』三九七二）。それをみると、鉄砲衆・弓衆・馬之衆と兵種ごとにわけられている。

戦国時代を象徴する武器としては、鉄砲がすぐに思いつくが、最大のものは長柄《ながえ》と呼ばれた鑓である。突くよりも柄の長さを利用した遠心力で相手を上から叩き潰すことを想定したこの武器は、集団戦でこそ威力を発揮する。「鑓衾《やりぶすま》」という言葉が生まれてくるが、軍役定書に記されているような数本の鑓では、成り立たない話だろう。なお武田氏では、永禄一〇年に長柄は三間（一間は約一・八メートル）と長さを定め（内閣文庫所蔵『古文書纂』『戦武』一一九八）、同一二年に長柄の色彩まで統一するよう規定を作るとともに、長柄の一部を短い持鑓《もちやり》にするよう比率を定めた（「本間美術館所蔵文書」『戦武』一四六一）。そして、元亀三年「西上作戦」直前に、持鑓の長さが「二間々中」（二間半）と定められる（『歴代古案』『戦武』一九三九）。

ただ注意したいのは、永禄一〇年段階から、鉄砲衆には日々の鍛錬が、弓衆にはさらに月一度、寄親のもとに集まって腕前の披露と稽古が課されている点である。その上、永禄一二年には長柄・持鑓を省略しても弓・鉄砲を集めるよう指示がなされている。意外にも武田氏は、長柄・持鑓よりも弓・鉄砲重視に傾いていたのである。

馬之衆についてはどうか。永禄一二年、信玄は乗馬衆に対し、身分にかかわらず完全武装をするよう定めた。あわせて、知行高二〇〇貫文以上の者は、替馬《かえうま》二疋を用意するよう命じている。替馬が必要ということは、戦時に失われることを想定している。つまり、馬之衆は実戦投入されたのだ。

そして元亀四年（天正元年）一一月、勝頼は新たに知行高一五〇貫文以上の者は替馬一疋という規定を追加した（東京国立博物館所蔵『武田家判物』『戦武』四二五二）。あわせて二〇〜三〇貫文の知行高の家臣は黒付朱紋金の馬介《うまよろい》（馬鎧）、三〇貫文以上の者は、金の馬介を馬に着せるよう定めた。馬介というとなかなかピンとこないが、大阪城天守閣所蔵の「大坂夏の陣図屏風」に実際に描かれている。馬は決して安いものではない。実戦投入する以上、馬の身の保護にも気を遣う必要が高まったのである。

こうした部隊は、戦時に突然、編制されるわけでもなかったことは、弓衆の腕前の披露義務から明らかといえる。行われた訓練は、近代軍隊のような集団行動を意図したものではないが、担当する武具の鍛錬は奨励され、場合によっては得意な武器への兵種転換も指導するよう指示がなされている。

戦国大名の軍隊では、ひとりの寄親《よりおや》が指揮する部隊を「一手《いって》」「一頭《とう》」などと呼ぶ。信玄

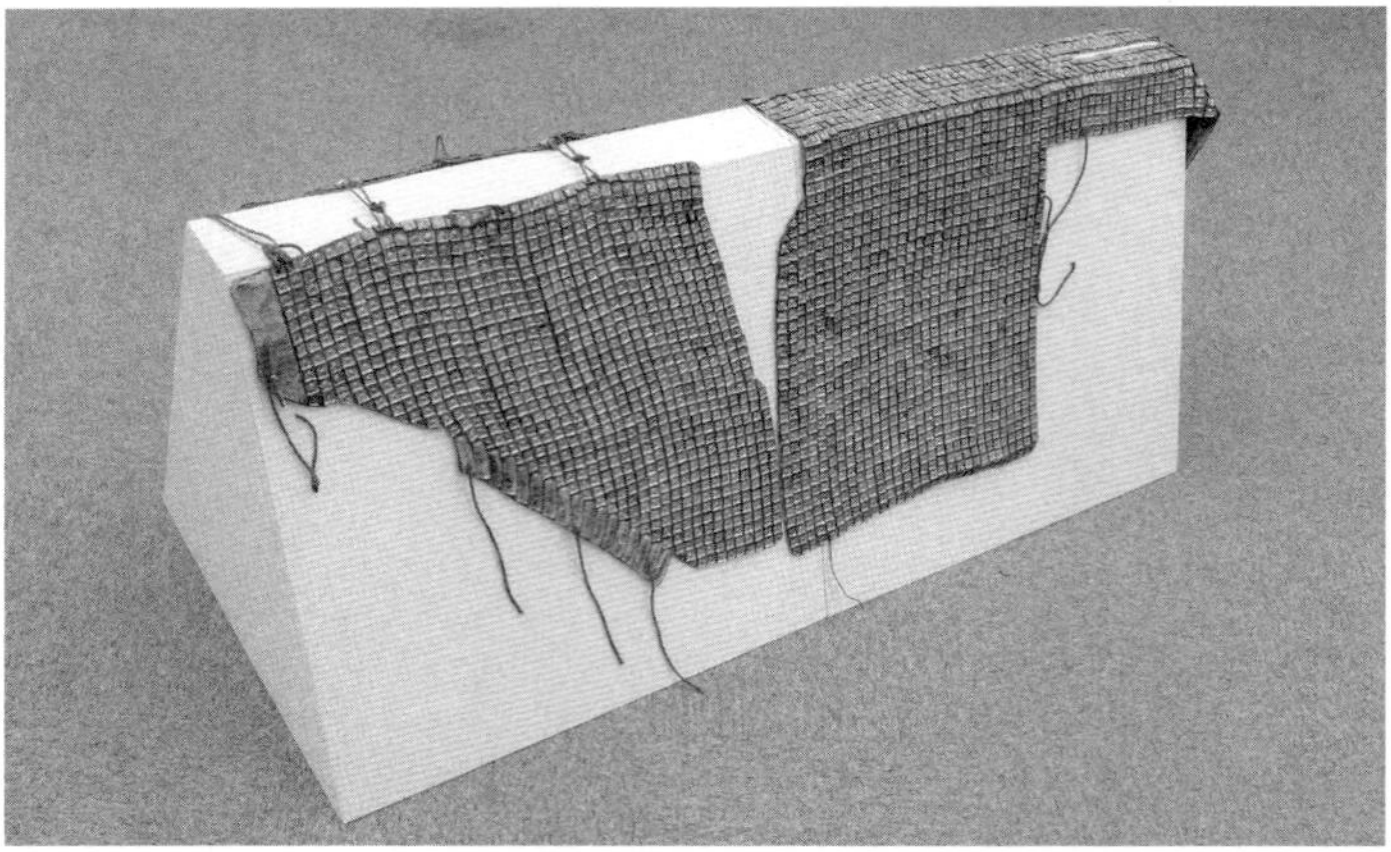

**上：『大坂夏の陣図屏風（最上屏風）』より「馬介（馬鎧）を着た馬」**（部分　大阪城天守閣蔵）　**下：馬鎧**（桃山時代　馬の博物館蔵）
上は合戦図屏風に描かれた馬介（馬鎧）、下は金箔が貼られた馬介の現物である。16世紀末期のもので、小札の大きさが騎西城跡（現埼玉県加須市）出土の馬介と一致するという。なお馬面については、江戸時代のものしか伝存していない。

は永禄一〇年には同じ一手衆に属する者は、甲《かぶと》につける立物《たてもの》（前立《まえだて》）を統一するよう指示した。つまり、甲の前立で部隊の識別を図ったのである。旗指物《はたさしもの》についても、同じ家紋を用いないようにという指示が出されている。

勝頼も家督相続後、自身が率いる馬廻衆《うままわりしゅう》の甲の立物（前立）は、他の一手衆よりも大きいものにするよう定めた。

なお、「赤備え」といった軍装の色は許可制で、信玄は勝頼の従兄弟信豊に対し、元亀三年九月、まさに「西上作戦」時に、旗指物に赤備えを用いる独占免許を与えた。このことは、かつて飯富虎昌《おぶとらまさ》が率いた飯富の赤備えが、実弟山県昌景には継承されていないことを示す。実は『軍鑑』にも、山県の有力な寄子が別の色を用いていたという記述がある。勝頼は、これを天正二年に改め、信豊の軍装は黒一色、つまり黒備えとしている。代わって赤備えを許されたのは、上野国衆で真田氏同様「御譜代同意」とまで厚遇された小幡氏である。

このように、戦国大名の軍隊は統一武装を図る傾向にあったといえる。勝頼はさらに、天正二年に地下人《じげにん》（村・町の有力者）の軍役奉公を推奨し、軍隊の充実を図った。

ただ、織田勢については、軍役定書を確認することができない。唯一の例外が、天正九年六月二日、本能寺の変のまさに一年前に明智光秀が定めた軍法で、一〇〇石につき六人と明記するなど、武田氏や北条氏よりもよほど細かく知行高と軍役高・兵装が対応する規定となっている（「御霊神社文書」『新修亀山市史』資料編2八四号）。

実際、信長が指出《さしだし》（領主交代に際して村側から出される村高の申告）に基づいて軍役を賦課する方針であったことは、天正八年の大和一国指出の事例から明らかにされている（「仲覚三氏所蔵文書」『史料で読む戦国史③明智光秀』一〇三号他）。

毛利元就をみても、国衆が所領高の大半を隠居分と認めさせて軍役対象から除外し、戦争時に実際の所領に見合う軍勢を連れてこないと嘆いた事例を、村井良介氏が指摘している。これも、隠居分と主張して控除分を大量にもっているという話だから、毛利氏に申告した知行高を基準に軍役高が話し合われていることになる。

武田氏においては、軍役高と知行高は厳密な相関関係にはない。ひとつの理由として、兵種によって対応する知行高が異なるため、元となる計算式が算出できないことは大きい。それでも、ある程度の相関性は存在するが、最終的には相互の話し合いで定められていくものであった。

だからこれも、どこまで文書の形で定める方針であったかの相違と思われ、指向性の違いとみたほうがよい。もし信長のもとに軍役規定が存在しなければ、後を承けた秀吉が、一〇〇石につき五人という非常に単純な軍役規定を導入することは困難であったろう。秀吉の換算式は非常にわかりやすいが、兵種についての指示は含まれていないのだから、どちらが先進的かを論じるのはおかしいだろう。

## 武田勢と騎馬・鉄砲

このような軍制改革を行っている以上、武田氏が鉄砲を軽視していたということは決してない。早くも天文二四年（一五五五）には、三〇〇挺もの鉄砲を、北信濃川中島に位置する最前線の城郭に送り込んでいる（『勝山記』）。

ただ、武田氏と織田氏を比較した場合、鉄砲および弾薬の入手能力には、大きな差があった。堺という良港を確保し、イエズス会宣教師とも交流していた信長に対し、駿河の港を手にしたばかりの武田氏は、鉄砲はともかく、消耗品である玉薬《たまぐすり》の入手には限界があったのである。火薬を作るのに必要な硝石《しょうせき》と、弾薬の材料たる鉛は輸入頼みだったから、この差は大きい。ましてや、鉄砲・玉薬を用意するのは、武田氏ではなく軍役を課された家臣である。

一方、信長・家康が武田勢の「馬」を警戒していたことは、間違いのない事実であった。いわゆる「馬防柵《ばぼうさく》」と呼ばれるものだが、藤本正行氏が指摘するように、野戦に際し、防衛拠点としての陣地を構築すること（野戦築城）は珍しくない。問題は、信長が「馬入り」と呼ばれた武田勢の騎馬突撃に留意して三重の柵を築いたとされる（『軍鑑』）点である。

ルイス＝フロイスは、「彼ら（日本人）は馬から下りて戦う」と『日欧文化比較』で記す。しかしフロイスが来たことがあるのは、せいぜい岐阜までで、行動圏は九州北部と畿内である。東国の合戦を実見した経験はない。

これは一七世紀後半成立の『雑兵物語』に、「東国の侍は馬に乗る」「近年の合戦は皆（馬から）下りての攻め合いで、馬に乗っての勝負は久しくなくなった。上方の侍衆は東国侍と違って馬に不案内だから」といった回顧が記されているのと平仄《ひょうそく》が合う。馬の産地が多い東国では、乗馬しての戦が当たり前であったが、西国では下馬しての戦闘が多かったのだろう。信長の軍勢は、尾張・美濃衆よりも、畿内衆が多くを占めるようになってきていた。つまり、信長は「武田勢の馬」を警戒したというよりは、味方の不慣れを危惧したのである。

この点は、実際に合戦が始まった際、『信長公記』で太田牛一が甲斐衆ではなく、上野小幡勢の「馬入り」攻撃を、「関東衆馬上の巧者にて」と特筆して讃えていることからも明らかであろう。

## 「兵農分離」問題

もうひとつ、触れておきたい論点が、織田勢が兵農分離《へいのうぶんり》されていた常備軍であったのに対し、武田勢は兵農未分離であったという議論である。これには、まったく根拠はない。織田勢ばかりか、後の秀吉の軍隊も、戦国大名の軍隊と構成員に変わりはない。軍隊の中心を占めていたのは、村落に居住しているが、戦を生業《なりわい》とする者たちだということである。この問題は、ふたつの観点が混在しているため、議論がややこしくなっている。それはつまるところ、「兵農分離」という政策は存在したか、に尽きる。

まず、信長が兵農分離をしていたことを示す史料は、皆無に等しい。よく言われるのが、旗本・弓衆の本拠への集住で、『信長公記』天正六年正月二九日条に記された事件が根拠として提示される。事の発端は、安土城下で起きた火災であった。火元が旗本弓衆（「御弓衆」）の福田与一の屋敷とわかり詮議した結果、「これはひとえに妻子を引っ越させていないことが原因だ」と信長は判断した。調査を命じたところ、旗本弓衆六〇人・馬廻六〇人、合計一二〇人の者が妻子を安土に連れてきていないことが判明し、処罰することとなった。

信長の考えは、旗本弓衆屋敷から出火したことが何より不届きだというもので、尾張・美濃を管轄する嫡男信忠に命じ、尾張に妻子を残している旗本弓衆・馬廻の私邸を焼き払い、竹木まで刈り取った（家を破壊する際の中世の習慣）。家屋敷を失った旗本弓衆・馬廻の妻子は、取るものも取りあえず、安土に引っ越してくるしかなかった。信長は安土城下の道普請《みちぶしん》を命じて処罰に代え、旗本弓衆・馬廻を赦免した、というものである。

これは、信長が失火の原因を旗本がいわば「単身赴任」状態で身の回りの世話が疎《おろそ》かになっているためと考えた上に、みずからの旗本が失火を起こしたことに怒って、妻子を強制移住させたという話である。自他を律するに厳しい信長らしい話だが、これ以前に定められていたのは、旗本弓衆・馬廻といった直臣エリートの安土城下集住に過ぎない。彼らの家族が尾張の屋敷に残っていることを禁じていたようには、筆者には読めないのだ。

仮にそうであったとしても、家臣の城下町集住は戦国大名一般にみられる話である。たとえば武田氏では、信虎が永正一六年（一五一九）に従来の守護所川田《かわだ》から、甲府に本拠を移転した際、「一家国人」の屋敷を躑躅ヶ崎館周辺に造らせ、移転させている。甲斐最大の国衆である穴山氏・小山田氏も屋敷を作り、家族を住まわせているから、旗本どころの騒ぎではない。実際、数年後に起こる国衆謀叛は、甲府からの一斉退去をもって実施されるのである。

越前の朝倉氏も初代孝景《たかかげ》の家訓「朝倉孝景条々」に家臣の城下町集住を定めた条文がある。この家訓は、時代がくだる可能性が指摘されているが、朝倉氏制定であることまでは否定されていないから、元亀年間以前であることは言うまでもない。

つまり、安土への旗本弓衆・馬廻の妻子集住が「兵農分離」と結びつくこと自体、論理的飛躍が大きすぎるのだ。百歩譲ってそうとるのであれば、朝倉氏は一五世紀末、武田氏は一六世紀初頭には「兵農分離」に着手していたことになる一方、信長は本能寺の変の四年前にようやく部分的実施を成し遂げたということになってしまう。

議論をややこしくしているのは、たしかに戦国期の「兵」は在村しているが、中世段階ですでに「兵」と「農」は身分的に分けられていたという事実である。

武田氏においても、「兵」として軍事奉公する「軍役衆」は在村しているものの、軍事奉公をしているがゆえに、部分的な諸役免除の特権を得ていた。彼らは田畠を持っているが、「農」ではないのである。

これに対し、百姓として農業や漁業に従事している者は、「農」として年貢を納め、諸役を負担する義務を負っていた。戦国大名は、国家存亡の危機と判断した際、「御国に住む者の務め」と主張して、彼らを軍事動員することがあった。これは北条氏が、武田信玄および秀吉の攻撃を受けた際に実施したことで著名である。しかしその場合でも、二〇日間を超えてはならない上、後方拠点の防衛や攪乱を主任務とし、手当を支給するという不文律が存在した。つまり「農」の軍事動員は、イレギュラーなものと認識されていたのだ。もっとも、軍隊には荷物持ちをはじめとする非戦闘員が大量に含まれるから、「兵」だけで構成されているわけではない。「中間《ちゆうげん》」「小者《こもの》」と呼ばれた武家奉公人が、大名やその家臣に数多く仕えている。

この軍隊構成が、織田勢だけ異なるという証拠は、積極的どころか消極的にも存在しない。したがって、長篠合戦で衝突したのは、新旧の対決ではない。東西という色彩の違いはあるにせよ、同じ基盤に立つ軍隊であった。

## 勝頼の決断

五月一八日、織田信長は設楽原の極楽寺山に布陣した。現地の軍勢が先陣を務めるという慣例から、徳川勢が前面に立つ形である（『信長公記』）。そもそも信長は家康への援軍なのだから、バックアップの形をとるのは当然である。

家康が布陣したのは、「ころみつ坂の上、高松山」と『信長公記』にあるが、この地名は残っていない。高柳光壽氏以来、『松平記』に「八剣の高松山」とあるのを踏まえ、弾正山（八剣山）の前方後円墳であろうとされている。滝川一益《かずます》・羽柴秀吉・丹羽長秀は直接の援軍としてあるみ原（有海原）にのぼって家康の脇に布陣した。これらの陣の前に「馬防の柵」を設けたという。実際、家康は柵を築くための材木の調達を指示している。

この際、設楽原に布陣した織田勢本隊約三万は、武田方に見えないように「段々に」つまり散らばって配置したという（『信長公記』）。信長は勝頼の布陣をみて「節所《せつしょ》」つまり攻めに

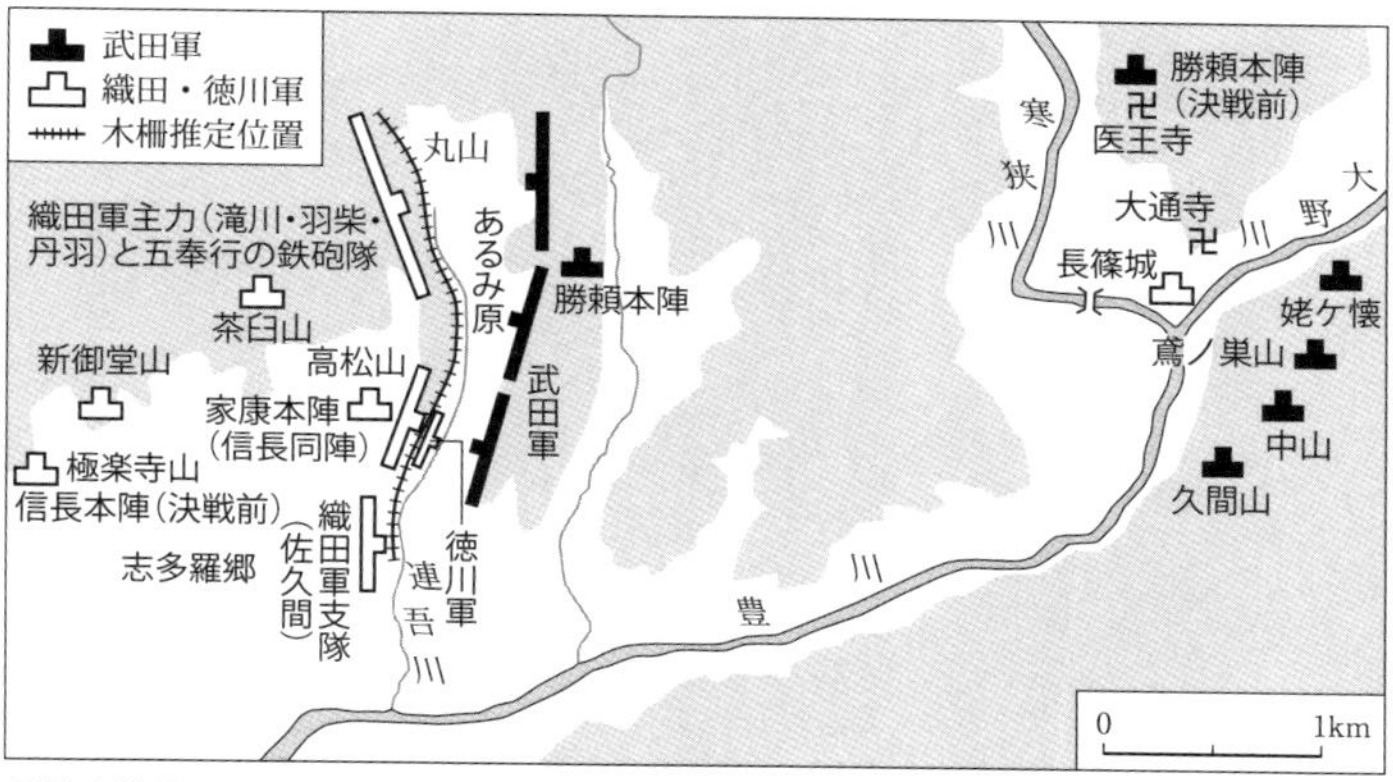


長篠合戦戦場地図（藤本正行『信長の戦争　「信長公記」に見る戦国軍事学』所載図を一部修正）

くい場所を巧みに選んでいると評価していた。鉄砲衆を派遣して攻撃をさせてみたところ、悪路でありながら、敵を生け捕りにできたと細川（長岡）藤孝に書き送っている（「細川家文書」『信長文書』五一〇）。

駿河久能城代（現静岡市駿河区）の今福長閑斎らは戦況を案じ、勝頼のもとに陣中見舞いの使者を送った。五月二〇日、勝頼は「何事も思い通りにいっているので安心して欲しい。長篠城に攻めかけたところ、信長・家康が後詰め（援軍）として出陣してきた。たいしたこともなく、対陣している。敵は為す術を失い、いちだん逼迫（逼塞の意カ）している様子で、ひたすら敵陣に乗りかかり、信長・家康両敵ともに、今度打ち破り本懐を遂げることは間違いない」と返信している（「東京大学史料編纂所所蔵文書」『戦武』二四八八）。また、長篠包囲中に側室に送った病気見舞いの消息でも、「まもなく長篠を攻め落とすことができるだろう」と述べている（「山下家文書」『戦武』二四九三）。

勝頼は、織田・徳川勢が柵の内に籠もっている様子をみて、武田勢に恐れをなして守りに入っていると考えたのである。本隊の数を少なく見せかけようとした信長の作戦も、上手くいったのだろう。つまり、敵の兵力を見誤ったのだ。

かつて、四月晦日に長篠転進を足助城番の下条信氏に告げた際、勝頼は追而書《おってがき》（追伸）で信長の動静を尋ねている（「水野寿夫氏所蔵文書」『戦武』一七〇二）。そもそも三河侵攻の最大の目的は、信長の攻撃にさらされている上方の同盟国を側面から支援することである。長篠包囲により、家康だけでなく、織田勢を援軍として引きずりだすことができれば、それだけ同盟国の負担は軽くなる。勝頼にとって、信長自身の出馬はむしろ望むところであったのだろう。

『軍鑑』によると、馬場信春・内藤昌秀・山県昌景・小山田信茂・原昌胤といった歴戦の宿老以下、老若に関わらず「御一戦なさるる事、御無用なり」と進言したが、側近の長坂釣閑斎・跡部勝資が「御一戦なされてよき」と主戦論を唱えたという。勝頼評を記した『軍鑑』巻六では、馬場信春が敵は大軍であるとして、①一度甲斐に撤退し、織田・徳川勢が追撃してきたら信濃で打ち破る、②長篠城を力攻めにして武田の力を見せつけた後、撤退する、

③長篠城を攻め落として勝頼（「屋かた《（形）》」）はそこを本陣としてもらい、山県・内藤・馬場の「三頭」が敵と戦って長期戦に持ち込み、織田勢の兵糧切れを待つ、と次々に提案を繰り出したが、長坂釣閑斎に反論され、勝頼にも容れられなかったとする。

なお長年、先述の「長閑斎」宛勝頼書状から、この時、長坂釣閑斎は、実際には長篠にはいなかったとされ、『軍鑑』の史料的評価と関わって論じられてきた。しかし、「長閑斎」とは長坂ではなく、今福長閑斎（『軍鑑』では「今福浄閑斎」と記載される）と判明し、この矛盾は解消されている。

勝頼は、まだ三〇歳という若さゆえに、跡部・長坂の主戦論を容れ、「明日の決戦をやめることはない」と「御旗《みはた》・楯無《たてなし》」に誓ったという。

「御旗」というのは日の丸の旗、「楯無」は鎧の名前である。いずれも源頼義《よりよし》が安倍貞任《あべのさだとう》を討つ時に朝廷より拝領したという由緒をもつ。頼義の三男で、武田氏の先祖にあたる新羅《しんら》三《さぶ》郎義光《ろうよしみつ》が、この合戦（いわゆる前九年合戦）の活躍で父から与えられたという武田氏の重宝である。武田氏においては、「御旗・楯無に誓」った内容は決して破ってはならないとされ、先述の「下之郷起請文」でも、武田一門が記したものには、書き連ねた神仏の名に「御旗・楯無」が挿入されている。

だから勝頼が「御旗・楯無」を持ち出した時点で、誰も異を唱えることはできなくなったわけである。これで、宿老層は覚悟を固めたとされる。

ただ、この描写が長篠敗戦後に記されたものである点は、注意を要する。『軍鑑』は、「若い勝頼が側近跡部・長坂の進言に惑わされ、信玄の掟を破って国を滅ぼしてしまう」という論旨で一貫しているからだ。

それにしても、本当にこのような論戦が戦わされたのだろうか。

同様の記述がみられるのは、『当代記』である。同書は長篠に籠城していた奥平信昌の子松平忠明が記主とされ、実際、奥平氏関係の記事が詳しいため、筆者はある程度、信頼できる史料と考えている。こちらは、馬場信春・内藤昌秀・山県昌景・穴山信君・武田信豊が「敵は四万、味方は一万と数が少ない。一度撤兵し、信長の撤兵を待って秋に出陣し、所々を放火し、刈田を行えば、三河は『亡国』となり、一両年中には徳川を滅ぼせる」と撤退論を主張したが、勝頼は受け容れず、長坂釣閑斎も主戦論を唱えたため、決したとする。

しかし、勝頼が強気に出たのは、織田・徳川方が「馬防の柵」を築いて守りを固めている様子を「攻め口を失った末の弱気」と判断したこと、信長が巧妙に軍勢を少数に見せかけたことにある。前者をどう捉えるかは判断が分かれるところであろうが、後者については、宿老層にも同じ情報が伝わっていたはずである。『軍鑑』『当代記』とも、兵力の差は歴然という「客観的事実」を前提としている点は、信長本隊が少数のはずがないという当然の疑問を踏まえても、織田方の「兵を隠す」作戦の成功認識と齟齬している。それに軍議という性格上、伝聞に過ぎない。

また、当時の三〇歳は、果たして「若年」と呼べるだろうか。たしかに、歴戦の宿老層と比べれば、ひと回りもふた回りも若く、武田家臣団は年齢の構成バランスが悪いと述べた。しかし、補佐を得なければ、何も判断できないような年齢ではない。『軍鑑』は、勝頼の「若さ」を意図的に強調しているのだ。

二〇日付の書状にあるように、強気であったのは勝頼自身である。側近層の発言が、勝頼の意図を汲んだものになりがちなのは自然な話で、跡部・長坂が主戦論を唱えたとしても、それは勝頼の意向の反映という要素が強い。事実関係は、むしろ逆なのではないか。

山県昌景が「御屋形様眼前の戦」であるからと勇躍したことも、想起して欲しい。勝頼と宿老層の間に、年齢差から意思疎通の円滑さを欠くきらいがあったことは否定できない。しかし、信長みずから出馬してきたからと決戦を回避するようであれば、それこそ「武士の名折れ」であろう。

したがって、『軍鑑』や『当代記』が記すように、宿老層が反対論に終始したり、討死覚悟で合戦に臨んだ、という見方には慎重でありたい。太田牛一が『信長公記』で、勝頼が鳶《とび》ノ巣《のす》山に籠もって守りを固めていれば、織田方は手出しができなかったものをと述べているのも、同様の結果論である。軍議において、戦術をめぐる議論は交わされたであろうし、なかには慎重論もあったかもしれない。しかし確実な史料からは、勝頼自身が強気であった以上のことはわからないのである。

## 数刻に及ぶ激戦

開戦の決断を下した勝頼は、長篠城包囲勢として「七頭」を残し、本陣としていた医王山を下りた。そのまま滝沢川（寒狭川）を越えて有海原を三〇町（約三・二キロ）ほど進軍し、谷の中央部を流れる連吾川を挟んで織田・徳川勢と対峙した。この有海原こそ、長篠合戦の戦場で、徳川方の『三河物語』もそのように記している。両軍の配置は、高柳光壽氏作成の詳細な布陣図がよく用いられる。しかし、これは軍記物に多くを依拠したものだから、確定できるものに限定されてはいるものの、藤本正行氏作成の図（一九三頁）を用いるべきだろう。両軍は連吾川を挟んで南北二〇町（二・一キロ）程の陣所を構え、至近でにらみ合うという縦長に布陣した戦いであった。

両軍の兵力はどれくらいであったか。武田方は、『信長公記』『軍鑑』とも一万五〇〇〇程とする。『当代記』は一万、『三河物語』は二万余である。敵味方の記述が一致しているから、一万五〇〇〇程度とみておこう。ただし『軍鑑』は鳶ノ巣山に三〇〇〇を残し、あるみ原（有海原）に向かったのは一万二〇〇〇とも記している。

織田・徳川方について、『軍鑑』『三河物語』は合計一〇万余とするが、誇張という他ない。『信長公記』が信長本隊を三万余と記しているのは、先述の通りである。この数字には、家康への支援部隊は含まれない。『当代記』は両軍あわせて四万としている。家康は各所で武田方の攻撃を受けていた上、次に述べるように、主力部隊を別働隊として派遣しているから、徳川勢は一万以下であったであろう。『大須賀記』は、徳川方は五〇〇〇に満たなかったとする。『当代記』の記す織田・徳川四万はある程度、実態に近そうだ。

勝頼とて、信長みずから援軍を率いてきた以上、敵のほうが数に優ると理解していたであろうが、一万二〇〇〇〜五〇〇〇対四万という三倍近い兵力差になっているとは気がつかなかったものと思われる。

さらに、勝頼布陣をみた信長は、家康の筆頭家老で、織田氏との取次を担当していた酒井忠次に選りすぐりの精兵二〇〇〇余を集めさせた。これに、信長の鉄砲馬廻や金森長近らを付し、合計四〇〇〇程の別働隊を編制した。

酒井忠次は吉田城代として、東三河の軍政を統括していたから、その軍勢は東三河衆で構成されていたはずだ。『三河物語』は、別働隊編制は酒井忠次の提案によるとし、「三河国衆をそれがしが率いたい」と申し出て許されたとする。

酒井忠次率いる別働隊は、五月二〇日戌刻《いぬのこく》（午後八時頃）に出立し、南側の山中を迂回して長篠城へと進軍した。二一日辰刻（午前八時頃）、鳶ノ巣山砦は急襲され、同砦を守備していた勝頼の叔父武田信実《のぶざね》（牢人衆の指揮官）・三枝昌貞らは討死した。酒井忠次はそのまま長篠に入城し、反撃に出た。武田方はあっけなく敗走し、北の鳳来山《ほうらい》へと落ちのびた。

したがって、合戦開始時点で、勝頼は退路を断たれてしまっていたのである。長篠救援成功に気がついた信長も、本陣を家康と同じ高松山に移し、家康に要請して足軽を繰り出させた。信長率いる鉄砲衆一〇〇〇は、柵のなかに留めてである（『信長公記』他）。

さらに酒井忠次も、武田勢の背後を突くべく動いたようだ。『信長公記』は、武田勢が動いた契機は「前後より攻められ」たためとしている。勝頼は挟撃され、前面の敵を打ち破る他なくなったのである。

通説的にいえば、織田勢の鉄砲衆に「武田騎馬隊」が次々に打ち倒されて合戦が終わったとされるが、事実ではない。藤本正行氏が指摘するように、合戦は数時間に及んでいる。鉄砲斉射に突撃を繰り広げて次々と討死したのなら、決着はもっと早くについているだろう。

合戦開始時刻は『信長公記』でも混乱があり、日の出としつつも、酒井忠次別働隊勝利がきっかけともするから、後者ならば午前八時以後である。『大須賀記』は九ツの始め（午前一一時頃）、小山田信茂が敗戦後に出した書状の写では午刻（正午頃）と一定しない（『武家事紀』『戦武』二五〇〇）。普通なら小山田信茂書状写を採るべきだが、潤色《じゅんしょく》の可能性があるもので、信長自身「数刻一戦に及び」と述べているから（「細川家文書」『信長文書』五一一）、午前八時過ぎとみておきたい。

武田勢は、全領国の将兵で構成されており、「一三頭」に分かれていたようだ。『信長公記』に記されているのは、織田方の陣所に攻めかかってきた軍勢と思われ、一番山県昌景、二番武田信廉、三番小幡信真（赤武者）、四番武田信豊（黒武者）、五番馬場信春とある。武田方は適宜「馬入り」つまり騎馬突撃をしかけたが、柵のなかに籠もって鉄砲で迎撃することを厳命された織田勢に撃退された。

「足軽であしらい」ともあるから、傭兵部隊としての足軽でおびき寄せて鉄砲で迎撃したのかもしれない。徳川勢の一部は、柵を出て戦ったらしいが、乗馬は禁じられていたという（『三河物語』『大須賀記』『軍鑑』）。

ただ、織田方の鉄砲衆も五〇〇を別働隊に割いており、圧倒的に多いわけではない。また、最大の激戦地は徳川勢の陣所である。したがって、『三河物語』が記すように、鉄砲射撃で山県・馬場以下の諸将が討死し、壊滅して敗走したというのは事実ではない。『信長公記』の記述ですら、誇張である。

『長篠合戦図屛風』より「武田方の鉄砲足軽」（部分　犬山城白帝文庫蔵）
尾張藩家老成瀬家本の長篠合戦図屛風。掲載箇所に武田側の鉄砲足軽が３人描写されている。うち１人は銃撃され、血を流して倒れているところを味方が励ましている。側に落とした鉄砲が転がる。

『信長公記』には「推太鼓」を打って（信玄の陣立書にも「押大こ」とある）、「馬入り」を繰り返してきたとだけあるが、成瀬家本長篠合戦図屛風にあるように、武田方も当然鉄砲衆を投入していた。しかし、鉄砲という武器は、落ち着いた状態で撃った方が狙いを定めやすい。織田・徳川勢は、念入りに「馬防柵」を構築して防備を固め、その中からの射撃に専念させたが、武田方の鉄砲衆はせいぜい竹束の「仕寄《しよせ》」で身を隠した程度で、前進しては射撃するという形を取らざるを得ない。彼らは、最初の射撃目標になったはずで、武田勢は援護射撃を失った状態で攻撃を続けたものと思われる。

武田方は弾薬も不足しており、出土した弾薬からは、鉛ではなく鉄製のものが含まれている。何しろ富士参詣道者の賽銭のうち摩滅などして使用に耐えない「悪銭《あくせん》」を集めて鉄砲玉に転用することが行われたほどだ（「富士御室浅間神社文書」『戦武』三七五八）。長篠出土品は銅製ではなく鉄製なので、銭の鋳直しではないが、代用品の実戦投入が行われていたわけである。

つまり長篠合戦とは、数が少なく火力にも劣る側が、守りを固めた多数の敵を攻めた戦いなのである。武田側の敗因は、信長援軍の物量と戦意を過小評価したことに尽きる。

武田勢は攻撃のたびに兵力を失い、未刻（午後二時頃）、敗戦を悟った。六時間に及ぶ激戦末である。退却する武田勢の背後を、今まで柵に籠もっていた織田・徳川勢が襲った。

## 膨大な戦死者

実際には、長篠の戦死者はこの追撃戦が大半を占めている。馬場信春が殿軍《しんがり》を買って出て、『信長公記』でも絶賛される働きをした末に討死した。しかし、数に優る側の追撃は、それで緩められることはなかった。平山優氏作成の表では名のある者一一四名が挙げられているが、その後も調査が続けられており、これは判明している最低限の数字である。主な戦死者を、挙げてみよう。

◎甲斐支配関係者
土屋昌続（側近）、武田信実（御一門衆・牢人衆統括）、甘利信康（虎泰次男）、米倉丹後守（甘利信頼名代）、加藤景忠（都留郡国衆）
◎足軽大将
三枝昌貞、横田康景、原昌胤（虎胤の子）、山本菅助（二代目）
◎信濃支配関係者・信濃先方衆
馬場信春（牧之島城代）、市川昌房（高島城代・諏方郡司・勘定奉行）、香坂源五郎（虎綱嫡男）、望月信永（御一門衆、信豊の弟）、禰津月直、屋代正長、室賀信俊
◎西上野支配関係者・上野先方衆
内藤昌秀（箕輪城代兼西上野郡司）、真田信綱（岩櫃《いわびつ》城将・信濃先方衆筆頭）、真田昌輝（信綱弟）、安中景繁、和田業繁
◎駿河支配関係者・駿河先方衆

# 新刊案内

2017年9月

平凡社

## 改訂新版 日本の野生植物5 ＋総索引
ヒルガオ科〜スイカズラ科

編＝大橋広好、門田裕一、邑田仁、米倉浩司、木原浩

日本を代表する植物図鑑、30年ぶりの改訂。新しい系統分類体系APGⅢ・Ⅳを採用。旧版の知見を基に新情報を付加し、カラー写真も一新。最終第5巻はヒルガオ科からスイカズラ科を収録。総索引を付す。

24000円+税

## 写真家 三木淳と「ライフ」の時代

須田慎太郎

第二次大戦後、世界最高のグラフ誌として君臨した「ライフ」で、日本人唯一の正規スタッフの写真家として活動した三木淳。その公私にわたる愉快で多彩な活躍を描いた評伝。

3400円+税

## Ex-formation

原研哉

「知っていること」を未知化（エクスフォーメーション）せよ——。デザイナー・原研哉が武蔵野美術大学で10年間かけて行った、野蛮なまでに新鮮な「思考」と「教育」の理論と実験の集大成。

予価3200円+税

## 猫だもの
ぼくとノラと絵描きのものがたり

文＝かさいしんぺい
絵と文＝いせひでこ

一匹のノラとの出会いが、人生を変えることだってある。牛乳配達の青年とノラ猫キタカルが織りなす日常に、こころはきっと前向きになる。いせひでこの猫、たまらんにゃあ。

予価1200円+税

## コロナ・ブックス210
## ヘンな浮世絵
歌川広景《ひろかげ》のお笑い江戸名所

監修＝太田記念美術館
著＝日野原健司

幕末の江戸に登場したナゾの浮世絵師・歌川広景が描いた「江戸名所道戯尽《どうけづくし》」全50作品でみていく「笑って、ふざけて、ずっこける！」おバカな江戸っ子たちのユニークな名所図。

1700円+税

山県昌景（江尻城代）、原昌胤（大宮城代・富士大宮郡司）、土屋貞綱（海賊衆統括）
主要な人物を挙げただけでこれである。各地の郡司・城代、国衆家当主の討死は、軍事・内政に大きな影響を与える。

「一手」（一頭）そのものが壊滅的打撃を受けた事例として、真田勢をみてみよう。当主信綱の他に、弟昌輝、母方の従兄弟河原正良・正忠・常田《ときた》永則兄弟、寄子で親族の鎌原重澄（上野国衆）らが討死している。これでも一部である。寄親クラスの討死は、それを支える中級指揮官もまた失われたことを意味するから、大打撃であったことは間違いない。そしてその背後には、無名の雑兵たちの戦死者が存在する。

信長は細川（長岡）藤孝に宛てた書状で、「四郎（勝頼）の首はまだ見ていないが、（武田勢は）おおかた切り捨て、川に漂っている武者が若干あるので、そのなかにでもあるのではないか。いずれにせよ甲斐・信濃・駿河・三河の軍兵はほとんど残っていないだろう。近年の鬱憤を散じることができた」と述べる。続いて信玄の裏切りを責め、勝頼も同じ罪を犯したので、当然のことだと続けている（「細川家文書」『信長文書』五一二）。信長もまた、信玄の同盟破棄への恨みを忘れておらず、決戦を望んでいたのである。彼が援軍の数を少なくみせかけたのは、勝頼撤退を防ぐためであったのだ。

首実検《くびじっけん》を行った信長は、ただちに名だたる将の首注文（リスト）を作成した。公家の日記（『宣教卿記《のぶのりきょうき》』）に載っているほどである。そして、合戦参加者に首注文を持たせて諸大名のもとに派遣し、勝利を徹底的に宣伝した。上杉謙信宛の書状には陣所から派遣したとあるから、興奮冷めやらぬ様子が伝わってくる。ここでも、信玄への報復を考えていたところに、勝頼出陣は「天之与之儀」であったとし、「四郎は赤裸の体でひとり逃げいったと聞きます。大将分の者二〇余人討ち取ったのですから、この他は数知れません」「数年の鬱憤を散ずることができました」と述べている（『謙信公御書集』『上越』一二五五）。

## 岩村落城

敗戦により、武田領国は織田・徳川勢の反撃に見舞われることとなる。作手・田峯《だみね》（愛知県設楽町）など三河諸城の在番衆は抗戦を諦め、信濃へ退去した（『当代記』他）。家康は遠江・三河奪還を試みて軍勢を動かし、信長も嫡男信忠に美濃岩村城を包囲させた。

勝頼は、長篠の損害は大したものではないと強調したが、もちろん強がりに過ぎない。急ぎ定める必要があったのが、駿河・遠江・三河方面の軍事を統轄していた山県昌景の後任である。勝頼は、甲府への帰路、六月一日までに御一門衆筆頭の穴山信君を江尻城代に任じ、駿河の諸将に伝えた（「関保之助氏旧蔵文書」『戦武』二四九四）。昌景の嫡男昌満はまだ若年と判断してのことであろう。彼は後に駿河西部田中城将（現静岡県藤枝市）となっている。

信濃衆・三河衆を連れて甲府に向かった勝頼を迎えたのは、上杉謙信の押さえのため参陣していなかった海津城代春日虎綱であったという。敗報を受けた虎綱は、伊那郡駒場（現長野県阿智村）まで赴くとともに、綺麗な軍装を用意し、勝頼の旗本が敗れたと悟られないよう気遣いをしたという（『軍鑑』）。二日、勝頼は甲府に帰国した。

六月二五日、織田・徳川連合軍の攻撃で、三河武節城（現豊田市）が陥落し、勝頼は三河の領国をすべて失った（「野崎達三氏所蔵文書」『愛』11一一一四）。勝頼は遠江防衛のため、諸将を異動・配置させたが、岩村城包囲により、事態はさらに切迫していた。

七月一三日、美濃国境を領する木曾義昌の家老山村良利に、木曾家中の取りまとめを指示した（「山村家文書」『戦武』二五〇六）。この月には長篠で戦死者を出した伊那郡国衆坂西《ばんざい》氏が謀叛を起こし、勝頼妹婿の小笠原信嶺によって鎮圧されている（「勝山小笠原家文書」『戦武』二五〇七）。

岩村城からは救援要請が届いており、七月一九日に武田信豊と小山田信茂が連名で城代秋山虎繁に援軍派遣を約束した。援軍派遣の遅れは、北条氏政と協議して、大規模な決戦を企図していたためと苦しい言い訳を述べている（『諸州古文書』『戦武』二五〇八）。

徳川方の攻勢を受け、結局、勝頼は遠江出陣を決定した。八月一〇日、出陣長期化を見越して保科正俊に渡されたのは、南信濃防衛に関する詳細な規定である（「武田神社所蔵文書」『戦武』二五一四）。責任者は武田信豊（高遠在番）と、大島城代日向《ひなた》玄徳斎（虎頭）および高遠諏方氏家老出身の保科正俊・正直父子である。この文書から、高遠諏方氏家臣の取り立てが本格化する。国衆からの人質徴集や目付配置、特に秋山虎繁関係者と木曾義昌の動向を注視するよう指示するとともに、地下人からも起請文を徴集し、敵の侵攻時には交通路封鎖などで臨時動員をかけることを定めている。すでに、伊那郡から敵地に逃げ出す者が出ていたようで、その改めと処罰まで問題となっているのは、長篠敗戦の影響の大きさを物語る。

しかし、八月二四日には遠江支配の拠点諏訪原城が落城し（『当代記』、この後、家康により牧野城に改称）、駿河衆岡部元信が遠江東端の小山城で必死に徳川勢を食い止めた（「岡部家文書」『戦武』二五二二）。

勝頼は小山城に援軍を派遣したが、いまだ戦死者の補充ができていなかった。そこで、一二〜一三歳程度の年少者や、出家していた遺族を還俗させて兵員を補ったという（『三河物語』、同書は天正五年のこととするがこの年の話だろう）。通常、動員の下限年齢は一五歳だから、先述した地下人緊急動員令と合わせて、まさに「国家存亡の危機」であったのである。

一一月、ついに勝頼は、美濃岩村城救援のために出馬した。しかし、これは最悪の結果を生むこととなった。まず、やはり兵員が不足し、「土民・百姓」を軍勢として動員したという（『信長公記』）。この時の勝頼は、そこまで追い詰められていたのだ。

その上、勝頼出陣の一報は、信長自身の出馬を招いてしまう。岩村城代秋山虎繁は、援軍到着まで持ちこたえることは不可能と判断し、降伏した。しかし、信長は約束を違《たが》え、一一月二六日に虎繁を長良川の河原で磔に処し、「裏切った」みずからの叔母も含め、在城衆は殺害された（『古美術品展観目録』掲載文書『愛』11一一四〇・『信長公記』・『兼見卿記』他）。

直後の一一月二八日、信長は、佐竹義重を始めとする関東・南陸奥の大名・国衆に、長篠戦勝を伝えるとともに武田攻めの意向を示し、協力を求めた（『小林文書』『愛』11一一四一他）。その際、信長は、それが「天下のため、自他のため」の行為であると伝えている。信長は一一月四日に権大納言に任じられ、七日には右《う》近衛大将《このえのだいしょう》を兼官している。これは、官位の面で足利義昭（従三位権大納言兼征夷大将軍、元左近衛中将）を超えたことを意味する。将軍義昭を追放して二年、信長はみずからが「天下人」であることを明確に主張し始めたといえるのだ。家康の立場も、徐々に同盟相手から従属大名（織田大名）へ変化し始めていた。

一一月二八日は、信長が秋田《あきた》城介《じょうのすけ》に任官した嫡男信忠に、織田氏家督と尾張・美濃二ヶ国を譲り渡した日でもある（『信長公記』）。室町幕府将軍に代わる「天下人」として、諸大名を統率するという信長の姿勢が、ここに示されたといえる。それを可能にしたのは、長篠合戦における武田勝頼への大勝、そして同年九月の越前「一向一揆」平定による本願寺との一時的な講和成立であった。この時の信長は上杉・毛利両国と同盟関係にあり、「天下静謐」がなったと判断したのであろう。

これは武田氏が、「天下静謐」を乱す唯一の存在と、信長から位置づけられたことを意味する。「鬱憤を散じる」という信玄裏切りへの報復行為に、「天下人の御敵」という理屈づけがなされたといってもよいかもしれない。

しかし勝頼は、敗戦の苦境からの挽回を目指して動き出すことになる。

# 第五章　内政と外交の再編

## 長篠戦死者への対応と軍制改革

前章で述べたように、勝頼は出陣に際しても、十分な兵力を整えることができず、通常なら動員対象とならないような年少者や百姓（「農」）を動員して対応せざるを得なかった。したがって、戦死者の家督交代は急務であったが、基本的に遺族からの申請に応じて対処するという形をとっていた。

初見は天正三年（一五七五）七月二日、山家昌矩《やまべまさのり》の名跡を弟に継がせたことである（『武家事紀』『戦武』二五〇一）。生活苦であろうと遺児に加増した事例も確認できる（熊本県立図書館所蔵『藻塩草』『戦武』二五一一）。

一一月には、従兄弟で信濃佐久郡国衆望月氏に養子入りしていた望月信永《のぶなが》の跡職について、隠居の印月斎《いんげつさい》から要望があった（『古今消息集』『戦武』二五四九）。問題は、信永に男子がいなかったことにある。そこで印月斎は、信永の実兄武田信豊を名代に定めて家督を代行してもらい、幼い娘が成人したらしかるべき人物を婿養子に取りたいと要望したのである。勝頼は「感激」してこれを承諾した。「感激」という文言は、山家氏に対しても用いられている。勝頼進んで家督相続者を申し出て、戦列に復帰してくれることは、何よりも有難いことであった。

天正三年一二月、勝頼は軍役条目を改定した（『続錦雑誌』『戦武』二五五五他）。勝頼が軍役条目を改定したのは初めてではなく、元亀四年（天正元年）一一月に改定を広く周知し（『諸州古文書』『戦武』二二〇二他）、長篠包囲中の天正三年五月六日には小幡信真に「新軍法」を伝えている（「正安寺文書」『戦武』二四八五）。ただし後者は、出陣中の発令という性格上、陣中の諸注意を定めたものであった。

しかし、一二月の新条目はまったく性格が異なる。勝頼は来年尾張・美濃・三河・遠江のいずれかに出陣するとし、「当家興亡の一戦を遂げる」と高らかに謳った。その上で、近年隠退している者や、知行地を失って蟄居《ちっきょ》中の者の中から武勇に優れた者を選び出し、規定の軍役量を超えた動員を行うよう命じたのである。

さらに、それぞれの家中の親類・被官のなかで、長年武勇に優れた働きをしているものをリスト化して上申せよ、今後は特別懇意にし、忠節にしたがって武田氏から直接恩賞を与えるとしている。勝頼は兵員の質と量の不足を、陪臣《ばいしん》からの抜擢で補おうと考えたのだ。

条目中一番分量が割かれているのは、武装に関する規定で、定められた武装で参陣し、見苦しくないようにせよ、可能ならば新調せよといったことが命じられている。長篠敗戦後の武田勢の惨状が、他国にまで聞こえていたことが、よほど堪えたらしい。

武装では、馬介の不足を指摘するとともに、長柄・持鑓ともに木柄・打柄にせよといって

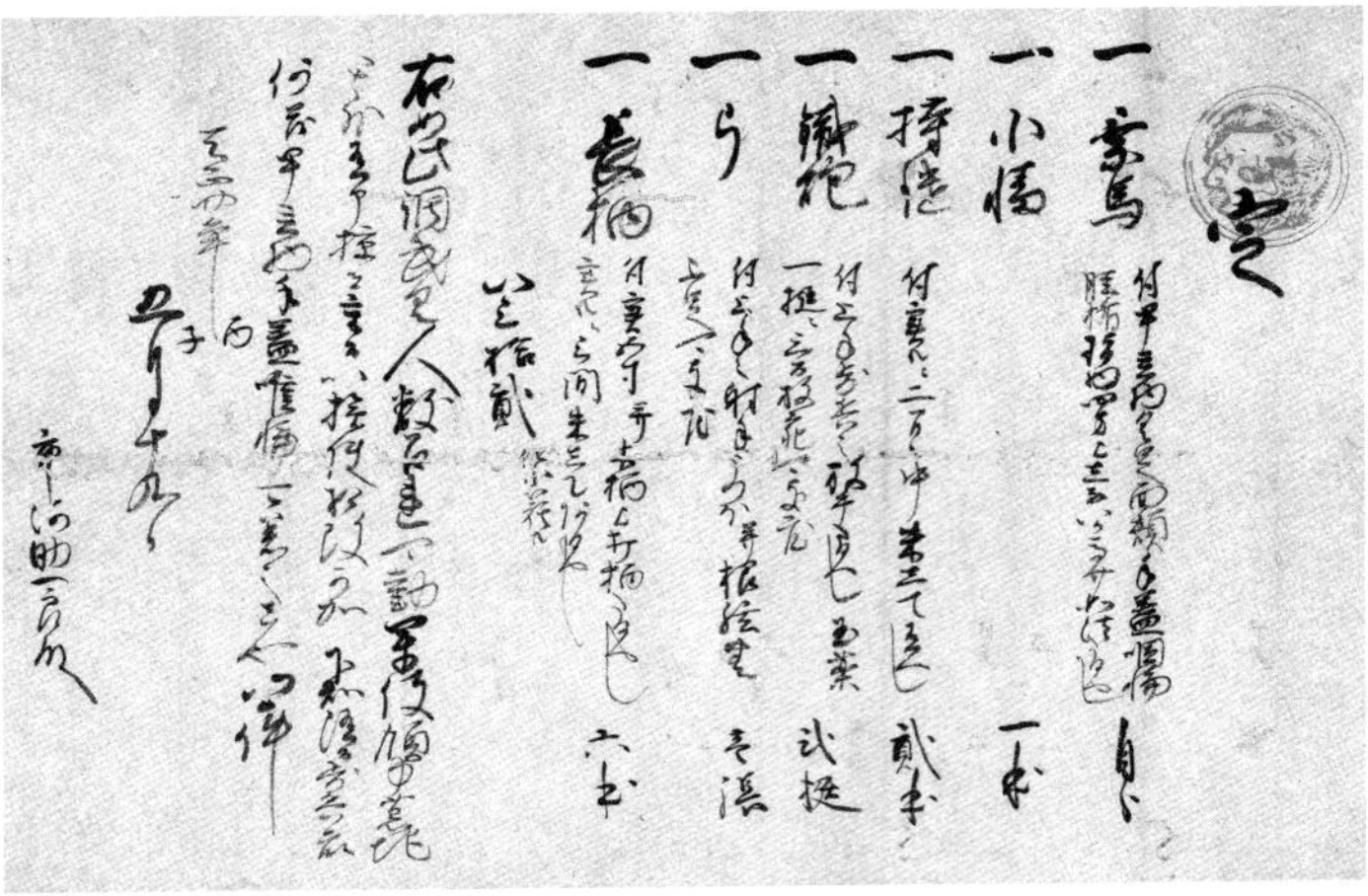

天正４年５月19日付武田勝頼軍役定書（反町十郎氏所蔵文書　新潟県立歴史博物館蔵）

いる。つまり、竹鐺の使用を禁じたわけだ。

もっとも著名なのが、「当時（今は）鉄炮《(砲)》肝要」であるとして、長柄を削ってでも鉄砲を増やせという指示である。ただ、この規定そのものは以前と変わりはない。重要なのは、弓・鉄砲をきちんと鍛錬していない者は参陣させてはならないとし、今後は陣中で検使を派遣して改めるとまでしている点である。

これが、長篠における鉄砲衆不足への対処であることは言うまでもない。全体的にこの新条目は、来たるべき信長との再戦への準備として定められたものといってよい。

勝頼が、戦死者遺族への対応に本腰をいれたのは、天正四年五月のことである。この月、まとまった分量の軍役定書が出されている。五月の軍役定書で注目されるのは二点ある。

まず、長篠で討死した市川昌房の子息昌倚《まさより》と、山本菅助（二代目）の姉婿山本十郎左衛門尉の軍役定書が含まれている（「反町十郎氏所蔵文書」『戦武』二六五四・真下氏所蔵「山本家文書」『戦武』補遺四六）。ほぼ同時に市川昌房同心衆の配置換え指示が出されていることから（『土《と》佐国蠧簡集残編《さのくにとかんしゅうざんぺん》』『戦武』二六五〇）、単なる軍役改定ではなく、長篠戦死者の補充と軍勢再編が目的のひとつであったとわかる。遺族からの申請任せの跡職補充ではなく、勝頼が主体的に後継者を定めて軍役規定を通達し直しているのである。

また鉄砲衆について、「上手之歩兵」を放ち手とし、一挺につき玉薬三〇〇放《ぱつ》を用意せよと定めている点も注目される。鉄砲を用意しても、弾薬が尽きてはお話にならない。勝頼は、長篠の教訓として、より一層の鉄砲衆強化に踏み切ったといえる。

ただ、長篠戦死者遺族への対応はその後も続き、加津野《かづの》次郎右衛門尉の名跡相続者について、真田昌春（信綱の弟、後の真田信尹《のぶただ》）の子息出羽が婿養子に入り、出羽成人までは昌春が名代となると定められたのは、天正五年閏七月のことである（「木村家文書」『戦武』二八四六）。

この件は次郎右衛門尉の老母が「息子が常々昌春と話し合っていた」としきりに訴えた結果、認められたという。勝頼に特に反対をする理由はないが、加津野氏は武田親類衆家という名家である。信濃国衆真田幸綱の四男で、旗本に過ぎない昌春を名代とし、その子息を跡継ぎとすることに、一門中で反対が出ていたのだろう。

同様に、真田本家でも後継者問題がおきていた。真田信綱・昌輝兄弟討死後、両名の遺児が幼かったためである。後を嗣いだのは、武田親類衆の武藤氏に養子入りしていた弟昌幸で、勝頼の指名によるものであった。通常であれば、昌幸の立場は信綱遺児成人までの名代となるはずだが、「我が両眼の如く」と信玄をして言わしめ、年も近い昌幸を勝頼は買っていたのだろう。正式な真田氏家督の座につけた。その際、一門・家臣の反対を考慮し、信綱の娘(久ヵ、清音院殿)を昌幸嫡男信幸と婚約させ、孫の代で信綱の血統に戻ることを示している(『加沢記』)。それでも家臣の反発はあったようで、昌幸は「家伝文書」の相続を放棄し、信綱遺児に与えている。

家督相続問題はかくも難しいものであり、後継者指名を勝頼が遺族の申告に任せ、それを「感激」と賞したのは、当然のことであった。

## 城代・郡司の交代

長篠戦死者の事後処理の最大のものは、郡司・城代クラスの後任問題であった。信長が二〇余人と豪語したほど、重臣が討たれてしまったのだ。

勝頼は次のような人事処理を行った。

| | | |
|---|---|---|
| 駿河高島城代兼諏方郡司 | 市川昌房→今福昌和 | |
| 信濃牧之島城代 | 馬場信春→馬場民部小輔（子息） | |
| 上野箕輪城代兼西上野郡司 | 内藤昌秀→工藤長門守代行（兄） | |
| 駿河江尻城代 | 山県昌景→穴山信君 | |
| 駿河大宮城代兼富士大宮郡司 | 原昌胤→原昌栄（子息） | |
| 上野岩櫃城将 | 真田信綱→真田昌幸（弟、城代に格上げ） | |

郡司・城代は世襲の傾向があり、基本的には子息に嗣がせている。江尻城代については、緊急処置が必要であったため山県昌景の子息昌満ではなく、御一門衆筆頭の穴山信君を配置し、引き締めを図った形となった。

この結果、勝頼を支える重臣層は一気に若返ることとなる。残る宿老は、海津城代兼川中島郡司春日虎綱だけとすらいえ、実に皮肉なことに、勝頼は自身の考える政策を遠慮なく行えるようになった。

その春日虎綱は、勝頼に対し、戦後処理についてさまざまな諫言をしたとされ、五ヶ条にわたる意見が『軍鑑』に記される。ただ、北条氏政に服属すべきだなど、荒唐無稽に近い内容がほとんどで、虎綱が実際に同書に記されたような進言をしたとは思えない。長篠敗戦の責任を穴山信君と武田信豊に取らせて切腹させよ、というのも同様である。

数少ない「ありえそうな」進言が、北条氏政の妹を妻に迎え、関係を強化すべきというものである。これについては後述する。

## 伝馬法度改定と獅子朱印の創設

長篠合戦後、家康は海路駿府を焼き討ちし、駿府の商人は離散していた。そこで天正三年一〇月、駿府の商人衆に、駿河に帰住すれば諸役を免除する旨を布告し、駿府の再興に乗り出した。勝頼は駿府の商人頭であった松木宗清・友野昌清ら一二名にリストを提出させ、屋敷の割り振りも行っている。商人頭一二名は、駿府以外では商売を行わない旨を誓約し、駿府の復興を進めた（「友野家文書」『戦武』二五三六・二五三七）。

同年一〇月一六日、勝頼は伝馬《てんま》法度の改定に乗り出した（「草ヶ谷家文書」『戦武』二五三九）。伝馬とは、宿場ごとに義務づけられた人馬運送のための継ぎ立て馬制度であり、戦国大名の交通制度として主要なものである。勝頼は、今後、公用の伝馬利用許可手形には「伝馬」朱印二顆《か》を押捺し、私用伝馬の許可手形には「伝馬」朱印一顆のみとするとし、公私の別をよ

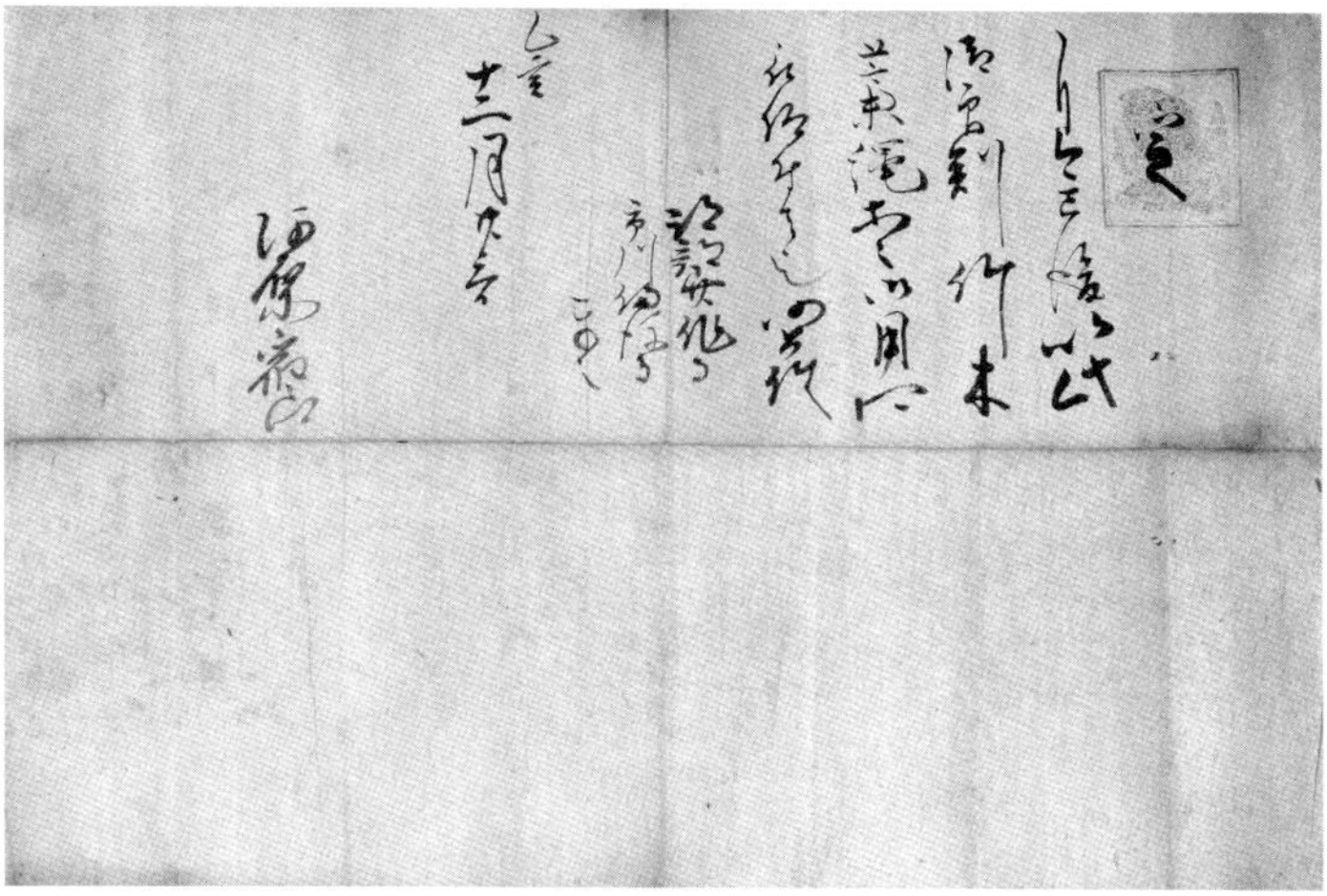
天正３年12月23日付武田家獅子朱印状（保坂家文書　個人蔵　画像提供：山梨県立博物館）

りわかりやすいものとした。このような区別をする以上、公用と私用とでは扱いが異なる。私用伝馬は、今後一里につき口付銭《くちつけせん》として六文を徴収せよと定めている。また、公用の伝馬についても、緊急時以外は一日四疋を上限とするとしており、伝馬宿にかかる負担軽減を図っている。対象となっているのが駿河蒲原宿（現静岡市清水区）だから、復興策の一環かもしれない。ただ、この改定が勝頼の伝馬政策の基本となり、以後、必要に応じて各宿場に定められていく。そればかりか、穴山信君もこの改革にならって朱印の数で公私の別をわけるようになる。

　一二月二三日、新たに獅子朱印を創設し、今後は竹木藁縄の徴発には、この朱印を用いると布告した（「保坂家文書」『戦武』二五五九他）。以後、物資の徴発には、龍朱印ではなく獅子朱印が用いられるようになる。勝頼は、長篠敗戦の混乱のなかで、精力的に内政改革に取り組んでいたのである。

## 外交関係の再編

さて、先ほど天正三年一二月の軍役条目改定に際し、勝頼が「興亡の一戦」と謳ったと述べた。軍勢の再編に追われているなかで、勝頼はなぜこのような宣言をしたのだろうか。

勝頼の動きを後押ししたのは、紀伊亡命中の足利義昭であった。足利義昭は、天正三年一二月から、上杉謙信に武田・北条・本願寺（いわゆる加賀「一向一揆」）と和睦し、上洛するよう求めていたことが知られる（「東源寺文書」『上越』一二七六他）。ただ、その本格展開は天正四年のもので、かつ失敗に終わったとされてきた。

しかし実際には、義昭の「甲相越三和《さんか》」要請は、少なくとも天正三年春に行われており、次いで同年七月頃に二度目の使者大和孝宗が、北条氏政のもとに下向している（『南行雑録』『戦北』一八六五他）。勝頼のもとには、武田義貞ら若狭武田氏一門が派遣されたようだ（「高橋琢也氏所蔵文書」『戦武』二七二五）。勝頼は、命に応じる姿勢を示しており、北条氏政も勝頼支援を受諾している。

年次の記載がない覚書において、北条氏政は「三和の儀、甲越両国は速やかに相済み」と述べている（『南行雑録』『戦北』一八八六）。つまり、武田・上杉間の和睦は速やかに調ったという。

実は、上杉家臣直江景綱と河田長親は、九月一五日付で「三ヶ国の和睦については、これは謙信に思うところがあり、越甲（上杉・武田）だけなら上意に応じてもよいのではないか。（ただし）これに相模（北条）が加わるならば、滅ぼされても、また義昭様から勘当されても、絶対に応じられない」と記している（「楢崎健造氏所蔵文書」『上越』一三一〇）。

上杉側は、早くも九月の段階で、武田勝頼との和睦に応じる姿勢をみせていたのだ。問題は、北条との和睦であった。永禄一二年に締結した越相同盟が、元亀二年に北条氏康が死去した後、氏政によって直ちに破棄されたことや、北条との同盟が関東の国衆層から激しい反発を受けたことで、謙信は北条氏政に強い拒絶感情を抱いていた。氏康・氏政父子からの起請文を神前に捧げ、呪詛《じゅそ》したほどである。北条氏政が先述の覚書で、「つまるところ、越後（上杉）に御下知をしっかり出してもらわないといけない」と述べているのはこのためである。

武田・上杉間の和睦は、一〇月中にはまとまり、一〇月晦日付で、上杉氏の上野厩橋《まやばし》城代（現群馬県前橋市）北条《きたじょう》高広・景広父子が、佐竹氏麾下の梶原政景に「内々落着」の旨を伝えている（『謙信公御書集』『上越』一二七二）。「内々」といいながら、勝頼は北条氏政には連絡をしたようだ。

『上杉年譜』によると、勝頼は長篠敗戦翌月の六月、内々に謙信に和睦を打診してきたという。翌七月、信長が上杉家臣村上国清（信玄に信濃を追われた義清の嫡男）に対し、「約束通り信濃を攻めてくれると思っていたにもかかわらず、すぐに引き返して越中に軍勢を動かしてしまわれたのは何と言ったらいいのか分かりません」と述べているのは、勝頼・義昭双方からの和睦打診が関係していよう。また、信長が九月に越前を再平定し、加賀進出の動きをみせたことが、北陸西進を計画していた謙信を刺激したとも考えられる。

いずれにせよ、勝頼は天正三年一〇月に上杉謙信との和睦に成功した。だからこそ、織田・徳川領に攻め込み「当家興亡の一戦を遂げ」ようと考えたのである。

同じ一〇月、丹波国衆赤井（荻野）直正が、対信長同盟を結びたいと勝頼に書状を送った。勝頼は書状を一二月に受け取り、翌天正四年二月に「もうすぐ信濃境の雪が消えるだろうから、尾張・美濃に攻め込むつもりだ」と返信している（「赤井家文書」『戦武』二六六五）。このやりとりは天正元年から二年のこととされるが、天正二年二月では、勝頼はすでに美濃に攻め込んでいるし、赤井直正も、まだ信長に叛していない。彼の信長離叛は、天正三年に明智光秀が丹波再平定に動いた時だから、この時のやりとりとみるべきだろう。

なお、足利義昭奉戴姿勢は、勝頼の守旧性を意味するものではない。義昭はいまだ現職の将軍であり、その要請に是々非々で接するのは、当時の戦国大名において当たり前の対応だった。義昭の命令であれ、大名の軍事・外交方針と齟齬すれば拒絶するわけである。ただ結果的に、武田氏は毛利氏と並んで義昭を支える最大の大名となったため、大和孝宗・若狭武田義貞といった義昭側近は、織田領国通行が不可能になると、甲斐に亡命してくることとなる。

## 信玄本葬

勝頼は織田・徳川領侵攻にあたり、春日虎綱と協議をしていた。上杉謙信との和睦成立で、虎綱を海津城から三河国境の城郭に動かしていたようである。勝頼が派遣した親類衆岩手信景と虎綱の協議で、三河出陣で合意が得られていた。数少ない古参宿老春日虎綱の軍事手腕に、勝頼も期待していたのである。

しかし、天正四年（一五七六）正月六日、勝頼は「占いをしたところ、今年の春中の出陣は不吉と出たため中止する」旨を虎綱に伝えた（「宝月圭吾氏所蔵文書」『戦武』二五三二）。占いで軍事行動を判断するというと奇妙に思われるかもしれない。戦国大名のもとには戦陣の吉凶を占う「軍配者《ぐんばいしゃ》」が侍っており、その判断は時に出陣の有無さえ左右した。『軍鑑』は、信玄を支えた軍配者として山本菅助と小笠原源与斎《げんよさい》の名を挙げている。

勝頼は虎綱に隣国、特に家康の動静を調べるよう求めると同時に、「密事露顕の仏事を二月に執り行うこともあり、三月・四月まで一切の軍事行動を中止する」と述べている。

四月まで影響する「密事露顕の仏事」、これこそ信玄本葬であった。

天正四年四月一五日、春日虎綱・跡部勝資・跡部勝忠の三名が信玄の亡骸が納められた塗《ぬり》籠《ごめ》を開いた。五体は堅固に壺中に収まっており、三名は泣き崩れたという。一六日辰刻、速伝宗販・藍田恵青・高山玄寿・快川紹喜・鉄山宗鈍・大円智円といった高僧の手で本葬が営まれた。棺の側には、御影を仁科盛信（信玄五男）、位牌を葛山信貞（同六男）、御剣を小山田信茂、御腰物を秋山昌詮《まさあき》（虎繁養子）と原昌栄が持ち、前龕《がん》には武田信廉と穴山信君、後龕には武田信豊と信堯《のぶたか》が従い、一門の面々が龕を取り囲んだという。勝頼は緋を肩に掛け、一門は烏帽子《えぼし》を被ったが、春日虎綱は懇望して剃髪し、染衣《ぜんえ》で御供をしたという。剃髪したものは虎綱にとどまらず、数一〇〇人に及んだとされる。この後ただちに預修《よしゅう》法要に移り、二六日には七回忌法要が繰り上げて執り行われた（『天正玄公仏事法語』、『武家事紀』『戦武二六三八）。

五月一六日、勝頼は高野山成慶院に高遠以来の側近安倍宗貞を派遣して、信玄の寿像（生

成慶院

前像、信廉筆）と遺物を送り、日牌供養料として黄金一〇両を奉納した（「成慶院文書」『戦武』二六五三）。

前年の三回忌仏事は、出陣準備の最中、周囲を幕で覆って密かに営まれたが、この本葬は大々的なものであった。三年秘喪は、実質的には満三年行われたといえる。

## 足利義昭の鞆移座と甲芸同盟成立

この時期、勝頼は長延寺実了師慶を北陸に派遣していた。三月七日、勝頼は実了師慶に対し、本願寺が信長に屈服しないよう働きかけろと命ずるとともに、尾張・美濃・三河いずれかに出馬する意向を示した（京都大学所蔵『古文書纂』『戦武』二六〇七）。上杉謙信との共同作戦を期してのものであろう。

ただ、信長との国境を固める必要を感じたのだろう。四月三日、木曾家臣団が勝頼及び木曾義昌に忠誠を誓う起請文を提出している（東京国立博物館所蔵『甲州信州武州古文書』『戦武』二六二九）。もし義昌が逆心を企てれば諫言を尽くし、応じなければ甲府に注進するという誓約を木曾家臣にさせたことは、勝頼にとって妹婿木曾義昌の動向がいかに重要なものかを物語る。

この年二月、西国の情勢に大きな変化が生じた。足利義昭が、毛利氏のもとに下向したのである。毛利輝元は信長と同盟中であったが、境目の国衆がそれぞれ毛利・織田両氏を後盾にして抗争しており、天正三年末から同盟破棄と開戦を検討していた。その最中の強引な下向である。毛利輝元は、これが信長への挑発と受け止められることを危惧し、安芸へは迎え入れず、備後鞆《びんごとも》（現広島県福山市）に留めた。

輝元は一門・宿老との合議の末、五月に信長との同盟破棄に踏み切った。六月一二日、足利義昭は備後移座を伝えるとともに、今度こそ「甲相越三和」成立を期そうと、三大名に上使《じょうし》を派遣した。その御内書には、毛利輝元および「御四人《ごよにん》」と呼ばれた毛利氏一門・宿老四名の副状が付されていた（『古今消息集』『戦武』四〇八一・四〇八三他）。

ただ、上使大蔵院日珠《にちじゅ》の甲斐到着には時間を要した。実際に勝頼が義昭の備後移座と輝元挙兵を知ったのは、再び挙兵した本願寺の坊官下間頼充《しもつまらいじゅう》が五月二七日に出した書状であり、六月一六日に受け取っていた（「岡家文書」『戦武』二六七九）。勝頼はこれを受け、繰り返し義昭および毛利氏のもとに使者を派遣した。しかし、前年に送った使者も含め、織田領を突破できず、帰ってきてしまったという（「大村家史料」）。

八月二八日、勝頼は再度、義昭側近の真木島昭光・一色昭秀および毛利輝元・小早川隆景に書状を送り、武田・毛利間での同盟締結と、義昭上洛の実現を求めた。七月一三日の木津川口の戦いで毛利水軍が織田水軍に大勝し、本願寺への兵糧補給に成功したとの報を得ていたが、勝頼はいつまで本願寺が持ちこたえられるか、決して楽観視はしていない。本願寺が屈服してしまえば元も子もないと懸命に同盟を訴えている（「大村家史料」）。

毛利輝元・小早川隆景からの返書は九月一二日付であり（「大村家史料」）、いくら何でも早すぎる。八月二八日以前に出した書状への返書とみたほうが妥当であろう。輝元は、同盟に応じる旨を回答し、小早川隆景は「折を見てお目にかかりたい」と結んでいる。つまり、上洛して京で対面しようというのである。

ただ、勝頼はこの書状も届いているか不安になったらしい。九月一六日、以前より上方への使者として活躍していた八重森家昌《やえもりいえまさ》を起用し、何度目になるかわからない書状を送っている（『万代家手鑑』『戦武』二七二二）。書状様式ではなく一つ書《ひとつがき》を並べて、龍朱印を押捺した条目様式になっている他は、変わりはない。ただ、非常に小さな密書形式で、また大友宗麟《おおともそうりん》と和睦して信長との戦争に集中して欲しいと求めている点が異なる。

何とももどかしいが、これが戦国期の書状のやりとりの実態であった。勝頼が同盟受諾の返書をいつ受け取ったかはわからない。しかし、天正四年九月に甲芸《こうげい》同盟が成立したといってよいだろう。同年春には謙信と本願寺の和睦が成立し（「田中文書」『上越』一二九〇）、加賀「一向一揆」は謙信の指揮下に入った。六月、謙信は織田領侵攻を小早川隆景に宣言し（『福山志料』『上越』一二九一）、七月には義昭が謙信に勝頼と協力して摂津侵攻を支援するよう求めた（「上杉家文書」『上越』一二九九）。ここに、武田・上杉・毛利・本願寺が信長を包囲するという新たな外交態勢が整い、謙信は八月に越中・能登へと出陣するのである。北条氏政も、勝頼支援を約束してくれている。また、毛利輝元との同盟にあたり、勝頼は毛利氏の同盟国である四国伊予の河野通直にも同盟をもちかける書状を送り、快諾された（『南行雑録』『戦武』補遺七九）。

## 北条氏政との同盟強化――桂林院殿入輿

勝頼は続いて、北条氏政との同盟強化に乗り出した。上杉謙信との和睦は、北条氏との関係を不安定にする危険性を孕むから、早急に手を打つ必要を感じたのだろう。

天正四年、勝頼は北条氏政の妹桂林院殿《けいりんいんでん》を新たな正室に迎えた。『軍鑑』や『北条五代記』は、天正五年のこととするが、より信頼性が高い軍記物『甲乱記』は武田氏滅亡時に、嫁いでから「今年早七年」としており、足かけ七年と読めば天正四年のこととなる。なお、彼女の同時代史料上の初見は、天正五年三月の諏方大社下社宝塔の棟札銘で、信廉・信豊および勝頼娘「御料人様」と並んで「御前様」とある（『諏訪史料叢書』二九掲載文書『戦武』二七八〇）。やはり、天正四年輿入れとみたほうがよさそうだ。

これが、春日虎綱の進言によるものかどうかは不明である。ただ『軍鑑』は、虎綱が「長篠以来はじめて今夜安心して眠れる」と話して回ったとしている。

勝頼は長篠以後の軍事的劣勢を、外交により挽回することに成功したといえる。上杉・毛利を新たに敵に回した信長は、武田領侵攻どころではなくなったのだ。

## 小笠原信興の転封と岡部元信の高天神入城

天正五年（一五七七）正月頃、勝頼は遠江高天神城を本拠とする国衆小笠原信興を、駿河に「転封」させた。徳川家康の攻勢で、武田方の拠点城郭が次々と落城しており、最前線に信興を配置しておくことを危惧したのである。家康の攻撃から信興を守る措置でもあった。

小笠原信興は、五月三日に高天神を退去した被官に対し、どこに居住しても諸役を免除すると通達している（『遠州高天神城戦記』『戦武』二八〇五）。宛所の人物に付された地名由野《ゆの》（現静岡県富士宮市）から、転封先が駿河であることを確認できる。一二月一日にも、由比《ゆい》（現静岡市清水区）居住の被官に同様の通達を出している（「本間家文書」『戦武』二八九七）。高天神領に匹敵するまとまった領域を与えることは困難だから、散在所領であったと思われる。

小笠原領国は一円性を喪失したわけだから、領域権力たる国衆と評価してよいかは検討事項となる。ただ、独自の家中は維持しており、外様扱いであることに変わりはない。朱印状の発給も続けており、朝比奈信置と並んで、駿河・遠江衆では数少ない朱印状発給を許された存在であった。なお朝比奈信置は、武田氏から嫡男信良に朝比奈氏惣領職相続を認められ、『軍鑑末書』でも真田氏・小幡氏と並んで信頼された先方衆（外様国衆）と記されている。核となる領域に一円性があり、大名権力が不介入の形をとり続ければ、国衆と見なし続けてもよいかもしれない。

このように、転封というと織豊政権以後の政策のように思えるが、戦国大名も必要に応じて行っていたのである。

武田領国化での転封事例として挙げられるのが、信濃佐久郡の国衆小諸大井氏である。小諸大井氏は、佐久郡最大を謳われた岩村田大井氏の分家である。永禄一〇年、上野箕輪城在城を命じられた小諸大井高政・満安父子は、本領小諸領を進上するので、替地を上野で宛行って欲しいと願い出て、承認された。

この背景には、永禄八年から九年にかけて、佐久郡を襲った大規模な不作が指摘されている。小諸大井氏は不作で国衆「国家」存立の危機に瀕していたところに、上野在番を命じられ、それならば、いっそそちらで替地をもらって財政難を乗り切ろうと考えたようだ。つまり自発的な転封願いで、小諸大井氏を保護する立場の武田氏が容認した形である。

この結果、小諸領は武田氏の直轄領となり、小諸城には城代として親類衆下曾禰《しもそね》浄喜《じょうき》が配置されることになる。佐久郡内だが、郡司小山田虎満・昌成父子の管轄外に置かれた。

また、元亀二年末に甲相同盟が復活した際の国分けで、武蔵が北条領と確定した後、武田氏に従属していた武蔵御嶽《みたけ》（現埼玉県神川町）城主長井政実は、上野三ツ山《みつやま》城（現群馬県藤岡市）に転封となった。御嶽城割譲は元亀三年一一月であったが（『中院家古文書類』『群馬県史』資料編7二六七二）、適当な替地の候補がなく、先送りされていたらしい。天正元年一一月、勝頼が替地五〇〇〇貫文余を与えるべきところ、現在相応の闕所地《けっしょち》（没収地）がないため、さしあたり一部を与える。来年上野の料所（直轄領）の検地を行い、旧領相当分をすべて与えるつもりだと約束している（「保阪潤治氏旧蔵文書」『戦武』二二一五）。

したがって、勝頼にとっては初めての転封処理ではなかった。長篠合戦後、春日虎綱が木曾義昌と上野の小幡信真の領地を交換させるべきだと進言したと『軍鑑』にあるのも、このような事実を踏まえたものであろう。この話自体は、木曾義昌が最終的に信長に寝返ったこと、小幡氏が真田氏と並んで「御譜代同意」（『軍鑑末書』）と呼ばれるほど信頼されていたことからの創作と思われるが、素地は存在したのである。

なお、信長が家臣を次々と転封させ、「鉢植化《はちうえ》」を進めたことが戦国大名と異なるとしばしば強調される。しかしここで「鉢植化」の対象と論じられているのは、譜代家臣の居城変遷である。信長が、譜代家臣に「一職《いっしき》支配」権を与えて広域領域支配を委ねつつ、領国拡大に伴って別の城郭へ移していることが「鉢植化」とされているのだ。

注意したいのは、信長は彼らの本領を召し上げたわけではないし、信長から委ねられた支配領域なのだから、別の城郭への移動命令は、何ら珍しいことではない点である。北条氏や武田氏でみられる領域支配のあり方と変わりはない。

信長の特徴は、むしろ与えた権限の大きさで、譜代家臣に対し、北条氏では一門にしか与えられないほどの大きな権限を委ね、支城領そのものを領地として与えている。この地位は北条氏でいえば、北条領国内の大名＝「支城領主」に相当する。信長は、柴田勝家や羽柴秀吉・明智光秀といった譜代家臣（ここでいう譜代とは家中構成員を意味する）を「支城領主」

に取り立てた。彼らは「天下人」織田信長のもとで「大名」になったといえるわけで、だからこそ転封の対象たりえるのである。つまり信長の政策の特徴は、譜代家臣の大名への取り立てにある。思い切って、領域支配を任せているのである。

ただ、秀吉が信長から養子をもらって地位保全を図ったように、一門優遇という指向性が存在し、その点も多くの戦国大名と変わりはない。「鉢植化」の進展は、秀吉の時代以降とみるべきであろう。

小笠原信興に代わって、高天神城に入城したのは、今川旧臣岡部元信である。天正五年二月、岡部元信とその寄子・同心衆に、高天神城周辺で知行を宛行っている（『土佐国蠹簡集残編』『戦武』二七六六他）。

勝頼は事実上、岡部元信に遠江南東部の軍事を委ねており、領域はさほど広くはないものの、上野吾妻《あがつま》郡の軍事指揮権を委ねられた真田幸綱・信綱父子と同様の立場である。武田氏内で「先方衆」と呼ばれた外様国衆が、このような権限を委ねられた事例は、真田氏以外には岡部元信しかない。元信は武田氏から岡部氏惣領職を与えられており、信任されていたことは間違いない。ただ、なぜそれほどの重責を任されたのか。

元信起用の理由を明らかにしたのは、小川雄氏の研究である。元信の一族貞綱は武田水軍において重要な立場におり、土屋苗字を与えられて、土屋昌続の弟昌恒を養子に迎えるほどであった。そして貞綱と元信が、それぞれ伊勢海賊の小浜景隆・向井正重を招聘《しょうへい》し、庶流の岡部正綱も海賊衆伊丹康直を妹婿にしていた。元信自身、勝頼から船一艘と船方六人の諸役免除を受けており、海上交易に参画していた（「岡部長武氏所蔵文書」『戦武』二三〇三）。いずれも、武田氏から水軍編制を命じられた存在であったという。

元信の知行地は、今川氏時代から駿河・遠江に広がっていたが、特に重要な知行地勝間田《かつまた》（現牧之原市）は、河川を通じて河崎湊につながっており、この湊は小山城（現静岡県吉田町）と滝堺城（現牧之原市）の中間に位置する。武田時代に大規模な加増を受けるが、いずれも武田水軍との相給《あいきゅう》で、河川交通で太平洋と通じる地であった。

小山城は、長篠合戦後に元信が在城し、徳川勢を撃退した城郭である。そして小山・滝堺両城の西に、高天神城が位置する。現在は内陸部の城であるが、土屋比都司《ひとし》氏の研究により、当時は菊川入江を通じて海とつながっていたことが明らかにされた。つまり高天神城は、海上交通拠点のひとつであったのだ。

したがって、岡部元信を高天神城の城将に起用し、小山・滝堺両城を含めた遠江南東部の軍事指揮権を委ねた背景には、水軍の統括者（彼自身が海賊衆というわけではない）という側面があったと思われる。同時に、高天神防衛は、元信自身の知行地を守ることにもつながる。最適の人選であったといえるだろう。

## 金山枯渇と商人衆の積極登用

天正五年二月一一日、勝頼は甲斐黒川（現甲州市）の金山衆の諸役を免除した（「風間家文書」『戦武』二七六七）。金山で黄金が採掘できなくなったための救済措置だと述べている。武田氏の財政を支えたものは甲斐・駿河の金山であり、戦功への恩賞として碁石金《ごいしきん》をその場で与えることが、しばしばあったとされる（『軍鑑』）。黒川金山の枯渇は、かなりの打撃であったと思われ、武田氏の財政は逼迫していく。

そのためか、勝頼は積極的に商人を起用したとされ、『軍鑑』は、三枝昌貞が「信玄公の御代には、御弓の番所に来るのがやっとであった八田村《はったむら》新左衛門尉や水上宗富《みずかみそうふ》といった商人が、御他界後は躑躅ヶ崎館のおくつろげ所（看経の間）まで入り込んでいる」と嘆く場面を描写する。

しかし、実際に彼らを積極登用したのは信玄である。名前が挙がっている水上宗富（伊那宗富）は、甲斐水上《みずかみ》村（現韮崎市）の地下人出身であったようだが、宿老馬場信春も同地を含んだ一帯の地侍集団武河衆《むかわしゆう》から取り立てられた人物であり、身分的差違はさほど大きくない。『軍鑑』「甲州武田法性院信玄公御代惣人数事」によれば、信玄晩年の御蔵前頭《くらまえがしら》は、古屋どうちう・古屋兵部丞・水上宗富・諏方春芳軒《しゅんぽうけん》の四人であったという。その配下の蔵前衆のなかに、八田村（末木《すえき》）新左衛門尉の名がある。

水上宗富は、さらに信濃深志《ふかし》城番（現松本市）にも起用され、勝頼の代になると筑摩郡・安曇《あづみ》郡支配の一端を担ったようだ。

諏方春芳軒を起用したのも信玄で、高島城に在城して諏方郡内の御料所《ごりょうしょ》管理を担当していた。勝頼はその財力に目をつけ、諏方社復興に私財を投入させている。

したがって、勝頼による商人登用政策は、信玄のそれを発展させたものといえる。そもそも室町幕府や朝廷も、財貨の管理・出納を「公方御倉《くぼうおくら》」「禁裏《きんり》御倉」と呼ばれた京都の土倉《どそう》（金融業者）に委ねていたのだから、武田氏も同様の政策を行ったに過ぎない。

武田氏側で財政を担当したのは勘定奉行で、「甲州武田法性院信玄公御代惣人数事」によれば青沼忠重・市川昌房・跡部勝忠の三名で、「惣算用聞《そうざんようきき》」が跡部勝忠であったという。これは事実とみてよい。実際には、市川昌房の父市川家光（以清斎）も勘定奉行を務めていた。このうち市川昌房は長篠合戦で討死してしまうが、残りの三名が武田氏の勘定奉行として、商人から起用された御蔵前衆に相対していたようである。勝頼の高遠以来の側近小原継忠など、他の人物も起用された可能性があるが、正確なところはわからない。

『軍鑑』は、勝頼の兄義信が「惣算用聞」に町人出身の古屋惣次郎を抜擢したところ、さまざまな不正を行い、「義信事件」に際し処刑されたとする。しかし、本書で繰り返し述べてきたように、信玄が義信にそのような権限を与えたとは思えない。事実とすれば、義信自身の私財管理を委ねた程度であろう。

勝頼が起用した商人としては、永禄一一年に上野厩橋から松井田（現群馬県安中市）に移住した薬商人陳外郎《ちんういろう》七兵衛尉が挙げられる。天正三年六月には屋敷地の諸役を免許し、天正五年五月には、分国内における商号「外郎」の独占使用を許可した。翌六月には、信濃から松井田への通行に際し、毎月籾子《もみこ》一〇駄を無税で通過することを許している（「陳外郎家文書」『戦武』二四九六・二八一一・二八二〇）。

なお勝頼の時代に、春日虎綱が制定したという追加法が『軍鑑』に記載されている。罪を犯した奉公人を赦免する際に、過銭《かせん》（罰金）を徴収することがある。これは「法職《ほうしょく》」へ納められ、御中間・御小人、あるいは新衆（新規に召し抱えられた軍役衆）に給付する財源とする。陣中で過銭をとる場合は、目付・横目衆があらためて、武者奉行・御旗奉行（親類衆岩手氏）に上納する。これも御中間・御小人・御道具衆への給付に用いる。また、侍衆が知行地の年貢・諸役を不当に取ることがあれば、過銭を支払って地頭（給人、知行主）に詫びることとする。ただし、御国法（慣習法を含めた、武田氏の法）に背いた際に、過銭で許された場合は、地頭ではなく「御職《おんしょく》」に納めよ。地頭が自分のものとしてはならない、というものである。

内容から、川中島郡司春日虎綱が北信濃四郡を対象に定めたものではなく、春日虎綱の提案で勝頼が定めたものだろう。「法職」「御職」とあるのは同じ役職で、武田氏における検断・裁判権の総責任者である。信玄初期は板垣信方、その死後は信方の嫡男板垣信憲《のぶのり》と甘利信忠が二人で務め（「両職」）、板垣信憲の処刑後は甘利信忠単独となり、信忠早逝後は山県昌景が務めていた。山県以後は不明だが、この頃には裁判を司る公事《くじ》奉行など諸奉行の整備が進むから、かなり形骸化していた役職である。春日虎綱生前にこれを定めたというならば、宿老中の生き残りである虎綱が「御職」を務めて勝頼を補佐し、このような法度を新たに制定したのかもしれない。

## 同盟国支援の難しさと「興亡」の出陣

二月一八日、北信濃水内《みのち》郡の真宗寺院勝善寺（現須坂市）の順西《じゅんせい》が、本願寺坊官下間頼廉《らいれん》に対し、昨年指示のあった籠城支援の工面が困難であると回答した（「勝善寺文書」『戦武』二七七三）。具体的には、兵糧や弾薬を指すのだろう。門徒衆が、信濃を退去して越後に入ってしまった為だという。背景事情はわからないが、上杉謙信との和睦成立に伴うものか。ただ、実際に順西が主張したとおりの状況であったかはわからない。

あわせて、甲府には本願寺からの進物を持って、武田氏の使僧長延寺実了師慶と八重森家昌が赴いたが、勝頼から御用があるとして留められているとも付記している。順西としては、武田・本願寺間の連絡が上手くいかず、摩擦が生じることを懸念したのだろう。

実は、この年正月二四日、勝頼が近接する普願寺（現須坂市）に対し、「一ヶ条之儀」について、大坂の本願寺と揉めるようなことがあれば、勝頼が取り成すと約束している（「普願寺文書」『戦武』二七五九）。これも、大坂への兵糧や武器弾薬支援に関する問題だろう。北信濃は浄土真宗本願寺派寺院が多い地域であったが、長引く「石山《いしやま》合戦」への支援で、疲弊していたものと思われる。

一方、上杉謙信の関東出兵は、結果的に天正四年を最後にしており、勝頼は北条・上杉間で板挟みになる状況を何とか回避できていた。ただ、某年五月に行われた謙信の関東出兵に際し、上野・信濃の国境に軍勢を派遣した上で、勝頼自身の上野出馬を北条氏に伝えている文書は、この天正四年の可能性を残す（『思文閣古書資料目録』一五九号掲載文書『戦武』二八一三）。同年のものとすると、勝頼は謙信と結びつつも、北条氏の支援要請を優先させていたことになる。これは、謙信との和睦を壊しかねない、ひとつの懸念材料であった。

天正五年閏七月の遠江出陣は、「当家を守る興亡の基」であるとして、駿河先方衆（今川旧臣）三浦員久《かずひさ》に、領内から貴賤を選ばず一五歳以上六〇歳までの男子をことごとく動員し、二〇日間の出陣をさせるよう命じた。この年齢は、村落の正規構成員として、寄合《よりあい》に参加し、村同士の戦争で出陣する者と重なっており、村の自治を戦争に転用した様子が読み取れる。二〇日を過ぎれば、軍役衆以外は帰国させろと述べており、百姓を軍事動員する際は二〇日を上限とするという当時の慣習も守っている（内閣文庫所蔵『諸家文書纂』『戦武』二八三九）。鉄砲衆をきちんと連れてくるようにと、念を押しているのは、従来と同様である。

最後の条文で、正規の軍役内で召し連れる被官は、武勇に優れた者を特に選ぶようにせよとしているのも興味深い。武田勢は軍役を補うため、夫丸《ぶまる》つまり荷物持ちで数を揃えていると、敵・味方の間で取り沙汰されており、外聞も悪く、当家が滅亡する兆しであるというのだ。ひいては、各々が「滅却」する原因ともなるのだから、きちんとするようにと続けており、武田氏と三浦員久は運命共同体だと述べて説得したわけである。これは、後に北条氏政が国衆に主張する論理と同じである。

国衆が戦国大名に従っている理由は、その軍事力の保護を得て領国を守ることにある。これを、戦国大名の「軍事的安全保障体制」と呼んでいる。しかし、ここで勝頼は、逆の論理を持ち出した。大名たる武田氏が滅びれば、国衆もともに滅びると主張し、大名「国家」興亡の戦いへの参加を求めたのである。百姓の軍事動員についても同様の論理に基づく。たとえば、北条氏は「御国に住む者の務め」として、百姓に臨時の軍事奉公を求めている。

三浦員久は長篠合戦には参陣していないが、同様の通達は諸将に出されたことだろう。一度失われた生命は戻らない。長篠の損害の大きさは、やはり痛手であった。

この間、勝頼は、軍装の統一を推し進めており、士気昂揚を図ることも意図した改革と思われる。そうしたところで、肝心の兵の質が維持できなければ意味がないから、武勇に優れた者を連れて来るよう指示したわけだ。また、繰り返し似たような通達を出している事実は、なかなか遵守されない現実を示す。

さらに、百姓まで臨時動員するというのだから、一貫性を欠くかもしれない。しかし勝頼としては、外交の成功で獲得した、徳川家康との戦争に専念できる状況を活かし、領国の再建を図ろうと懸命であった。

なお、この時の出馬は、家康による遠江高天神城攻撃に対応するものであった。勝頼は途中家康が駿河田中城に目標を変更したとの報を受け、田中城付近での決戦を計画するが、結局両軍とも撤兵して終わった。

この頃、勝頼の弟も十分働ける年齢になっていた。天正五年九月、信濃国衆仁科氏に養子入りしていた、すぐ下の弟仁科盛信は、家臣等々力《とどろき》次右衛門尉と細野甚四郎が越後国境で物見をしたことを賞している（「細野家文書」『戦武』二八六三）。上杉勢のことを「敵」と称するなど、外交認識はやや気になるが、この頃から盛信が飛驒および北陸方面（越後西部と越

仁科盛信像（個人蔵）

中）を管轄するようになる。

本来、これは馬場信春が担っていた役割で、後を嗣いで牧之島城代となった馬場民部少輔《みんぶのしょう》（幕末に作られた高野山の供養墓によれば実名信忠だが、要検討）が継承するものであった。しかし彼は、同時代史料上では「馬場民部少輔同心」と必ず「同心」という文言が付されており、どうも病弱で同心に支えられていたらしい。姉妹を妻に迎えた加津野昌春（真田信尹）が、本能寺の変後に牧之島城にいたことを勘案すると（『里見吉政戦功覚書』）、昌春の補佐も得ていた可能性がある。

このため、勝頼は馬場民部少輔起用を断念し、信頼できる実弟仁科盛信に飛騨・北陸方面を任せたようである。

翌天正六年（一五七八）には、甲斐法善寺（現南アルプス市）に入寺していた末弟玄龍を還俗させ、甲斐源氏安田氏の名跡を継がせて安田信清と名乗らせた（市立米沢図書館所蔵『源姓武田氏系図』）。

信清の武田時代の活動はよくわからないが、勝頼は長篠戦死者の穴を、一門で埋めようとしていたようだ。この点は、従兄弟で「竹馬ノ友」(『甲乱記』)であった武田信豊(信繁の子)や大龍寺麟岳(信廉の子とされる)を重用したことからもうかがえる。

## 富士大宮遷宮

勝頼は、宗教政策に積極的に動くことで、各国の国主としての権威確立を図った。以下、長篠後の主な宗教政策をまとめておこう。

天正四年一一月一九日、かねてより富士大宮の運営を任せていた鷹野徳繁の息子富士千代(能通《よしみち》)を、富士信忠の養子とし、同社公文職に補任すると定めた。本来の大宮司家富士信忠・信通《のぶみち》父子の了承を得てのものである。鷹野徳繁が、勝頼が命じた富士大宮の造宮と遷宮の指揮を執ったことへの恩賞であった(「旧公文富士家文書」『戦武』二七四四・二七五七)。なお正式な補任は、能通元服後の天正六年五月である(「旧公文富士家文書」『戦武』二九七七)。

その上で、翌天正五年三月、富士信通の大宮司職継承と大宮司領の知行を認めている(「富士家文書」『戦武』二七八四〜八五)。長年保留されてきた懸案で、信通も安堵したに違いない。鷹野徳繁の子息養子入りを強要したことへの配慮とみられ、勝頼のバランス感覚を物語る。

富士大宮の遷宮は天正四年から始まる大事業で、六年末にほぼ完成をみたようだ(「旧公文富士家文書」『戦武』三〇六二他)。この頃、武田家臣は神馬を富士大宮に奉納している。時期はバラバラであったようだが、富士大宮の遷宮に関わるものだろう(「賜蘆文庫文書」『戦武』三九六三・永昌院所蔵『兜巌史略』『戦武』補遺一一二)。

さらに勝頼は大宮社中の掃除を怠っている大宮宿住人の処罰や、神事を行うための祭礼米を納めない地頭(知行主)への督促を指示し、応じなければ差し押さえを命じるなど、社人の訴えを聞き入れつつ、駿河一宮富士大宮の保護政策を進めた(「富士家文書」『戦武』三〇四九・「旧公文富士家文書」『戦武』三〇五九)。勝頼はあらためて、駿河国主という自身の立場を強調したのだ。

## 高野山宿坊相論

天正五年、思わぬ問題が勃発した。かねてより、武田氏は高野山の子院のうち、成慶院および引導院(現持明院)の二院と師檀関係を結んでいた。引導院は信虎の代より関係が深く、郡内小山田氏を始め、甲斐東部に檀那場を形成していた。一方の成慶院は信玄の代に関係が深まり、河内の穴山氏を始め、甲斐西部に檀那場を形成している。甲府は、武田家臣が城下に集住していたから、両院の檀那が入り乱れる状況である。

持明院（旧引導院）

信玄・勝頼は、基本的に各国衆がどの子院と師檀関係を結ぶかには、介入しない方針であった。このため、武田領国は国衆ごとに異なる子院を宿坊にしていた。佐久郡国衆前山伴野氏と高遠諏方氏は成慶院、前山伴野氏を除く佐久郡・小県郡国衆（真田氏・依田氏など）は蓮華定院《れんげじょういん》、仁科氏は遍《へん》照光院《じょうこういん》、木曾氏は上蔵院《じょうぞういん》（現金剛三昧院）、三河国衆奥平氏は中性院（同前）、上野国衆小幡・和田氏らは清浄心院《しょうじょうしんいん》といった具合である。

ところが、成慶院と引導院の間で、どちらが武田氏の宿坊として正当かをめぐって、衝突が起きた。引導院は武田信廉に働きかけていたようで、勝頼側近土屋昌恒は、天正五年一〇月に口上《こうじょう》を披露した旨を回答している（「持明院文書」『戦武』二八七九）。ただ勝頼からすれば、信玄の供養を成慶院に依頼した経緯がある上、譜代家臣には両院の檀那が混在しているから、巻き込まれたくはない。静観を決め込んだらしい。昌恒は勝頼の困惑を、それとなく引導院に伝えている。

天正五年一二月、金剛峯寺惣分沙汰所《そうぶんさたしょ》、つまり高野山の最高意思決定機関が、引導院を武田一家の宿坊に定めるとの裁許を武田氏に通達した（「持明院文書」『戦武』二〇五四）。決め手となったのは、甲斐を追放された武田信虎が高野山を参詣した際、引導院に宿泊したという事実であった。本山の衆議による決定なら申し分ない。翌天正六年三月、裁許を受け入れる旨を引導院に回答した（「持明院文書」『戦武』二九四七・二九四八）

しかし先述したように、甲斐住人および武田譜代家臣には、成慶院の檀那が少なくない。そこで勝頼は、表向きは引導院を武田氏の宿坊と定めはしたものの、家臣を含め甲斐住人が成慶院と師檀関係を保つことは黙認し、成慶院からの書状にも返書を出し続けた。

戦国期を通じて、高野山は「日本国中惣菩提寺」という地位を獲得していく。もはや高野山信仰は大前提で、各地の人々にとっては、どの子院を通じて供養を依頼するかが、信仰上大きな問題になっていた。勝頼はこの点に配慮したのである。檀那関係変更を強要しない姿勢は、高遠時代から一貫している。勝頼は内面の信仰を、押し付けようとはしなかった。

これは信濃を始めとする分国においても同様であったが、武田領国内の国衆を檀那とする各子院は、騒動の波及を懸念したらしい。蓮華定院が、天正七年末から翌八年にかけ、真田昌幸を始めとする佐久・小県の国衆に宿坊契状を出し直してもらっているのは、このためである（「蓮華定院文書」『戦武』三二七六他）。望月氏の場合、名代武田信豊では過去の経緯がわからず、隠居の印月斎一峯（信雅）に証文発給を要請している（「蓮華定院文書」『戦武』三二八二・三三一三）。

## 諏方大社再興

天正六年二月、勝頼は信濃一宮諏方大社上社・下社の造宮に乗り出す。七年に一度、行われるもので、前回は元亀三年（一五七二）となる。信玄以上の大事業で、一五世紀以来、蓄積された先例を参照し、今回はどの領主あるいはどの村に、どこの修造を負担させ、その取手（徴収責任者）は誰にするかを定めていった。

それを受けて、造宮銭を徴収する郷村と取手の名を列記した造宮手形が作成された。この手形には、諏方頼豊・窪島石見守・河西《かさい》虎満・諏方伊豆守が連名で朱印を捺して発給している（「矢島家文書」『戦武』二九二四他）。

諏方大社上社大祝職は、天正六年三月五日に諏方頼忠から嫡男頼水《よりみず》に譲られた（『大祝職位伝授之書』『信史』一四巻三〇〇頁)。頼水は時に九歳、最初の実名は頼満で、諏方頼重の祖父碧雲斎《へきうんさい》と同じである。諏方氏中興の祖と讃えられた碧雲斎にあやかったのだろう。頼忠の大祝在位は三六年の長きに及んでいたから、ちょうどよいタイミングであった。

造宮手形署判者筆頭の諏方頼豊は頼忠の兄であり、諏方氏としても、勝頼の全面支援のもと、諏訪大社復興に注力したといえるだろう。もちろん、わずか九歳の頼水が差配できるわけはない。諏方大社側の実質的指導者は頼忠である。

この時の帳面は、下書きと清書帳とが残っている。勝頼が花押を据えたものは確認できないが、『下諏方春宮造宮帳』(「大祝諏訪家文書」『戦武』二九二一)には、帳の綴じ目ごとに「釣閑」朱印が押捺され、長坂釣閑斎が目を通したようだ。また、諏方郡司今福昌和が奉じた龍朱印状の形で、造宮の割り当てと期限を指示している(『諏訪史料叢書』掲載文書『戦武』三〇八五)。それをみると、御宝殿などは天正七年一〇月までに完成させろとあり、これが一番期限が遅い。丸二年かけ、勝頼が全面的に支援した大事業であった。

## 曹洞宗法度の追加

天正六年四月、大泉寺甲天総寅《こうてんそういん》が一一ヶ条からなる「御分国中曹洞法度之品目《ごぶんこくちゅうそうとうはっとのひんもく》」を武田氏奉行所に提出し、勝頼の証判を求めた（「大泉寺文書」『戦武』四三四四）。武田領国内の曹洞宗僧侶の規範を定めたものである。

すでに信玄の代の元亀元年一〇月、曹洞宗の「新法度」が定められていた。これは信玄が自筆で草案を作成したものだが、最終的には曹洞宗の高僧六名が笠連判《からかされんぱん》の形で、「新法度」を破れば追放すると定めている（「龍雲寺文書」『山』5上一九七九・「永昌院文書」『戦武』一六〇四）。あくまで曹洞宗高僧の合議という形をとり、さらに朝廷にも奏上している。この時の「甲州諸尊老代」は永昌院（現山梨市）謙室大奕《けんしつだいえき》で、大泉寺住持は署判していない。

しかし勝頼は、祖父信虎の菩提寺大泉寺を、高祖父信昌の菩提寺永昌院よりも重視する姿勢を示したらしい。また信玄は、武田領国中の曹洞宗寺院統括者として「僧録《そうろく》」を設置し、佐久郡龍雲寺の北高全祝《ほっこうぜんしゅく》を任命していた（「龍雲寺文書」『戦武』一七九六）。勝頼も北高全祝を重用するが、「御分国中曹洞法度之品目」作成は甲天総寅に委ねている。これは武田領国において、大泉寺が曹洞宗寺院中第二位に躍り出たことを意味する。

さらに天正七年（一五七九）二月二一日、勝頼は龍雲寺北高全祝・大泉寺甲天総寅に「分国曹洞門徒法度之追加」二ヶ条を通達した（「龍雲寺文書」『戦武』三〇九一・「大泉寺文書」『戦武』三〇九〇）。内容は、僧侶の認定基準の厳格化、禁酒・禁足安居《あんご》（寺院に籠もっての修行）を厳しく守ることのふたつである。勝頼は先例を破り、みずからの名で法度を定めたのだ。

当然、大きな反発が出た。翌天正八年二月、甲斐広厳院（現笛吹市）の拈橋倀因《ねんきょうちょういん》が、このままでは二〇〇人以上の僧侶が資格を失ってしまうと、跡部勝資を通じて撤廃を申し出た（「広厳院文書」『戦武』三二六一）。なお、拈橋倀因は、武田家臣小宮山虎高の次男とされるが、世代から見て弟の可能性が高い。いずれにせよ、武田氏譜代家臣出身の僧侶だから、反発の大きさがうかがえる。

実際勝頼が、曹洞宗内の問題に関与した事例を確認できる。天正六年六月、輪住制（高僧の輪番制）となっていた相模最乗寺（現神奈川県南足柄市）の住持職をめぐり、武田領国内の寺院同士が対立していると聞いた勝頼は、僧録の北高全祝に諮問している（「雲洞庵文書」『戦武』二九八六）。翌七月、北高全祝は最乗寺に書状を送り、勝頼の仰せを伝えた。ただ、勝頼は人事に直接介入したわけではなく、「しっかりして欲しい」と求めたにとどまる（「雲洞庵文書」『戦武』二九九七）。

このように、勝頼は一歩踏み込んだ曹洞宗統制に乗り出した。ただその背景には、寺僧の規範遵守への強い関心が存在したようだ。

## 本門寺の相論裁許

天正九年（一五八一）、長年にわたり寺号「本門寺」使用と重宝所有権をめぐって争っていた法華宗寺院西山本門寺《にしやまほんもんじ》（現静岡県富士宮市）と重須《おもす》の北山本門寺（同前）の対立が再燃した。

西山本門寺日春は、興国寺《こうこくじ》城代（現沼津市）兼河東郡司の曾禰昌世を通じて、武田氏奉行所に訴え、勝頼は西山本門寺を勝訴とした。三月一七日、西山本門寺は興国寺城奉行衆と北山本門寺の門前町を破却し、重宝を没収してしまう。

北山本門寺日殿は、西山本門寺の非法を訴え、今川氏親（義元の父）の判物を踏まえた裁許をして欲しいなどと繰り返し訴えた（「北山本門寺文書」『戦武』三五二六・三五六二・三五七五）。しかし、勝頼は証拠文書を精査した上で、あらためて西山本門寺勝訴とした（「西山本門寺文書」『戦武』三六四三）。憤慨した日殿は、天正一〇年二月に餓死したという。

その翌月に武田氏が滅亡したため、相論は新たな駿河国主、徳川家康のもとに持ち込まれた。駿府で裁許にあたった家康は、「御成敗式目」以来の「知行年紀法《ちぎようねんきほう》」、つまり所有して二〇年を経過すれば、所有権は移転するという伝統的法理（現在の民法にも受け継がれている）を持ち出し、長年、北山本門寺が重宝を持っていたのだから、それを受け入れよと西山本門寺を説得したが、失敗に終わる。

やりとりの末、家康は「このような難しい裁許をせよという仏説は、珍しい話だ。とにかく私は無知なる者であり、破戒者である。この判断を下すことはできない。その上、今川の御先祖には優れた守護が多く、その時（北山本門寺勝訴と）落着したものに、今になって自分の分別で、三〇〇年も伝わってきた重宝にとかく言うことはない。勝頼のように物好きなことは、知恵があっての話だ。家康には是非の判断はできない」と述べたという（「妙本寺文書」四三〇号『千』中世3）。

勝頼が先例を覆す裁許を下したことを「知恵有テ」と述べたのは、「我ハ無知也」と対をなしており、「よくもそのような裁許を下せたものだ」と多少、皮肉交じりの評価である。

勝頼は、家臣・領民の内面の信仰には立ち入らなかったが、自身の権威確立のために積極的な寺社興行に取り組み、特に寺僧には強い規範遵守を求めた。拈橋倀因が反発し、家康が論評したように、それは時に果断であったが、大筋では多くの戦国大名が行ったものである。勝頼はみずからが「国家」の主たるに相応しい「徳」を備えていることを主張するために、寺社の保護を推し進めた。その際には、寺社側や寺社領住人にも、寺社維持のための協力を求めたのである。

# 第六章　甲相同盟崩壊と領国の再拡大

## 上杉謙信の死去と「御館の乱」

天正六年（一五七八）三月一三日、上杉謙信が急逝した。すでに跡継ぎは養子景勝《かげかつ》に定められており、遺言どおり春日山城実城《みじょう》（本丸のこと）に入城した。しかし謙信は、北条氏から迎えた養子景虎を一時、後継者に定めた経緯があり、天正三年に後継者を景勝に改めたばかりであった。

このため、景勝は家臣を掌握しきれておらず、反対派が景虎を擁立した。景虎は、五月一三日に前関東管領山内上杉憲政の居館御館《おたて》に入り、自身こそ正統な後継者と主張した。「御館の乱」と呼ばれる、上杉領国を二分する御家騒動の始まりである。

上杉謙信との和睦で、反転攻勢の機会を窺っていた勝頼にとって、まったく想定外の出来事であった。

問題をややこしくしたのは、景虎が北条氏政の実弟であったことである。この時、北条氏政は佐竹氏を盟主とする国衆連合「東方之衆」と対峙するため、出陣中であった。身動きの取れない氏政は、義弟勝頼に景虎支援を要請した。勝頼にとって、もっとも重要な同盟国が北条氏であることに変わりはない。勝頼は、越後に向かって進軍を開始する。先衆（先鋒）

として、五月二三日までに武田信豊が出陣した。

慌てたのは、上杉景勝である。軍事介入を恐れた景勝は、勝頼に和睦を持ちかける使者を派遣した。その書状には、景勝を支持する上杉家臣の連署状が付されていたようである。景勝は、いかに自分が支持を得ているかをアピールし、勝頼に翻意を迫ったといえる。

書状は先行する武田信豊が受け取り、勝頼の陣に送り届けられた。六月七日、跡部勝資が景勝の家臣一同に返書を出し、交渉に応じる姿勢を示した（「杉原謙氏所蔵文書」『戦武』二九八四）。この時、起請文の提出を求めたようだ。二二日、信豊が密書を景勝に送り、起請文の受け取りと勝頼の海津着陣を伝えた（「上杉家文書」『戦武』二九八五）。なお、この二日後の六月一四日、信玄以来、川中島防衛を指揮した春日虎綱が没した。後任の海津城代として、子息信達が補任される。

上杉景勝像（上杉神社蔵）

和睦条件として、①奥信濃・東上野の割譲、②黄金の進上、③姻戚関係の構築が挙げられたとされる。ただ、①のうち、東上野については事実ではない。この時、割譲対象となったのは、信濃最北端に残された上杉領（飯山領）で、勝頼はそれを接収しながら北上した。

これを好機とみたのが、野沢（長野県野沢温泉村）の国衆市川信房である。市川氏は元来、越後妻有荘《つまりのしょう》も領有していた。信房が妻有城（今井城か、現新潟県津南町）割譲を迫っていると聞いた景勝は、虚言と断じつつも、勝頼に事情を問い合わせている（「永山祐三氏所蔵文書」『上越』一五五〇・一五五五）。

武田勢は、信濃西部からも北進し、勝頼の実弟仁科盛信が小谷《おたり》筋（現長野県小谷村）から越後西浜の根知《ねち》城（現糸魚川市）を包囲し、まもなく降伏に追い込んだ（『新編会津風土記』『戦武』二九九〇）。「万乙（万一）西浜が御本意に属さば」とあるから、西浜全体の制圧も意図していたらしい。勝頼は、単に景勝からの和睦を受けただけでなく、かなり積極的に軍事行動を展開していたといえる。当然、このような話は景勝に伝えてはいない。

六月二九日、ついに勝頼が、春日山城下の越府《えっぷ》（現上越市）に着陣した。先行していた武田信豊は、景勝に勝頼の到着を連絡し、景勝・景虎の和平仲介という勝頼の基本方針を提示した（『歴代古案』『戦武』二九九五）。

勝頼としては、北条氏政の実弟上杉景虎を見捨てるわけにはいかない。しかし、上杉氏の御家騒動が長引けば、せっかく構築した織田包囲網が崩壊してしまう。それに、越後出陣の長期化は、背後を織田・徳川、特に家康に突かれる危険がある。速やかに両者の和睦をとりまとめて、上杉氏を対織田戦線に復帰させ、甲斐に帰国することを考えていたのだ。

そもそも、上杉謙信は天正三年に、後継者を景虎から景勝に変更するにあたり、弾正少弼《だんじょうのしょうひつ》の官途を譲り渡している(「上杉家文書」『上越』一二四一)。謙信との和睦は同年末だから、勝頼は景勝が正統な後継者であることは承知していたはずである。しかし、家督交代に伴う和睦関係継続の確認をまだ行っていなかったようだ。そうしたなかでの出陣であったから、武田氏側が戸惑いながらも和睦交渉に応じたのは、自然であった。

しかしながら、景勝との和睦は、北条氏に知られるわけにはいかない。氏政に約束した勝頼の出馬目的は、景虎支援にあったからだ。信豊が景勝に送った書状が、一〇センチメートル強四方の小切紙《こきりがみ》で、まさに密書であったことはその象徴である。勝頼は越府着陣後ただちに景虎への援軍も派遣しており、景勝は動揺する家臣への説明に追われた(「板屋家文書」『上越』一五六八)。

岩櫃城代の真田昌幸が、景勝方についた上野沼田城を攻撃する構えをみせたのもまずかった。すでに景虎方および北条勢が攻撃を開始していたため、沼田城を横取りするのかと立腹した氏政から厳重抗議を受けたのである。おりしも、氏政が常陸・下総から陣払いをし、本格的に景虎支援に乗り出そうとした時期で、いかにもタイミングが悪い。勝頼はただちに昌幸に撤退を命じている(「長野市立博物館所蔵文書」『戦武』補遺四九)。

越府において、勝頼は景勝・景虎の和睦調停に乗り出したが、事は困難を極めた。何しろ、景勝の家督相続に不満を抱く家臣が、景虎を担いだという経緯の御家騒動である。落着点を探ることが難しい。

八月一九日、勝頼は景勝に起請文を送り、和睦をあらためて誓約した。その際、援軍についても約束しているから、これをもって同盟成立とする説もあるが、景勝と景虎の和睦調停成立とその遵守が条件として付されている。ただし、北条勢の信濃通過は認めないこと、および縁談が約束されており、景勝寄りの姿勢も見せているといえようか(『覚上公御代御書集』『戦武』三〇〇七)。

翌二〇日、景勝・景虎間で和睦が成立した(『戦武』三〇〇九)。

しかし、この二日後、家康が駿河田中城に軍勢を動かし、刈田を行った(『家忠』)。留守を突かれる、という勝頼の懸念が、まさに現実になったのである。勝頼は越後在陣を断念し、二八日に帰国の途についた。景勝・景虎両陣営は、勝頼が和睦調停を放棄したと受け取り、戦闘再開となってしまう(「反町英作氏所蔵文書」『上越』一六六六)。

これも、タイミングが非常に悪かった。北条勢が景勝の実家上田長尾氏の本拠坂戸城(現南魚沼市)へ攻勢をかけた時であったのである(「真田宝物館所蔵文書」『戦武』三〇二二他)。これでは、勝頼が戦線離脱をしたと北条氏政に受け止められてもしかたがない。

危機感を抱いた景勝が、勝頼に援軍を催促しつつ、味方の士気を鼓舞するため、武田勢が妻有、さらには坂戸に向かっていると触れ回ったことも（「永山祐三氏所蔵文書」『上越』一六五二他）、マイナス要因といえる。景虎も同様の手に出ていたが、勝頼は中立姿勢を堅持し続けた。

そこで景勝は、最後の手に打って出た。九月下旬、勝頼を説得し、かつ坂戸城への援軍派遣を容易にするために、かつて市川信房が割譲を迫った妻有城と付近の赤沢城《あかざわ》（現新潟県津南町）を武田氏に明け渡したのである（「永山祐三氏所蔵文書」『上越』一六八三）。両城には、市川信房と上杉旧臣大熊朝秀の子長秀が入城するが、一〇月七日、援軍要請は上手く断った（「佐藤明徳氏所蔵文書」『戦武』三〇四〇）。

## 新規占領地の軍政

各地を転戦している間も、勝頼は新規占領地の内政に手を抜くことはなかった。景勝との和睦により、武田氏は新たに奥信濃と、越後妻有・赤沢城、そして根知・不動山《ふどうやま》城（現糸魚川市）を景勝から割譲されることとなる。越後西浜の根知・不動山両城割譲が確定するのはもう少し後になるが、ここでまとめておきたい。

勝頼は、天正六年七月に入ると、奥信濃の上杉旧領の掌握に乗り出した。九月には、把握した知行高を基に軍役を賦課している。これらは、親類衆の今井信衡《のぶひら》・武藤三河守の連署状で行われており、勝頼は奥信濃の内政を一時的に、この両名に委ねたことになる。

八月には、真宗寺院に対し「妻帯役《さいたいやく》」を賦課した。「甲州法度之次第」において、信玄が定めた武田氏独自の法で、宗旨上、妻帯が許可されている浄土真宗の僧侶から、いわば結婚税を徴収したのである。

九月一七日、仁科盛信が信越国境の大網郷（現長野県小谷村）への移住者を対象に、三年間と限って諸役を免除する朱印状を出した（「武田家文書」『戦武』三〇二八）。「前々の如く」とあるから、以前出した免除を再確認したものである。それをわざわざ出し直したのは、新たに獲得した越後根知城周辺からの移住者を念頭に置いているのだろう。なお、根知城に在城していた上杉旧臣の赤見伊勢守・吉江景淳は、仁科盛信の指揮のもと、そのまま根知城在番を続けることになる。

仁科盛信にはさらに、越後不動山城に家臣を在番させるよう指示が下されていた（「等々力家文書」『戦武』三三九一）。同城は、日本海を見下ろす位置に築かれており、武田氏は越後西浜と呼ばれる一帯の一部を、最終的に上杉景勝から割譲させたことになる。武田領は、ついに日本海に達したのである。この結果、上杉領越後は武田領によって分断される形となった。ただ同盟国となるため、問題がなければ上杉家臣や上杉勢の、根知・不動山領の通過は許可されたはずだ。これ自体が、上杉景勝に同盟を維持させる圧力となったともいえる。

妻有・赤沢方面はどうか。天正七年二月、信濃飯山領内の小菅（現飯山市）と、赤沢間の往来円滑化を図るため、人民を居住させたいとの申し出が市川信房からなされた。勝頼は快諾し、妨害するものがいれば処罰する旨を信房に通達している（石井進氏所蔵『色部家・市川家古案』『戦武』三〇九五）。

このように、御館の乱によって、武田領国は越後に拡大した。だが、この状況は他の外交に大きな影響を与えることとなる。それが、北条氏政との甲相同盟であった。

## 御館の乱終結と北条氏との開戦

天正七年（一五七九）正月、勝頼と北条氏直の間で年始贈答が交わされている（「藤巻惇氏所蔵『西郡筋鮎沢村藤巻家伝来写』『戦武』四〇八五）。表面上は、甲相同盟は維持されていた。

おりしも、摂津の荒木村重《むらしげ》が織田信長に謀叛したという報告が入った時期である。勝頼としては、毛利輝元と「手合《てあわせ》」（共同作戦）をして、信長を挟撃することを考えていた（「吉川家文書」『戦武』三〇六七他）。四月五日には輝元の叔父吉川元春から返書が届き、輝元みずから出馬したことを知った。勝頼は、翌六日付で尾張・美濃出陣の意向を伝えている（「吉川家文書」『戦武』三二一七）。ただし、実際に出陣したのは遠江である。

なお、この年八月九日、天正四年に同盟を結んだ丹波国衆赤井氏が、明智光秀率いる織田勢に滅ぼされている（『信長公記』）。

一方で勝頼は、徐々に上杉景勝支援に傾き、景勝から戦勝報告が届くたびに祝着《しゅうちゃく》の意向を示した（「本間美術館所蔵文書」『戦武』三〇九二他）。もはや中立とも呼びがたい状況になっている。もっとも、景虎方の史料がほとんど残されていないため、双方に同様の対応をしていたのかもしれない。

北条氏との関係悪化を危惧した勝頼は、事実上、空席となっていた上野箕輪城代兼西上野郡司の後任を配置すると決めた。選ばれたのは、高遠衆保科正俊の次男で、内藤昌秀の養子になっていた内藤昌月《まさあき》である。昌月は、若年であるとして固辞したが、すでに三〇歳であり、言い訳に過ぎよう。そこで勝頼は補佐役に、実父保科正俊を副えるとして説得した。

二月二日、一七ヶ条からなる詳細な「在城定書」を昌月・正俊に与え、城代・郡司としての統治方針を示した。昌月もこれを受け入れ、吉日を選んで二月一四日に箕輪に入城した（小山田淨氏所蔵『小山田多門書伝　平姓小山田氏系図写』『戦武』補遺一〇五・「手塚良一氏所蔵文書」『戦武』三〇八四）。高遠衆を重視した人事ともいえる。

二月後半になると、北条氏政のもとに、伊豆において武田勢襲来の噂が流れているという報告が届いた。氏政は「今、武田が攻めてくることはゆめゆめない」として、国境の者を静めるように指示した。その上で、「韮山一城の守りを固めれば、その他は無用」という認識を示している（「宮崎求馬氏所蔵文書」『戦北』二〇五五）。北条方の警戒体制が勝頼に伝われば、同盟は維持できると考えたのだ。

北条氏政像（堀内天嶺模写図　小田原城天守閣蔵）

ところが勝頼も、これに呼応してしまう。三月頭までに、海津城代春日信達を駿河・伊豆国境に移した。上杉景勝との和睦により、再度国境が安定したことを受けての処置で、高遠以来の付家臣、安倍宗貞を城代代行として海津に配置した（「小野家文書」『戦武』三一〇三）。

天正七年四月二四日、上杉景虎が自害し、御館の乱は上杉景勝の勝利で幕を閉じた。これを受け、勝頼としては、景虎支援から中立に転じた自分が、北条氏政実弟の「仇」となったと自覚せざるを得なかったらしい。

勝頼自身のもとには、家康が駿河攻撃を目論んでいるとの報告が届いた。勝頼は事実ではあるまいとしながら、結局、八月二〇日までに駿河に入っている（「武田信保氏旧蔵文書」『戦武』三二五一・「上杉家文書」『戦武』三二五四他）。

この間、勝頼は内藤昌月に命じて、上杉旧臣で、景虎派の重鎮であった北条芳林《きたじょうほうりん》（高広）の内通工作を進めていた。北条芳林は当時、北条氏政に服属していたから、これは明確に北条氏への敵対行為となる。調略は成功し、八月二八日までに北条芳林は、武田氏に服属した（「北条家文書」『戦武』三二五七他）。なおこの後、天正七年一一月に、勝頼は北条芳林を赦免するよう、上杉景勝に求めている（『歴代古案』『戦武』三二〇〇）。具体的には、越後の本領返付を交渉したのだろう。天正八年四月九日、景勝から前向きな回答がきたと、芳林に伝えている（「江口家文書」『戦武』三三一九）。

たまたま、厩橋城に滞在していた上杉旧臣の河田重親（不動山城将、現群馬県渋川市）も、北条芳林の説得によって服属した（石井進氏所蔵『諸家文書』『戦武』三二五二）。河田重親の甥長親は、越中魚津城将（現魚津市）として景勝を支えており、迎えをよこしたいと家臣に述べさせたが、重親は固辞している。

このように、勝頼は北条氏への敵対行為を明確化させつつあった。

ただし、八月二七日に氏政が出した北条家朱印状では、「北条・武田の間で問題になっていることがあり、双方の境目の人民が苦しんでいる。ただいまはさまざまな憶測（「惑説」）が飛び交っている最中だ」とあり（『相州文書』『戦北』二〇九八）、氏政は伊豆の泉頭《いずみがしら》（現静岡県清水町）に砦を築きつつ、一縷《いちる》の望みを捨ててはいなかったようだ。

しかし、駿河に出陣した勝頼は、家康の攻撃はないと判断し、沼津で三枚橋城（現沼津市）の築城を開始し、城代に春日信達を任命した。なお、同城の完全な完成は天正八年六月まで下る（「千秋文庫所蔵文書」『戦武』三三五四他）。

相互が国境で城郭を築き合う中、九月三日、氏政がついに同盟破棄の決断を下した。氏政は勝頼の態度を「表裏日を追って連続」「とりわけ去年越国錯乱以来、敵対同前」と非難し、自分はそれでも堪忍してきたが、今度沼津に砦を築いたからには、もはやどうしようもないと心情を綴っている（「渡辺忠胤氏所蔵文書」『戦北』二〇九九）。

もちろん、これは氏政側の主張であり、そのまま鵜呑みにすることはできない。ただ、それまでの氏政が、武田氏からの同盟破棄を「惑説」などとして、警戒強化に留めていたことは軽視できないだろう。

同盟破棄の通告は、双方が「手切の一札」を送り合う形でなされたようだ。九月六日、北条氏に奪取されていた下野祇園《ぎおん》城（小山《おやま》城、現栃木県小山市）攻撃を続けていた佐竹義重の一門佐竹東義久《ひがしよしひさ》は、「甲州（勝頼）から南方（氏政）へ手切をした。当方と勝頼は無二に入魂の関係になるであろう」と会津蘆名《あしな》氏に伝え、領内の使者往来の許可を求めている（『新編会津風土記』二〇号『栃木県史』資料編中世四）。

一連の流れをみると、双方が疑心を抱いたり、噂を聞いたりして警戒を強化し、国境の守りを固めたことが、かえって疑念を強めるという悪循環が生まれていった様子がうかがえる。同盟破棄を望んでいなかったのは、勝頼も同様だろう。勝頼・氏政とも、同盟破棄は数ある選択肢のひとつに過ぎなかったはずだが、決断後の行動は素早い。

北条氏政もみずから伊豆三島に着陣し、駿河沼津に布陣する勝頼と対峙した。天正七年九月、甲相同盟は、どちらもが望まないまま、開戦という形で崩壊したのである。

## 甲越同盟と甲佐同盟——北条包囲網構築

勝頼は、駿豆国境で北条氏政と対峙しつつ、常陸の佐竹義重と本格的な同盟協議に入った。一〇月には起請文の交換がなされ、武田・佐竹間で同盟が成立した（国文学研究資料館所蔵『紀伊国古文書』『戦武』三一七六・三一七七）。佐竹氏は常陸一国を統一しておらず、周辺の国衆同様、苗字の略称「佐」で呼称されるため、これを「甲佐同盟」と呼んでいる。

佐竹氏は、常陸北部で戦国大名化した領域権力であるが、常陸南部・下野・下総の国衆連合「東方之衆」の盟主という地位についており、武田氏や北条氏とは違った形で戦国大名化を成し遂げていた（陸奥南部の国衆も従えている）。「東方之衆」に名を連ねる国衆は、常に佐竹氏の命令に服す存在ではないが、戦時には佐竹氏のもとに結集し、北条氏を中心とした敵国と戦っていたのである。「東方之衆」と武田氏は、信玄期から友好関係を築いており、勝頼は佐竹氏と本格的な軍事同盟を結ぶことで、北条氏を挟撃する態勢を整えたのである。

当然、上杉景勝との関係強化も重要であった。九月七日、前年八月に約束した縁談をまとめるため、甲府留守居役の跡部勝忠に、武藤三河守を越後に派遣するよう指示した（「富永家文書」『戦武』三一六〇）。具体的には、景勝と勝頼の妹菊姫の婚姻である。菊姫は勝頼の留守中という異例のタイミングで、九月一七日に甲府を出発し、越後に向かった（『紀伊国古文書』一四号『千』中世4）。二六日には、菊姫の付家臣名簿が送付されている（「上杉家文書」『戦武』三一七三）。これは、勝頼と景勝の関係が、明確な形で軍事同盟に移行する画期となったといってよいだろう。甲越同盟が、ここに確立した。

一方、北条氏も武田氏を挟撃すべく、徳川家康と交渉を重ねていた。九月五日、北条・徳川間で同盟が成立し（『家忠』）、武田氏は駿河において、東西から挟撃される形になった。かつて、元亀二年末の甲相同盟再締結によって破棄された、相遠《そうえん》同盟の復活である。さらに氏政は、織田信長にも使者を派遣しており（『信長公記』）、武田包囲網構築を目指していた。

九月一五日、徳川家康が嫡子信康を自害させるという衝撃的な事件が起こった（清滝寺五輪塔銘『静』8一二二三、『三河物語』他）。古くから勝頼へ内通していたという嫌疑が理由とされる。この時、信康が勝頼に内通していたかはわからないが、先述した「大岡弥四郎事件」は信康を擁立し、武田氏と結ぼうとしたクーデター計画であった。通説でいうように、信康の正室五徳《ごとく》が父信長に訴えた結果かどうかはともかく、家康が対武田戦争に向けて、家中の引き締めを図ったともとれる。

相遠同盟により、特に家康の攻勢が激しさを増した。駿府もふたたび焼き討ちを受け、九月一九日に駿河府中浅間社が焼失した（「駿府浅間社宝物注文」『静』8一四七七）。

北条氏との戦争は、上野・武蔵でも展開した。甲佐同盟により、上野方面は佐竹氏との挟撃が可能となっており、武田方が優勢であった。一〇月、那波郡今村《いまむら》城主（現群馬県伊勢崎市）の那波《なわ》顕宗《あきむね》も服属している（「宇津木家文書」『郡』7三一三〇・『紀伊国古文書』一三号『千』中世4）。

勝頼は一一月七日、甲相同盟決裂を正式に佐竹義重に報告し（「保阪潤治氏旧蔵文書」『戦武』三一九〇）、一二日には臨済寺の鉄山宗鈍に依頼して伊勢神宮・熊野三山《さんざん》に奉納する願文《がんもん》を作成して貰った（『仏眼禅師語録』『戦武』三二一〇～一一）。願文中で氏政が、親族であるにも関わらず、和平を破棄したことを強く非難している。

## 信勝の元服

甲相同盟決裂と北条氏との全面戦争は、北条氏政・上杉謙信・本願寺顕如・毛利輝元との同盟・和睦により、当面の敵を徳川家康に絞り込めていた状況の破綻を意味した。勝頼は駿河・遠江に加え、上野でも北条氏と戦う事態に陥ったのである。

そこで一一月二日、跡部勝忠・小原継忠・青沼忠重・市川以清斎《いせいさい》（家光）からなる甲府留守居衆に命じて、越後への兵糧輸送を停止させ、駿河に鉄砲の玉薬を補給させた（『諸州古文書』『戦武』三一八八）。上杉景勝は未だ領国内の景虎派勢力の討伐に追われており、勝頼はその支援を行っていた。しかし、北条・徳川両氏に駿河で挟撃された結果、景勝を支援する余裕がなくなったのである。

甲府躑躅ヶ崎館の詰めの城である積翠寺《せきすいじ》要害について、「覚悟の旨であるので」用心せよと命じているのは、北条氏の甲斐侵攻があり得ると、早くも懸念していたことを示す。勝頼自身、氏政の弟氏邦の居城である武蔵鉢形《はちがた》城（現埼玉県寄居町）を攻撃させていたから、その反撃がいつきてもおかしくなかった。

留守居役のうち跡部・青沼・市川は勘定奉行であり、小原継忠は高遠衆である。継忠ひとりが浮いているから、あるいは勘定奉行の列に加えたのかもしれない。いずれにせよ、高遠衆重用の一例といえる。

勝頼はこの条目の末尾で、菊姫の様子を尋ねるよう指示している。菊姫と景勝の関係が円満であることは、同盟関係強化にとって不可欠であった。

上杉景勝は、未だ越後国内平定すら成し遂げておらず、勝頼にとって必ずしも頼りになる存在ではない。旧領北上野は、景虎派が多かったため、彼らはこぞって北条氏政に服属していた。そこに勝頼が佐竹義重と挟撃しつつ、調略の手を延ばしていたのである。したがって、上野での戦争において景勝は頼りにならない。景勝との「手合」が望めるのは、対織田戦線だが、北陸における上杉領国も、御館の乱の混乱の最中《さなか》、信長の攻勢と調略により、急激に縮小していった。したがって、景勝に早急に国内を平定してもらって、北陸方面で織田勢に対峙できる状況を回復してもらわなければ、話にならなかったのである。

一一月一六日、勝頼は再度、甲府の跡部勝忠に使者を送り、積翠寺要害の用心や人質改め、鉄砲の玉薬手配を指示するとともに、嫡男武王丸の元服祝言の準備を進めるよう命じた(『諸州古文書』『戦武』三一九四)。嫡男元服という一大行事であるにもかかわらず、これまた出陣中から指示がなされている。

駿河で北条・徳川両氏と対陣していた勝頼は、一一月下旬に反撃に出て、遠江高天神城に入った。しかし、家康が呼応して出陣してきたことを受け、決戦を避けて駿河に退いている（『家忠』）。問題はこの後で、この年、家康が高天神城を包囲する付城《つけじろ》「高天神六砦」を築いたとされる（『三河物語』）。たしかに、天正九年の落城後、勝頼は「三ヶ年籠城」と称している（「新井政毅氏所蔵文書」『戦武』三六三四）。天正七年から、高天神城は徳川勢の包囲下に置かれたのだ。

勝頼は伊豆に侵攻して、北条氏に圧力をかけた後、一二月九日、実に三ヶ月ぶりに甲府に帰国した（「野口家文書」『戦武』三二一五）。ただこの頃、上方では、荒木村重の謀叛が鎮圧されている（『信長公記』）。

帰陣後、武王丸の元服式を行ったものと思われる。武田氏の通字「信」を冠し、太郎信勝と名乗る。

この元服に合わせる形で、重臣たちに新たな官途・受領《ずりよう》名が与えられた。時期はばらばらで、天正七年末から八年初頭と一定しない。

特に重要な改称は、武田信豊（左馬助）の相模守、真田昌幸（喜兵衛尉《きひようえのじよう》）の安房守《あわのかみ》、および穴山信君（玄蕃頭《げんばのかみ》）の陸奥守改称であろう。相模守は北条氏隠居の名乗る受領名で、北条氏がみずからをなぞらえる鎌倉幕府執権《しつけん》北条氏が任官した官職である。

相模守を許された信豊は、穴山信君と並んで御一門衆筆頭であり、武田氏内においてナンバー2の地位を信君と競っていた。

安房守も、北条氏内で上野攻略を担当していた氏政の弟北条（藤田）氏邦の官途名である。真田昌幸は上野岩櫃城代として、この後氏邦が管轄する沼田城攻略に乗り出す。

つまり両名とも、北条氏打倒の意思を籠めた受領名を与えられたことになる。それに対し、織田・徳川両氏に関わるような官途・受領名を与えられた人物は確認できない。関連づけるとすれば、跡部勝資が称した尾張守くらいであろうか。勝頼の敵対意識は、いつしか北条氏に向けられていた。

穴山信君の陸奥守も、北条氏においてナンバー2の地位にあった氏政の弟北条氏照と同じものであり、氏照への対抗意識が籠められているかもしれない。ただ、武田氏にとって陸奥守は特別な意味を持ち、南北朝期の当主で、甲斐守護職を相伝する初代となった武田信武の受領名である。戦国期にも信虎が従四位下《じゅしいのげ》陸奥守に補任されており、陸奥守の名乗りを許したのは、御一門衆筆頭たる穴山信君への礼遇とみたほうがよいだろう。

さて、筆者はかつて、信勝の元服時に、勝頼が隠居した可能性を指摘した。それは翌天正八年二月一九日に、跡部勝資が、駿府浅間社社家に出した書状で、「御屋形様」と「御隠居様御代」という言葉が並列して出てくることを最大の根拠としている（「旧駿府浅間社社家大井家文書」『戦武』三二五二）。すでに信玄死去は公表されており、いまさら跡部勝資が信玄を「御隠居様」と呼ぶことはないであろう。だから、御屋形様＝信勝、御隠居様＝勝頼と考えた。

筆者としては、一試論のつもりであったが、いつの間にか、採用する研究者が増えていた。異論が出るかと思っていたが、そのようなことはあまりなく、逆に筆者が補強材料として述べた指摘を十分に汲まない形での引用もみられるようになった。

私事で恐縮だが、同小論発表後、父が他界し、喪主として葬儀にかけずり回ることとなった。実家は会社を経営しており、死去当時、父は会長職にあった。しかし、祖父の代から会社を支えて下さった方が（私の名付け親でもある）、弔辞を読まれた際、あっと思った。「会長」と一度お声がけされた後、「私にとっては社長ですので、社長と呼ばせていただきます」と続けたのだ。たしかに、その方が定年退職された時、父は社長であった。

だから、跡部勝資が亡き信玄を「法性院殿」などではなく、「御隠居様」と呼んでしまうことはあり得ると考えるようになった。したがって、この主張は撤回したいと思う。

なお、菊姫と上杉景勝の婚礼は、一二月に行われたようで、上杉家臣秋山定綱が甲府を訪ね、一二月二三日に返礼の書状が出されている（「上杉家文書」『戦武』三〇五六）。つまり、天正七年一二月は、嫡男の元服と妹の婚礼という慶事がふたつ重なっていたのである。

## 上野における勝頼の攻勢

勝頼の攻勢を前に、動揺したのは、飛驒国衆と上野国衆であった。

すでに天正七年七月、飛弾国衆江馬氏麾下の河上富信が、仁科盛信を通じて従属を申し入れてきていた（一ノ瀬芳政氏所蔵『御判物証文写』『戦武』三一四一）。同年一一月には、仁科盛信に飛驒口を攻撃するよう命じ、江馬輝盛兄弟と山県昌満の同心三村監物《けんもつ》（飛驒国衆の調略にあたっていた三村右衛門尉の子か）を派遣する旨を伝えている（「本誓寺文書」『戦武』三一九九）。これらは、上杉氏の勢力が越中から後退し、織田氏の圧力が強まる中での立ち回りを考えた結果だろう。

安曇郡を拠点に、仁科盛信が越後西浜から飛驒・越中方面を任されている様子がよくわかる。ただし、江馬氏は武田・織田間で「両属」する姿勢をとったとみられ、武田氏の命に応じるかは、情勢次第であったといえる。

天正七年一二月、新たに沼田衆小中《こなか》彦兵衛尉が服属した。勝頼は小中氏とその寄子衆、および河田重親に対し、沼田攻略の上、知行を宛行うと約束した（「北条家文書」『戦武』三二一四・三二一八他）。勝頼は、新たな目標として上野沼田城を掲げたのである。

沼田攻略を任されたのは、岩櫃城代の真田昌幸である。天正八年正月、勝頼は武蔵に急遽出陣し、羽生城《はにゅう》（現羽生市）攻略を目指した（「奈良原家文書」『戦武』三二三〇）。武蔵大輿寺（現埼玉県美里町）に禁制を下しているから（「大輿寺文書」『戦武』三二三一）、上野国境に近い寺社・郷村は武田勢の侵攻に深刻な脅威を覚えていたのだろう。禁制は保護を求める側の申請に応じて出されることが一般的だからだ。甲相同盟復活時の国分けで、上野に転封されていた元武蔵国衆長井政実も、本領奪回を目指し、家臣に旧領返付を約束している（『武州文書』『戦武』三二五〇）。

さらに勝頼は、東上野に転戦する意志を示し、北条方の新田金山領（現太田市）・館林領（現館林市）を窺った（「新田文庫文書」『戦武』三二三五）。結局、深入りは避け、二月一九日までに帰陣している。この直後、祖父信虎の七回忌仏事が北高全祝によって執行されている（「雲洞庵文書」『戦武』三二五三）。それに参列するためであろうか。

全体的に、上野の情勢は武田氏有利に展開しており、北条氏政は「このような時には、他国衆であっても長年申し合わせる家老・一門同前と扱う覚悟だ」「このままでは当方はついには滅亡に向かうのではないか。（上野国衆は）上州が勝頼のものになってしまえば、氏政に従い続けることはないはずだ。しかし、そうなれば皆後悔することだろう」と弟氏邦に真情を吐露している（「木村孫平氏所蔵文書」『戦北』二一四一）。欠損部分があるため意訳をしているが、ようするに、他国衆（北条氏における外様国衆の呼称）も譜代家臣や一門と同じように、北条氏と運命共同体なのだ、このままでは上野を奪われてしまうが、武田に鞍替えすればよいと思っているのなら大間違いで、ともに滅んでしまうと他国衆に触れ回れ、と述べているわけである。

氏政の危機感は強く、再度、織田信長に使者を派遣した。その内容は従来の友好関係の樹立とは異なる。三月一〇日、北条氏が派遣した使者は織田政権への従属を申し出て、氏政の嫡男氏直に信長の娘を嫁がせて欲しいと願い出たのである（『信長公記』）。

一方の信長は、三月一七日には朝廷の斡旋を受け入れて本願寺との和睦交渉を開始していた（「本願寺文書」『信長文書』八五二・八五三・八五五）。これで本願寺が講和に応じれば、状況は一変する。武田氏を取り巻く政治情勢は、いつの間にか悪化しつつあった。

### 織田信長との和睦交渉──「甲江和与」

勝頼は、北条氏政と開戦するにあたり、佐竹・上杉両氏と軍事同盟を締結し、北条包囲網を形成していた。しかし、この包囲網には大きな難点があった。北条・織田・徳川三氏による武田包囲網も、同時に形成されてしまったからである。幸いなことに、信長はこの時点では武田・本願寺・毛利・上杉と周囲に敵を抱えており、織田包囲網が機能していたため、武田領国は織田勢の侵攻を免れていた。

とはいえ、いつ信長が攻め込んでくるかわからないことに変わりはない。北条と徳川の二正面作戦を強いられている状況も苦しい。それに対し家康は、対武田戦争に専念すればよいのだから、駿河・遠江の戦局は不利であった。

南化玄興（定慧円明国師）像（東京大学史料編纂所所蔵摸写）

そこで勝頼は、織田信長との和睦交渉に乗り出した。武田氏が帰依していた恵林寺の快川紹喜と、その弟子の南化《なんか》玄興《げんこう》の間で「甲濃《こうぢよう》和親」について書状が交わされているのである。南化玄興の返事は、天正七年八月二三日付のもので（『南化玄興遺稿』『戦武』四〇九四）、武田氏は臨済宗妙心寺派の禅僧を動かして、織田氏との和睦を目指したものと思われる。なお、織田氏が「近江」ではなく「美濃」と称されているのは、南化玄興がこの時、美濃にいたためだろう。

この書状は、快川紹喜への国師号勅許との関連から、従来天正九年のものと考えられてきた。しかし文中で完成が祝われている恵林寺新方丈《ほうじょう》（住職の居室）が、天正七年四月の信玄七回忌法要時に勝頼が造営したものであること、和睦成就の暁に甲斐に下向させると伝えている栢堂景森《はくどうけいしん》が天正八年九月二九日に死去していることから、横山住雄氏によって天正七年に比定《ひてい》が改められたものである。

勝頼と快川紹喜との関係を考えれば、勝頼が直接仲介を打診したとしても何ら不自然ではない。ただ『軍艦』によれば、信長との和睦交渉には勝頼の従兄弟とされる大龍寺麟岳（信廉の子）が参加していたという。彼は、快川紹喜と同じ臨済宗妙心寺派の春国光新の弟子とされ（『武田三代軍記』）、宝珠寺（現甲斐市）の開山として同地に墓が残る（歴代住持碑には「林岳宗秀和尚」とある）。このような人的つながりを踏まえると、麟岳が動いた可能性が高い。

さらに織田信長とも友好関係を持つ同盟国佐竹義重にも仲介を求めた。こちらは「甲江和与《こうごうわよ》」と呼ばれている。勝頼は、一一月に上杉景勝に和睦交渉の開始を連絡し、和睦成立に際しては上杉も含めた「三和」の形をとると、榊をとって「大誓詞」、すなわち起請文をしたためた（「上杉家文書」『戦武』三一九七・『歴代古案』『戦武』三二〇〇）。

つまり、勝頼が佐竹義重と同盟を結んだ目的のひとつは、織田信長と和睦し、後顧《こうこ》の憂いを断つことにあったのだ。

和睦成立の秘策は、信玄「西上作戦」時に捕虜とした信長の子織田御坊丸（岩村遠山氏に養子入り）の返還であった。御坊丸は一般に「勝長」の名で知られ、天正九年に帰国し、その後、元服したとされるが、いずれも誤りである。彼は勝頼の元で元服し、織田源三郎信房を名乗っていた。つまり、信房実名の「信」字は、武田氏通字の「信」である。

『軍鑑』は、天正九年に武田信豊・長坂釣閑斎・跡部勝資および大龍寺麟岳が協議し、信房を武田信豊の婿にするとの約束で返還して、和睦を図ったとする。天正九年というのは誤りだが、彼らが当時の武田氏外交を主導していたことは、麟岳を除けば裏づけがとれる。

しかし、信長は横柄な文体で「内々に迎えを遣わそうと思っていたところ、その方よりさし上げられたのは、よい分別だ」とだけ記し、宛所は「武田四郎殿へ」と「月字の下・日付の通り」に少し下げて返事をしてきたという。

この返書は、極めて無礼なものであった。まず、勝頼は父信玄と同じ「大膳大夫《だいぜんのだいぶ》」を自称しており、追放された将軍足利義昭からも承認されていた。しかし信長は、それを認めずに「武田四郎」と記したのである。

次に、宛所《あてどころ》が「月字の下・日付の通り」という低い位置から書き始められていたという。当時、書状のやりとりをする際には、「書札礼《しょさつれい》」というルールが存在し、どのような書式を用いるかで身分の高下を表わした。書状の場合、対等な相手に出す場合は、日付に書いた月の数字と同じ高さ、たとえば、二月三日という日付であれば、「二」から書き始めるという社会的合意がある。しかし信長は、「月」よりも下で、「日付の通り」、つまり例でいえば「三日」の「三」と同じ高さから書き始めたという。これは、目下《めした》に対する書状の書き方となる。さらに、「殿」ではなく「殿へ」と記すのも、目下宛となる。この書状が実際に送られてきたなら、信長は勝頼を属国扱いした返事を送ってきたことになる。

実際に信房返還が行われたのは、天正八年初頭のことである。三月、この話を耳にした上杉景勝が「事前に相談がないとは約束が違う」と強い抗議を寄せている。それに対し、跡部勝資が返書を出しており、①甲江和与は佐竹義重が仲介しているが上手くいっていない、②進展があったら伝えるとの約束だが、あらためて話す内容がないため連絡していないまでのこと、③織田源三郎（信房）殿の帰国は、佐竹に引き渡せと義重殿がしきりに仰るので、それに従ったまでで、和睦の成立不成立とは関係がなく、貴国を出し抜いたわけではない、④勝頼が起請文で甲江和与が成立すれば、貴国も含めた三和の形を目指すよう才覚すると申し定めたから、佐竹の使僧から（信長側近の）菅屋長頼にこの事を伝えている、などとある（『歴代古案』『戦武』三三八八）。つまり、織田信房の帰国は佐竹義重の提案であったというのが、跡部勝資の主張なのである。

この件の処理は手間取ったらしく、後で勝頼は「甲江和与について貴国が御仲介してくれたことで悶着し」上野出陣が遅れたと佐竹義重に書き送っている（千秋文庫所蔵「佐竹古文書」『戦武』三三五三）。

実際の上杉景勝の動きはしたたかで、遅くとも天正八年には、菅屋長頼・松井友閑《ゆうかん》を通じて、信長に異心を抱いたことはないと和睦を求めていた。菅屋長頼は天正九年四月に、上杉の言い分は虚言と一蹴した一方、このような文面では相手にできないが、誠意を示せば相応の対処をするとも述べており、赦免の可能性を匂わせる返書でもあった（「庄司喜與太氏所蔵文書」『上越』二一一八）。

これは跡部勝資も承知していたようで、前述書状で「こちらにおいても、上方から下ってきた者が、貴国より安土城に御使者を滞在させているという話を触れ回っている。しかし卑しい者の噂だと一向に取り合っていない」と牽制している。甲越同盟の目的は対織田戦争にある。戦争とは外交の一形態であるから、和睦もまた選択肢たりえたのだ。

しかし、信長の対応は冷たかった。天正八年閏三月に柴田勝家は、「甲州（勝頼）より御詫言（謝罪）の使者がきて、馬・太刀を進上しようと去年から（安土に）詰めているが、（信長は）御許容なさっていない」と述べている（『書簡并証文集』『信史』一四巻五〇八頁）。

勝頼はその後、帰国した信房に織田信長への取り成しを依頼したが（「牧田茂氏所蔵文書」『戦武』三七三七）、信房にそうした影響力を期待するほうが無理であろう。

武田氏は「天下静謐」を妨げる「御敵」という信長の扱いに、変化はなかったのだ。それに対等同盟を求めた勝頼・景勝と、服属を申し出た北条氏政とで、対応が異なるのは当然であった。ここに勝頼の目論見は、頓挫したのである。

こうした揉め事のせいだろうか、天正八年五月、越後不動山城の武田在番衆が上杉領に侵攻したという誤報が景勝のもとに届き、念のため、勝頼に確認するという珍事が起きている（「林泉寺文書」『上越』一九六一）。甲江和与誤解の件といい、同盟が成立すれば、信頼関係も確立するとはいかないのだ。

## 真田昌幸の沼田攻略

真田昌幸は、天正八年二月より沼田攻略に向けて動き出していた。叔父の矢沢頼綱が中心となり、二月中に小川城主（現群馬県みなかみ町）小川可遊斎の家臣の調略に成功する（盛岡市中央公民館所蔵『参考諸家系図』『戦武』三二五七）。

家臣の説得で小川可遊斎は三月一六日までに降伏し（『別本歴代古案』『戦武』三二八五）、昌幸は沼田攻略の橋頭堡《きょうとうほ》を得た。その直後、北条氏政の伊豆出馬の報を受け、勝頼が駿河に出陣したため、昌幸も同陣している。氏政は「信長と勝頼を討ち果たす話がまとまった」と述べており、武田包囲網の完成を意識しての出馬であった（「所蔵未詳文書」『戦北』四七三三）。しかし、閏三月三〇日、矢沢頼綱から沼田方面の戦勝報告が届き、勝頼は昌幸に岩櫃に戻って陣頭指揮を執るよう命じた（「矢沢頼忠家文書」『戦武』三三一五）。帰還した真田昌幸は、猿ヶ京城《さるがきょう》（現群馬県みなかみ町）の攻撃に取りかかり、五月四日までに三之曲輪を焼き討ちした（「中沢家文書」『戦武』三三三八）。昌幸はその後、調略をしかけて同城を攻略し、十九日に小川可遊斎を入城させている（「吉川金蔵氏所蔵文書」『戦武』三三四七）。ただ、昌幸の調略は莫大な恩賞を提示するという手法が基本であり、早くも恩賞地不足が問題化していた。昌幸は、これを解決するため、本来在城料として可遊斎に与えるべき城下の相俣《あいまた》・宮野両村を借り上げている。なお、この文書は龍朱印状ではなく、昌幸判物の形で出されており、昌幸は適宜、判物を出すことを許可されていた。

前後して、昌幸は沼田城の至近に位置する名胡桃城《なぐるみ》（現群馬県みなかみ町）を攻略した。五月二三日、昌幸相備え（有力な寄子）の海野《うんの》幸光・輝幸兄弟（吾妻衆）・金子泰清・渡辺左近丞（沼田衆）が名胡桃城に配置され、昌幸が奏者《ほうじゃ》を務める奏書式龍朱印状（発給責任者として昌幸の名が記されたもの）で在城定書が渡された（『吾妻記』『戦武』三三四八）。

すでに、沼田衆の金子泰清・渡辺左近丞が昌幸に従っている点は重要である。昌幸は士気を高めるべく、六月二七日に、麾下の諸士の働きを讃え、沼田攻略後の恩賞を約する龍朱印状を出してもらった（「中沢家文書」『戦武』三三六九他）。まもなく、昌幸も名胡桃に入った。

昌幸が沼田攻略に際して目をつけたのは、城将用土《ようど》新六郎である。用土氏は、北条氏邦が家督を継いだ武蔵国衆藤田氏の庶流で、氏邦の右腕といってもよい存在であった。氏邦は沼田の重要性に鑑み、彼を配置していたのである。しかし、武田・北条両氏は長年同盟関係にあったため、彼の父は武田氏と連絡をとったことがあり、兄は上野国衆小幡氏の重臣熊井土《くまいど》氏を介して、昌幸と談合する間柄であった（西尾市岩瀬文庫所蔵『松代古文書写』『戦武』三四〇七）。

すでに七月二日の段階で、勝頼が「沼田城主無二当方へ忠節を抽《ぬき》んずべきの由」と述べているから、新六郎の調略は順調であった。ただ、周辺に不穏な動きがあると援軍の要請があり、勝頼は甘楽郡国峯《くにみね》城主（現群馬県甘楽町）小幡信龍斎（憲重）・信真父子に昌幸を支援すべく出陣を命じている（「会津酒造歴史館所蔵文書」『戦武』三三八二）。小幡氏は真田氏と親しかっただけでなく、用土新六郎の兄とも関係があったようだから、最適な人選といえる。

昌幸は、八月一七日には用土新六郎から起請文を受け取り、自身も起請文を記して新六郎の進退を保証することを約束した（『松代古文書写』『戦武』三四〇七）。

明確な時期は不明だが、真田昌幸は沼田城を攻略したのである。用土新六郎は、沼田城を明け渡して付近の沼須《ぬます》城（現沼田市）に移り、昌幸の相備えとなった。

喜んだ勝頼は、用土新六郎に本家の苗字「藤田」に改姓させて、武田氏通字「信」字を与えた。以後、藤田信吉を称す。受領名として能登守の名乗りを許したのも、北条氏邦の重臣猪俣邦憲（能登守）への対抗と考えられている。

昌幸は岩櫃城代に加え、沼田城代を兼任することとなった。本来、真田氏は先方衆つまり外様国衆であり、譜代家臣ではない。しかし、七歳の時に甲府に人質に出された昌幸は、信玄に目をかけられ、弟昌春（信尹）とともに譜代家臣として登用された。親類衆武藤氏の家督を継ぐほどの厚遇ぶりである。

その昌幸が、長篠合戦で討死した兄信綱の家督を継いだことで、真田氏そのものが譜代家臣として扱われることになった。このため、父幸綱・兄信綱が岩櫃城将として、吾妻衆への軍事指揮権しか与えられなかったのに対し、昌幸は岩櫃城代として、行政権も付与されることになったのである。当初は、群馬郡白井《しろい》城代（現渋川市）も兼ねている。

沼田攻略により、昌幸の管轄範囲は、岩櫃城のある吾妻郡と沼田城のある利根郡、さらに群馬郡北部にまで拡大した。吾妻郡で有していた行政権は、先例を踏襲して、あまり大きなものではなかったようだが、二郡の軍政を委ねられたのである。これは郡司と呼べる立場であり、勝頼は昌幸を北毛《ほくもう》二郡を管轄する北上野郡司の地位につけたと評価できる。

翌天正九年、昌幸は沼田城奪還を図った沼田景義（旧城主万鬼斎の子）を謀殺し、恩賞不足に不満を漏らした吾妻衆海野幸光・輝幸兄弟を勝頼の命で滅ぼした（『加沢記』）。海野兄弟の不満は、沼田で恩賞を与えると約束していたところ、勝頼が沼田領の大半を藤田信吉に与えてしまったこと（静嘉堂文庫所蔵『集古文書』『戦武』三四五六・『長国寺殿御事蹟稿』『戦武』三五八二他）が原因だろう。しかし粛清により、海野兄弟旧領の分配が可能となり、恩賞地問題も解決に向かったはずだ。昌幸は、両郡支配の地盤を固めたといえる。

## 郡司に求めた勝頼の法規範

勝頼は天正九年六月七日付で、真田昌幸に吾妻郡（岩櫃領）・利根郡（沼田領）および群馬郡北部の統治指針を示した「在城定書《ざいじょうさだめがき》」を与えた（「真田家文書」『戦我』一二五五八）。冒頭に「条目」と書いた上で、袖に龍朱印を押捺した一つ書《ひとつがき》で、昌幸宛のものは全一四ヶ条からなる。

残されているものは多くはないが、信玄・勝頼は、各地の郡司・城代・城将に在城定書を与えて軍政の指針を示し、権限を委ねた。これは、織田信長が柴田勝家に与えた越前国掟や、武田氏を滅ぼした後に出した甲信国掟と同様のものであり、北条氏でも事例は複数ある。諸大名は、家臣に領域支配を任せるに当たり、施政方針を提示して権限を委ねたのである。

ここでは、天正七年二月、内藤昌月（箕輪城代兼西上野郡司）に与えられた在城定書を検討し、勝頼の領域支配制度について検討してみたい（小山田浄氏所蔵『小山田多門書伝　平姓小山田氏系図写』『戦武』補遺一〇五）。

内藤昌月宛在城定書は、全一七ヶ条からなり、武田氏の事例ではもっとも内容が細かい。便宜上、各箇条を丸数字で記して論を進める。

冒頭の①②④⑤および⑬は、城の防衛や普請・防衛の指示である。開門が辰《たつ》の始め（午前七時頃）、閉門が申《さる》の終わり（午後五時頃）というのは、意外に現代人の感覚に近い。

この在城定書の最大の特徴は、現地への配慮と公平な統治姿勢を求めている点にある。指示の根幹を示すものとして、⑥をみると、地衆《ちしゅう》（現地の侍）の本城（本丸）への出入りを厳禁している。本城に入れるのは、武田氏が派遣した武士だけで、現地の侍・百姓が入ってよいのは二之曲輪までであった。占領地行政の難しさを示すものといえる。

その一方で、地衆・地下人や指揮下に置かれた寄子への配慮が、繰り返し指示される。⑨は、地衆に対する押買狼藉《おしかいろうぜき》を禁止した条文である。押買狼藉とは、押し売りとは逆に、不当に商品を安く買いたたく行為で、繰り返し禁令が出された。昌月自身が町人から押買をするとは思えないから、昌月の家臣や寄子の不法を戒めよと定めたものといえる。

⑩では、喧嘩・口論・殺害・刃傷・夜討・強盗・博奕《ばくえき》（博打）といった犯罪への対処方針

が指示されている。注意したいのは、現地の領主に相談するか、定め置いた法度に従い、処罰や訓戒をせよという内容で、治安警察・裁判権を昌月に委ねたも同然といえる。

この点は⑫からも明らかで、箕輪城主（城代の意）として在国する以上は、貴賤・貧富・僧俗・男女の（区別なく）訴えは、私心を捨てて丁寧に聞き届けよ、とある。

⑭では、「国法」については、浅利信種・内藤昌秀という歴代箕輪城代の処置を聞き届け、先例を守って対処せよと指示する。

「国法」とは、武田氏が戦国大名＝「地域国家」として定めた「甲州法度之次第《こうしゅうはっとのしだい》」だけを意味するものではない。中世法の世界では、法典がまとめられることがむしろ異例で、それは最低限の共有に過ぎない。個別に出された法度や定書、個々の裁許、さらには慣習法までも含まれる。何しろ、「御成敗式目《ごせいばいしきもく》」も、まだ効力を有した社会なのだ。だから「国法」とは、それらすべてをひっくるめた上で、武田氏が強く主張したい法理《ほうり》ということになる。これは北条氏も同様である。

内藤昌秀が箕輪城代に着任した時に、信玄が与えた在城定書は伝存しており、急ぎ解決すべき課題が具体的に提示されている（「大沢二朗氏所蔵文書」『戦武』一五三六）。冒頭の第一条は「浅利信種の時と同様に、私心を挟まずに判物を配当すること」というものだから、これをさらに引き継いだ昌月にも、判物発給権が与えられたと想定できる。裁判権が委ねられているのだから、裁許を判物で通達することも想定されていたであろう。

ただ、各郡司の判物はごくわずかしか残されていない。家の由緒や権利を主張する文書としては、武田氏当主の判物や朱印状が最高のものであり、そればかりが残されたのだろう。ただ、郡司が発給を武田氏に取り次ぎ、奉者を務めた奉書式武田家朱印状は、文書を受け取った側が郡司の発給文書と認識する場合があった。だから、申請者の要請で武田家朱印状が出されても、郡司の権威が低下するという事態はほとんど起こらず、むしろ郡司の権威をバックアップする役割を担ったといえる。

勝頼は昌月に対し、統治に際する心構えを説き続ける。⑪では、酒宴・遊興・野牧《のまき》・河狩《かわがり》にふけって、用もなく城外に出ることを戒め、⑯では一方の意見だけを受け入れ、贔屓・偏《へん》頗《ぱ》つまり不公平な沙汰を禁じている。

その到達点が、次の二ヶ条である。

⑮一、内藤（昌月）の同心・被官と、他の同心・被官さらには地下人が、喧嘩・口論を起こしたら、理非を論ぜず、まずは定法として、内藤の同心・被官を厳重に誡めよ。その後、（喧嘩相手の）乙名《おとな》（老、指導者格）同心二、三の者を糺明せよ。
⑰一、（内藤の）同心・被官が賄賂嘱託に耽り、私曲奸妨《しきょくかんぼう》の沙汰を行うことは堅く禁じる。

賞罰は重ねて、公平に行うこと（原文「憲法之行」）、この一事に極まる。

⑮では昌月の同心・被官（家臣）と他人の同心・被官あるいは地下人（地元の有力者）が喧嘩・口論を起こした場合は、無条件で自分の同心・被官を罰し、事実関係の糺明はその後に行え、という。統治者として、自分だけでなく、家臣も厳しく律せよというのだ。最後の⑰も同様で、賞罰の公正さがいかに重要かを説いている。この在城定書で勝頼が最も重視したのは、箕輪領に住まう者から「公平な統治者」とみられることを心がけよ、というものなのだ。

これは、勝頼が内藤昌月に委ねた権限の大きさを示すとともに、勝頼の相論裁許に対する考え方を示すものでもある。⑮⑰からは、聞き心地のよい佞臣《ねいしん》の意見ばかりを取り入れ、側近政治を行った亡国の主の姿は、微塵も見出すことはできない。

武田氏は、もともと「甲州法度之次第」で「喧嘩両成敗法」を定めており、喧嘩をした場合は死罪という強権によって、武力による紛争解決の抑止を図っていた。その上、信玄は自分がこの法度に背くようであれば、身分を問わず目安（上申書）で訴えよ、正しければ過ちを改めるという条文をわざわざ作成している。これが、はじめにで述べた「裁判権者・相論の裁定者」としての戦国大名である。

勝頼もこれを踏襲し、公平な裁判を心がけるよう入念に説いたのである。そして、信玄の考えを一歩進め、家臣の裁判権濫用の抑止を明文化した。もっとも、他人に厳しく、自分に甘い権力者などいくらでもいるから、勝頼自身の裁判姿勢をみる必要があろう。

この点、中世の訴訟というのは、ある意味ありがたい。誰に訴えるかは訴人《そにん》側の自主的判断によるから、郡司を飛び越えた訴訟はいくらでもあった。

天正八年、勝頼が御館の乱で越後に出陣している最中に、信濃筑摩郡内田郷と小池郷（ともに現松本市）の間で山論《さんろん》が起きた（御館の乱と年次が齟齬するから、六年の記憶違いか）と伝わる。両郷が入会地《いりあいち》として草木を苅っていた山について、内田郷の領主（地頭）桃井《もものい》将監が、小池郷住人の利用を突如、拒絶したというのだ（「草間家文書」『信史』補遺下四三二頁）。経緯を記した小池郷側の覚書（寛永三年、一六二六）によると、恩賞不足に不満を抱いての行為とされている。小池郷住人は、筑摩郡の内政を管轄する深志城番ではなく、甲府に直訴した。

ところが、桃井将監は武田信豊の姪婿《めいむこ》であり、その立場を利用して圧力をかけた。勝頼も信豊に配慮してか、二度にわたって裁決を先延ばしにしたと伝えられている。

信豊は勝頼の従兄弟であり、「竹馬ノ友」と謳われた関係にある。桃井将監の圧力に萎縮したのは勝頼ではなく、奉行衆だろう。公事《くじ》奉行は、武田親類衆がなることが多い。一回目は桜井信忠（母が武田信虎娘）と今井信衡（親類衆）、二回目は今井信衡と安西有味《ありみ》で、勝頼が「否々」といって裁許が出なかったとあるが、直《じか》に聞いたわけではなく、奉行衆の判断の可能性が高い。

なぜなら翌天正九年、再度甲府に訴えたところ、奉行が替わって一から裁判がやり直しになっているからだ。新奉行は、工藤玄随斎《げんずいさい》と原隼人佑《はやとのすけ》である。工藤玄随斎は、箕輪城代内藤昌秀の兄工藤長門守（昌秀没後の城代代行）と同一人物と伝わる。原隼人佑は、これが覚書通り天正九年の話なら原貞胤《さだたね》、御館の乱の翌天正七年の誤りなら大宮城代原昌栄《まさひで》となる。郡司経験者かその親類という点が、従来と異なる。同じ相論裁許経験者でも、より地方の実情に通じた人選といえる。

これは明らかに、勝頼が解決に意欲を見せたということを意味するのではないか。奉行による現地調査が終わり、裁許を承ろうと住人が出府したところ、勝頼は湯治に出かけて留守であった。興味深いのはその後で、勝頼は湯治場まで両郷住人を召し出したという。その上で調査した役人から、小池郷住人の主張に利があるという報告を聞き、勝頼は小池郷勝訴の下知を下したのである。

その際、念のため神慮《しんりょ》をうかがえと御岳（金桜神社）の鐘を突くように命じている。入会相論のような日常的衝突に、一方に有利な裁定を下せば、敗訴側に不満が生じる懸念がある。そこで神慮を踏まえることで、場合によっては勝訴側にもある程度、妥協をさせ、双方を納得させようとしたのだろう。相当高度なバランス感覚といえる。その上、甲斐まで赴くのは大変という訴えを受け、奉行衆の判断で信濃小野でよいとなった。小野の鐘なら、かつて諏方勝頼が奉納したものとなる。これでこの件は一度、落着したという。

勝頼は、繰り返し昌月に説いた公平な裁許を、実践していたといえる。

## 勝頼の領域支配と家臣団統制制度

あらためて、内藤昌月宛《あて》在城定書から読み取れる郡司の権限をみてみたい。

まず②で箕輪城普請を指示しているから、昌月が普請役賦課権を委ねられていたことがわかる。この点は、他史料からもう少し明らかになる。天正九年、上野国衆和田信業《のぶなり》（跡部勝資の子で、養子入り）は「塩の役および箕輪から申し付けられた役以外の諸役免除」の特権を得ている（「岡本家文書」『戦武』三六〇三）。和田氏クラスの国衆領に賦課できる役となると、一国全体に賦課する国役《くにやく》ということになる。西上野への国役賦課権を有していたといえるだろう。これらも、昌月が判物発給で処理した場合があったのかもしれない。

ただ文書発給という観点からすると、次の条文はやや異例である。

⑧一、隣州の諸士ならびに小田原（北条氏）一家の老衆（家老衆）が、万一書状を送ってきたら、（勝頼の）下知を仰がずに返事を出してはならない。

他例からすれば珍しい条文で、内藤昌月は外交交渉権に制限が加えられていたようだ。「甲州法度之次第」において、他国者との書状のやりとりは禁止されているが、これには付則があり、城代クラスは近隣諸大名・国衆との関係円滑化のため、儀礼的やりとりは許可されるのが通例である。しかし、昌月の箕輪派遣は、北条氏との関係悪化が原因であるため、不用意な返信が開戦を招くことを懸念したのだろう。

外交交渉権が郡司に付与された事例として、天正九年六月の昌幸宛の在城定書から、外交に関する条文をみておこう。全一四ヶ条のうちの六条目である。

一、佐竹が奥州を一統したと聞いている。であれば分国中の往来を問題なく行えるよう、佐竹義重と相談せよ。付、会津表（蘆名領）も同前のこと。

佐竹義重の陸奥南部における支配領域が拡大したこと、甲佐同盟の本格的展開を受け、佐竹領陸奥と蘆名領会津を武田氏の使者が通行できるよう、佐竹義重・蘆名盛隆と交渉せよというものである。「境目の城代」として、使者往来円滑化のための外交交渉権が付与されているることがわかる。なお、沼田から北に抜ければ、会津に至る。内藤昌月の父昌秀も、上杉謙信からの同盟要請に際し、信玄側近跡部勝資とともに対応している。昌月への指示が異例であったことを確認しておきたい。

次に、国衆との関わりである。

まず、③が人質に関する条文で、番を厳重にせよといいつつ、愛子《いとしご》や親類であるので丁重に遇せよとする。人質の扱いが悪く、人心が離反しては意味がないのだ。なお当時の人質は、緊急時は城内に収容されたが、城下の屋敷や寺社に置かれたことが多かったようだ。

箕輪城に人質を出したであろう西上野国衆への軍事指揮権も、当然有していたとみられる。昌月の軍事指揮下に置かれた国衆を示すと思われる条文が⑦で、小幡・安中・和田・後閑《ごかん》・庭谷・高田・長根・大戸《おおど》（浦野）・跡部淡路守（倉賀野家吉）を始めとして、その他、西上野衆の貴賤に対し、決して無礼な振る舞いをせず、常に懇切に対応するようにとある。彼らは、勝頼に直接従う国衆だが、相備え（寄子）として戦時には、西上野郡司内藤昌月の指揮下に配された。いわゆる、寄親寄子制である。

このように、勝頼は信玄同様、城代の一部に郡司を兼任させ、領域支配を任せた。領域内の国衆は、あくまで武田氏直属の扱いで、郡司の軍事指揮下に入ったとしても、それは「相

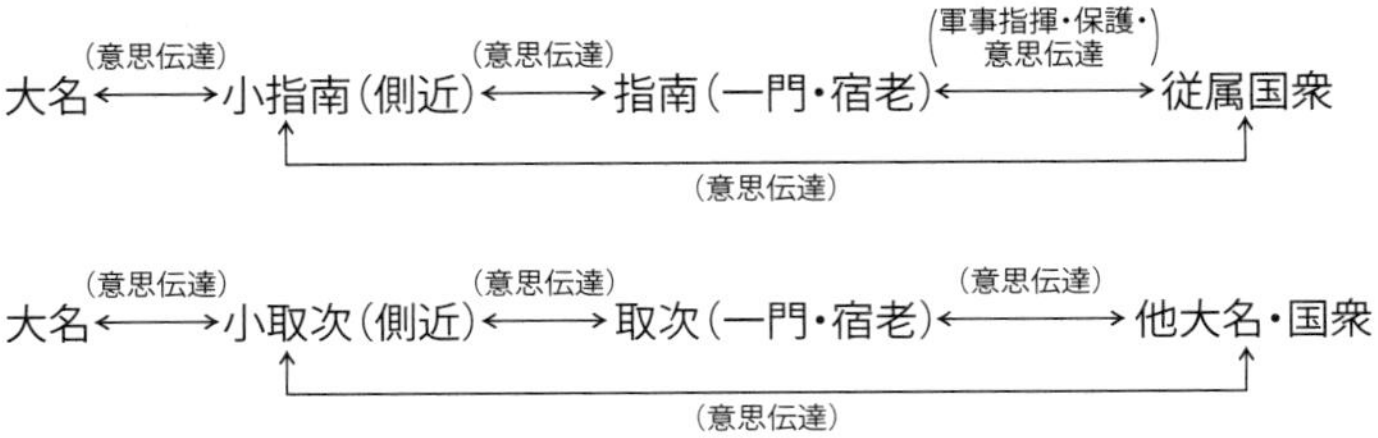


指南・小指南、取次・小取次概念図

備え」つまり寄親寄子制の寄子としての配属である。したがって、配置替えもありうる。

たとえば小幡氏は、長篠合戦時には独立して一手を構成する数少ない国衆であった。しかし、本文書を見る限り、内藤昌月に小幡氏への対応が指示されている。戦争時に内藤の指揮下に入ったかどうかはわからないが、箕輪城代管轄となったことは確認できる。

このことは、小幡氏が勝頼に訴訟を起こしたり、勝頼が小幡氏に命令を下す際、内藤昌月を通じてやりとりをしたことを意味する。このような国衆とのやりとりを担当した取次役を、史料用語から「指南《しなん》」と呼んでいる。

ただ内藤昌月も、箕輪城代として甲府不在だから、勝頼への披露ができない。そこで、勝頼側近のひとりが「小指南《こしなん》」として、小幡氏の取次役を担当する。小指南は、指南自身と大名をつなぐ取次役（奏者）と一致することが多い。

深沢修平氏によると、武田氏においては、指南（寄親）・小指南と相備え・寄子が姻戚関係を持たないよう配慮されていたという。家臣の派閥形成を懸念してのものであろう。

もうひとつ、大戸浦野氏も懇切に接する対象として、名が挙げられている。しかし同氏は、真田氏が管轄する吾妻郡の国衆である。真田氏は親類衆武藤氏に入嗣していた昌幸が家督を継ぎ、譜代待遇となったことで、権限が向上した。このため、間もなく昌幸の相備えに配置替えとなっている。

指南・小指南という取次関係は、国衆の服属前から形成されていったもので、必ずしも大名の命令によるものではない。また服属前であれば、それは外交に属する問題となる。武田氏や北条氏の外交を担当する取次は、一門・準一門と側近層でペアが組まれる事が多い。つまり、指南・小指南と同様である。筆者はこれを、取次・小取次と呼んでいる。交渉相手が服属した場合、取次・小取次は指南・小指南に移行することになる。

また、こうした制度や取次関係の構築には時間がかかるから、甲府所在の側近層から、領域担当の取次（「甲府にての奏者」）が指名されることがあった。個別の取次が決まっていない領主や寺社が、武田氏に上申する際の窓口をあらかじめ宣言しておくのである。領域担当の取次は、城代や郡司が確定した後も、そのまま小指南にスライドすることが多い。『軍鑑』によると、西上野領国化に際し、信玄が指名した上野担当の取次は、跡部勝資と原昌胤であったという。しかし、原昌胤は大宮城代に転出し、長篠で戦死してしまう。勝頼の跡部勝資の重用もあり、上野方面の小指南は跡部勝資が中心となった。

このため、北条氏政との同盟破棄に際し、厩橋の北条芳林（上杉氏旧臣）の調略を行ったのは、取次武田信豊と小取次跡部勝資となったのである。当然、両者は厩橋北条氏の指南・小指南にスライドする。上野は、関東方面との外交交渉の窓口だから、甲佐同盟など東関東の大名・国衆との外交交渉を、信豊・勝資のコンビが取り次ぐようになったのも無理からぬことであったのだ。

この方面の軍事・外交のみが上手くいったことが、跡部勝資や武田信豊が国政を壟断《ろうだん》しているという不満を生むこととなる。つまり、勝頼の側近政治というのは、意図的に権力の集中を図ったというよりは、結果論なのである。

## 東上野侵攻と駿河・遠江での苦戦

上野での攻勢は、何も昌幸に限ったものではない。勝頼自身も、積極攻勢に出ていた。武田氏の攻勢と関係したものであろうか、上野一国の天王社《てんのうしゃ》を統括する「上州天王大夫司職」に補任されていた伊藤大夫が、北条領に逃亡した。これにより、かつて同職にあった柴崎天王社（現群馬県高崎市）の天王左衛門大夫が、天正八年（一五八〇）閏三月に先方衆和田信業の命で再任され、四月、勝頼によって上州一国を管轄するよう追認された（「高井家文書」『戦武』三三一一・三三三五）

四月一〇日に那波領今井郷・堀口郷・山王堂（現群馬県伊勢崎市）に禁制を下しているのは（「石倉家文書」『戦武』三三二二～二四）、勝頼自身が東上野侵攻を計画していたことを物語る。

この点は、六月一一日に佐竹義重に出した書状から明らかになる。勝頼は北条領の上野新田表（現群馬県太田市）を佐竹氏と挟撃する計画を立てていた。しかし、甲江和与の件で景勝と揉めた上、遠江・伊豆で徳川・北条両氏と戦わねばならなかったため、時機を逸してしまったと謝罪している。その上で、秋に武蔵・上野に出馬したいと誓っている（千秋文庫所蔵「佐竹古文書」『戦武』三三五三）。

この頃、勝頼は新たな朱印の使用を開始した。信玄の用いた「晴信」朱印襲用は、天正八年四月二五日を終見とし（「小浜家文書」『戦武』三三三二）、六月一二日を初見として、新たに「勝頼」朱印を使い始めるのである（「内藤家文書」『戦武』三三五七）。念のためにいっておくと、高遠時代に用いた円形の「勝頼」朱印とは異なり、「晴信」朱印と同様の方形朱印である。

「勝頼」朱印

北条氏に対する攻勢のもと、勝頼の強い自負心がうかがえる。勝頼の権力基盤は、いつしか揺るぎないものになっていたといえる。実はそこには偏りが生じていたのだが、勝頼はその点に気がつかなかった。

八月二九日、勝頼は九月五日の東上野出陣を表明した。佐竹氏との連携を約束してのものである。その際、二〇日未満の短期出陣であるとして、兵糧支給を条件に、軍役規定以上の動員を求めた（静嘉堂文庫所蔵『信甲文書』『戦武』三四一七他）。ただ予定より遅れ、勝頼出馬は九月二〇日にずれ込む（「上杉家文書」『戦武』三四三八）。

戦渦を危惧した下野鑁阿寺《ばんなじ》や足利学校（現栃木県足利市）は、勝頼に禁制発給を要請した。一〇月三日、勝頼は両寺の要請を受け入れて禁制を下し、軍勢の濫妨《らんぼう》を禁じている（「鑁阿寺文書」『戦武』三四三〇・「足利学校所蔵文書」『戦武』三四三一）。武田勢の下野侵攻が予想されたわけだ。

勝頼の進軍はすさまじく、新田《にった》金山《かなやま》城（現群馬県太田市）を攻撃し、小泉（現群馬県大泉町）・館林（現館林市）・新田領を焼き払った後、八日までに膳城（現前橋市）を攻略した（「上杉家文書」『戦武』三四三八）。膳城攻めにおいては、持小旗だけを手にして刀を振るうという「素肌攻め」が行われたとされる（『軍鑑』）。もっとも、攻撃を勧めた武田信豊に、勝頼は「父上はこのような迂闊な戦いはしなかった」と難色を示したという。しかし、諸勢が勢

天正８年頃の上野方面情勢図

いのままなだれ込んで攻略し、勝頼を喜ばせたとある。ただ、この戦いで大宮城代兼富士大宮郡司の原昌栄が戦傷死してしまった。原氏は末弟の貞胤が継ぐが、勝頼は富士大宮郡司を廃止し、河東郡司兼興国寺城代の曾禰昌世の管轄領域に編入したようだ。

その後、北条氏政が武蔵本庄（現埼玉県本庄市）に着陣したため、利根川を渡って決戦を試みるが、氏政は交戦を避けて撤退してしまった（「上杉家文書」『戦武』三四三八）。勝頼も帰国するが、跡部勝資が佐竹一門東義久に苦言を呈している。事前の談合では、佐竹勢が下野足利（現栃木県足利市）に出馬するというので、勝頼は隣接する新田に布陣したのに、佐竹勢は小山表（現栃木県小山市）を押さえたことで満足し、撤退してしまったのだという（「奈良家文書」『戦武』三四三六）。

佐竹氏との甲佐同盟により、勝頼は上野での戦況を有利に進め、東上野も過半は武田領となった。北条方に残ったのは、新田領・館林領・桐生佐野領程度である。しかし約束した「手合」は、双方の事情もあり、なかなか思うに任せなかったといえる。

これ以降、勝頼にとって佐竹氏との連合は、ますます意義を増していく。上野制圧は目前であり、越後の一部も獲得した。美濃・三河を失陥し、遠江も過半を失ったが、武田領国はある意味で信玄期に劣らぬ最大版図に達したのである。問題は、駿河・遠江の情勢であった。

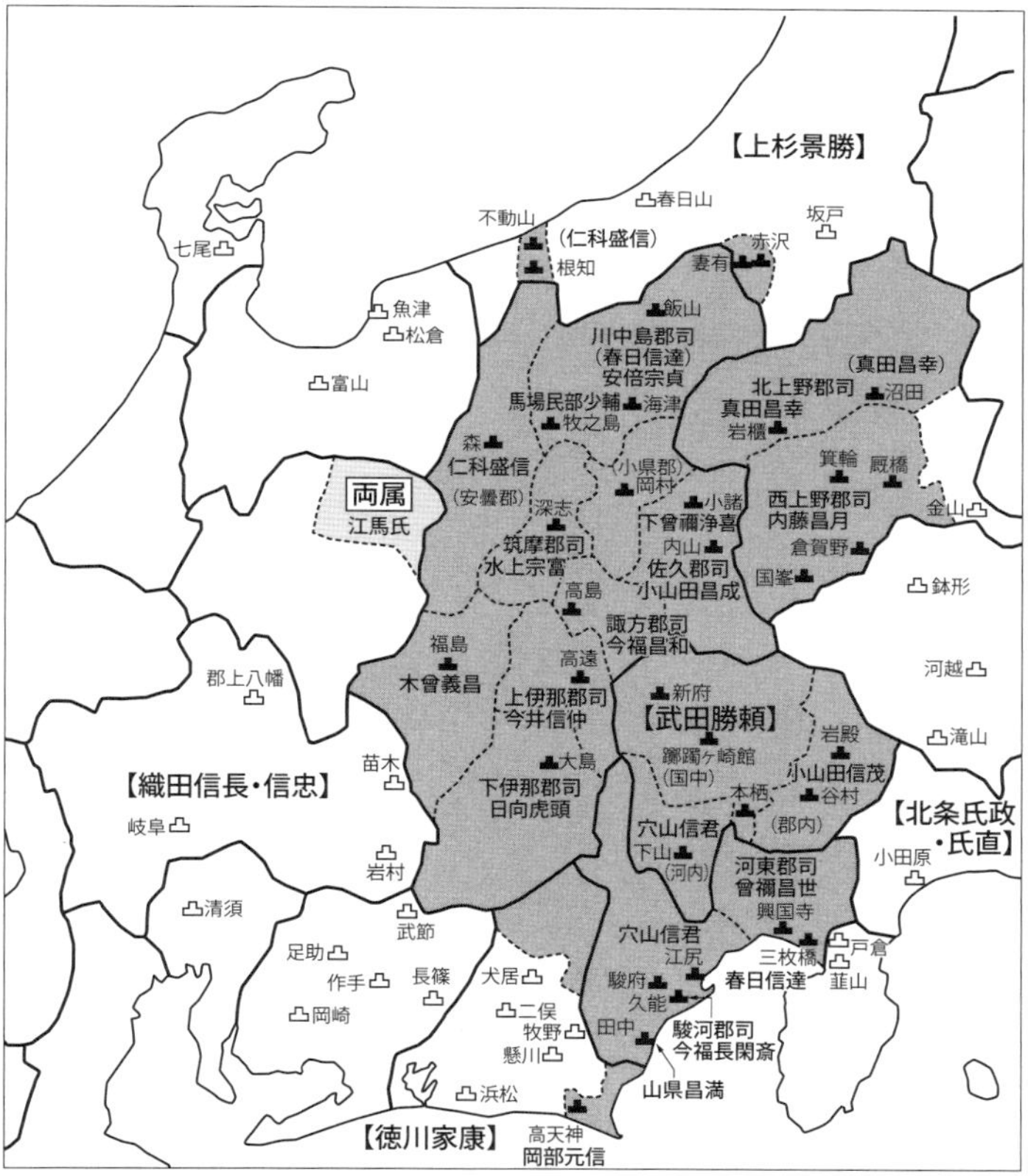


天正８年末時の武田領国図

# 第七章　武田氏の滅亡
## ——戦国大名の本質

## 甲斐本国への北条勢侵攻

前章で述べたように、勝頼は、上野では北条氏を圧倒していた。甲佐同盟による佐竹氏との挟撃作戦がうまく機能したのだ。

しかし、駿河・遠江においては、相遠同盟によって、逆に挟撃される立場にあった。勝頼は遠江の拠点を次々と失っており、徳川勢による駿河侵攻すら繰り返されていた。勝頼は田中城・用宗《もちむね》城（現静岡市駿河区）でこれを撃退するが、戦火は駿府にまで及んでいる。

天正八年三月一八日、徳川勢は高天神城攻略のための付城普請を再開した（『家忠』）。この時、普請が確認されるのは「高天神六砦」のうち三井山（大坂）砦と中村砦である。

高天神城は、遠江に残された数少ない支城であるばかりか、水軍を運用する上での重要拠点でもある。その救援は急務であったが、駿河・遠江方面は同盟国の援軍を得ることができない。唯一領国を接している上杉景勝は、越後の再制圧（旧景虎派討伐）と、越中における織田勢との攻防で手一杯であり、遠江への援軍派遣など頼める状況にはなかった。

四月九日、勝頼がもっとも危惧していたことが起きた。本願寺顕如が勅命講和を受け入れ、大坂を退去したのである。顕如の長男教如《きょうにょ》は徹底抗戦を唱え、籠城を継続するが、結局、七

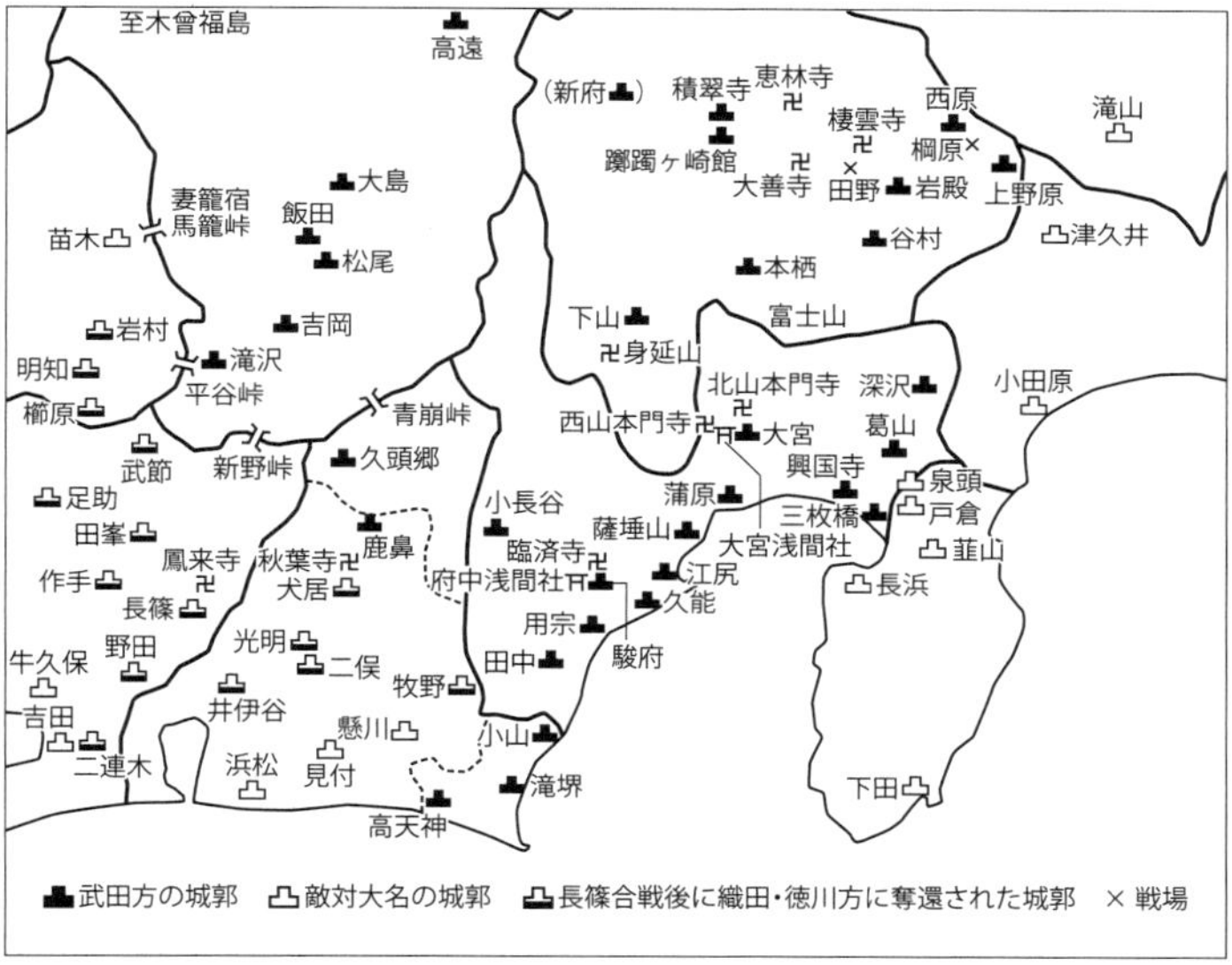


天正８年頃の駿河情勢図

月一七日に大坂退去を受諾した。本願寺の戦線離脱により、勝頼は上方における同盟国を失ったのである。

北条氏との駿河・伊豆をめぐる攻防は、混迷を深めていた。四月二五日、勝頼は武田水軍の小浜景隆・向井政綱に、伊豆浦で北条水軍の梶原備前守を打ち破り、伊豆の郷村を襲撃して敵船を拿捕《だほ》したことへの感《かん》状《じょう》を与えた（「小浜家文書」『戦武』三三三二・神宮文庫所蔵『伊勢国度会郡古文書』『戦武』三三三一）。なお、この敗戦を受けてか、氏政は八月三日に、武田方の軍船を見つけ次第、狼煙《のろし》を上げるよう諸郷に指示を出している（「高田文書」『戦北』二一八六）。

全体に、伊豆浦をめぐる攻防は武田水軍が優勢であったようで、翌天正九年三月二九日の海戦でも、武田水軍が勝利している（「小浜家文書」『戦武』三五三四他）。駿河に出陣していた勝頼は、四月下旬に帰国した（「上杉家文書」『戦武』三三三五）。

五月下旬には、北条領伊豆攻めの拠点、三枚橋城の普請を指揮させるため、武田信豊を沼津に派遣している。信豊は、六月一一日に完成の目途がついたとして、帰国の準備に取りかかった（千秋文庫所蔵「佐竹古文書」『戦武』三三五三〜五四）。

帰陣した勝頼は遠江攻めを計画したが、実施された形跡はない。その理由は、武田領と北条領の国境線の長さにあったようだ。戦場になるのは、駿河・上野とは限らない。四月二七日、甲府に帰陣した小山田信茂は、郡内を預かる留守衆に厳重な国境封鎖を命じている（内閣文庫所蔵『御感状之写并書簡』『戦武』三八四二）。五月一五日、北条氏政の弟氏照（武蔵滝山城主、現東京都八王子市）の軍勢が甲斐都留郡に侵入し、武田勢は同郡北部の西原《さいばら》（現上野原市）で迎撃した（『新編武蔵国風土記稿』『戦北』二一七七・「土屋和夫氏所蔵文書」『戦北』三八八九）。

おそらく、武田氏にとって長篠の大敗を越える衝撃であったろう。天文一〇年の信玄家督相続後、甲斐に敵勢の侵入を許したことは、一度もなかった。『勝山記』によると、天文八年までは武田信虎と北条氏綱の戦争が続いていたというが、以後、甲斐を戦場とする記録は途絶える。実に四一年ぶりに、甲斐が戦場となったのである。

## 勝頼外交への評価

武田氏滅亡を綴った軍記『甲乱記』（静嘉堂文庫本）は、天正一〇年の武田氏滅亡を論評する際、「当国ハ、六十年ニ余リ七十年ニ及テ富貴国豊成シカハ、乱世ト云事ハ余所ニ而已《のみ》聞ナシ」と記す。同書は武田氏滅亡直後の天正一〇年八月に小田原で綴られたものという。甲斐に住む人々にとっては、実際よりも長く、六〇年以上も「平和」を謳歌してきたというのが実感であったのだ。たしかに、小山田領が大半を占める郡内や、穴山領河内ではなく、武田氏が直接支配する国中《くになか》つまり甲府盆地へ敵国の侵入を許したのは、享禄四年（一五三一）の諏方頼満による侵攻が最後となる。それも河原辺《かわらべ》（現山梨県韮崎市）で撃退しているから、甲府の人々にとっては五〇年も前の話となる。その安寧が、ついに破られる日が訪れた。

甲相同盟破棄に始まる北条氏との戦争は、甲斐本国への侵攻という事態を招いてしまったのだ。あくまで結果論だが、越後御館の乱に際し、北条氏政から要請された上杉景虎の支援に専念せず、上杉景勝からの和睦要請に応じて、両者の和睦調停という中立に転じたことが原因といえる。上杉景勝との和睦——なぜ、そのような選択をしたのかという思いが、武田家臣の間に広まった可能性は高い。

上杉景勝から派遣された使者は、当初先衆（先鋒）として出陣していた武田信豊の陣を訪ねた。信豊はそれを勝頼に報告し、以後は小取次跡部勝資・長坂釣閑斎と取次小山田信茂が交渉にあたっている。

武田氏滅亡は、後述するように、天正一〇年正月の木曾義昌の謀叛発覚にはじまる。木曾討伐に出陣した諏方上原において、跡部勝資の陣所に、次のような落首を記した高札が立てられたという（『甲乱記』）。

無情ヤナ　国ヲ寂滅　スル事ハ　越後ノ金ノ　所行ナリケリ
イトヒコ（コヒ）シ　妹背逢夜ノ　中ナラテ　国ニ別ノ　鐘ノ音ソウキ
金故ニ　真黄《マツキ》ニ耻ヲ　大炊助　尻ヲスヘテモ　跡部ナリケリ

いずれも、跡部勝資（元の通称が大炊助《おおいのすけ》）が、越後から黄金の賄賂を貰っていたことを揶揄している。なお二首目にある「妹背《いもせ》逢《あう》」とは、夫婦の仲が睦まじいことを指す。

この陣所において、小山田信茂は、相婿（妻同士が姉妹）の御宿友綱《みしゆくともつな》に次のような漢詩と和歌を送ったという（『甲乱記』）。

汗馬忩々兵革《ヘイ》ノ辰《トキ》　東西戦鞁轟ニ辺垠《キン》ニ
世上乱逆依カレ何ニ起　只是黄金五百鈞
スナ金ヲ　一朱モトラヌ　我等サヘ　ウス耻ヲカク　数ニ入カナ

信茂もまた、「世上乱逆」の原因を「黄金五百鈞」という賄賂に求め、砂金を一朱も受け取っていない自分も非難されるのだろうかと慨嘆している。これは、信茂が跡部勝資と共に上杉景勝との外交交渉を担当していたことによると思われ、一からの創作とは考えにくい。賄賂が砂金とあるのも、当時流通していた金には砂金が含まれていたことを踏まえれば（ただし紙で包まれている）、それなりの真実味がある。

これに対する御宿友綱の返歌として、『甲乱記』は次のものを記す。

甲越和親堅約ノ辰　黄金媒介《バイカイ》訟フ神垠ニ
佞臣屠尽《ハフリ》ス平安国　可レ惜家名換《カフル》コトヲ万鈞ニ
ウス耻ヲ　カクハ物カハ　ナヘテ世ノ　滅スルモ　金ノ所行ヨ

とどめと言わんばかりに、景勝との和睦時の「佞臣」、つまり跡部勝資による黄金贈答を糾弾している。

ただ、信茂の漢詩にある黄金五〇〇斤《きん》を事実と受け止めるのは難しい。律令では、斤には大小二種類あり、小一斤は一六両、大一斤は四八両とされ（『令義解《りようのぎげ》』）、『延喜式《えんぎしき》』では小斤を用いるのは湯薬のみというから、大一斤とすると二万四〇〇〇両にもなってしまう。尋常な額ではない。

したがって、漠然と賄賂によって、上杉景勝支援が決められたのではないかという話が囁かれていたことは指摘できても、記されている黄金の量を事実と見なすことは難しい。

そもそも、賄賂は贈られたのか。天正八年四月二六日、跡部勝忠と長坂釣閑斎は、勝頼妹菊姫（上杉景勝室）付家臣の筆頭長井昌秀に対し、「かねて御約束いただいた黄金五〇枚が御未進である」として催促を指示した（「上杉家文書」『戦武』三三三五）。たしかに、上杉景勝は少なくとも黄金五〇枚の贈答を、武田氏に約束していたようである。

ただし、この文書に署判しているひとりは、勘定奉行筆頭（「惣算用聞」）の跡部勝忠であり、正式な贈答である。

戦国大名が和睦や同盟をする際、話を持ちかけた側が金銭を進上するという慣習が存在したようだ。大永四年（一五二四）に北条氏綱が武田信虎と和睦した際には、翌五年に銭一〇〇〇貫文が北条氏から武田氏に贈られている（『勝山記』）。氏綱は長尾為景に「信虎がしき

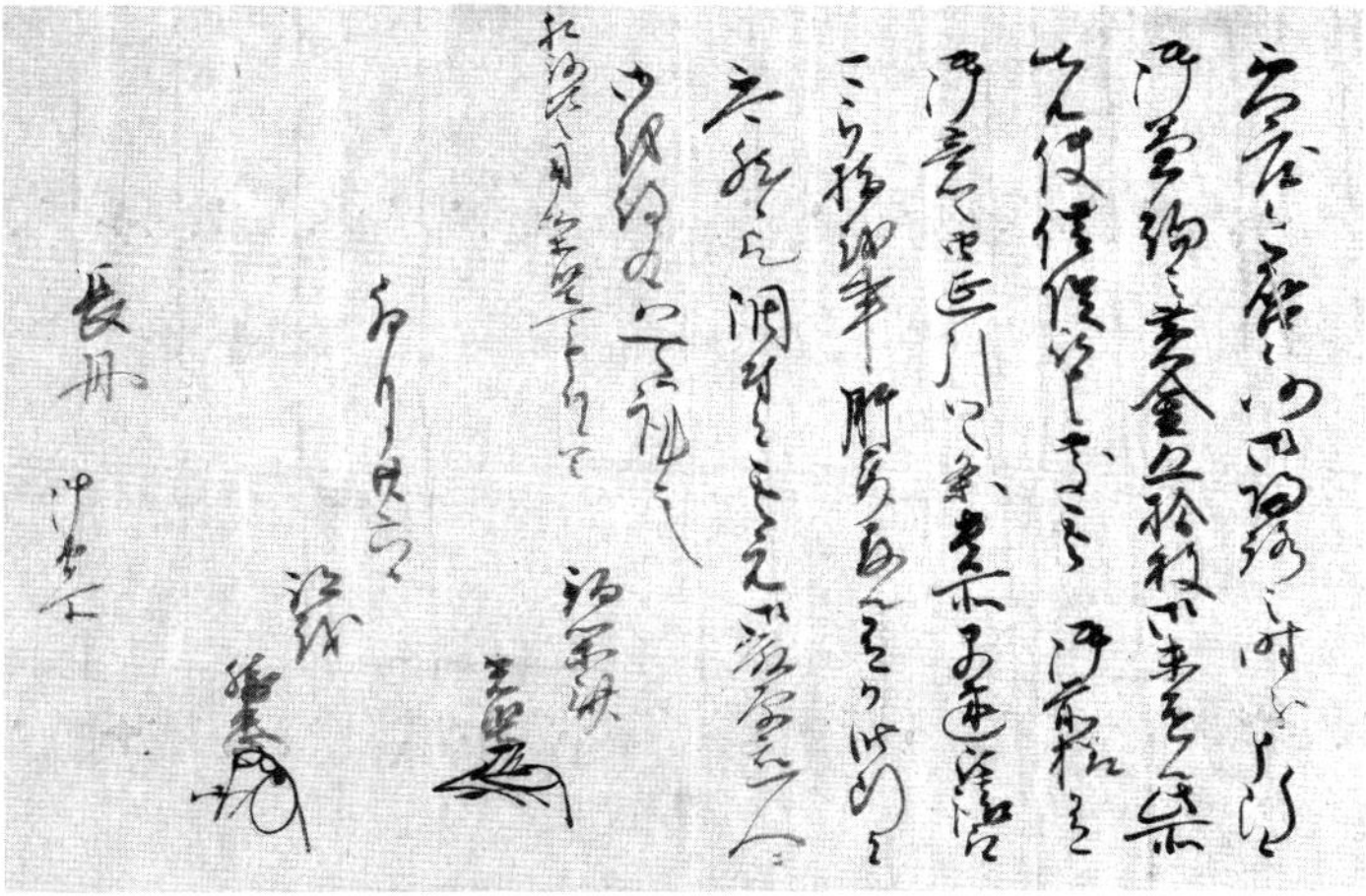

跡部勝忠・長坂釣閑斎連署状（上杉家文書　米沢市上杉博物館蔵）

りに和睦を求めてきた」と述べているが（「上杉家文書」『戦北』六五）、北条側が銭を贈っていることからみて強がりであろう。礼銭の一種と位置づけられる。

したがって景勝も慣例によって、礼銭を贈ったのだろう。ただし、黄金五〇枚はさほど大きな額ではない。まず一枚が何両かが問題となる。一般に黄金一枚＝一〇両、一両＝四匁五分≒銭三貫文とされるのだが、先述したように、これは京目《きょうめ》の話である。「田舎目《いなかめ》」と呼ばれた地方の金は異なった。諸先学の研究および当時の史料を踏まえれば、甲斐の田舎目（甲斐目）は、黄金一枚＝一両、一両＝四匁二分≒銭一貫六五〇文である。北条領では一両＝銭一貫五〇〇文という公定換算率を定めているから、この数字は、東国ではおおむね共通するものだろう。

したがって、黄金一枚＝一両＝銭一貫六五〇文で計算すると、黄金五〇枚は八二貫五〇〇文にしかならない。中世の一貫文を現在の貨幣価値に換算すると、約一〇万円に相当するから、おおよそ八二五万円分の黄金となる。

大名同士の贈答であることを踏まえ、最も高く黄金一枚＝一〇両、一両＝銭三貫文としても、五〇枚＝五〇〇両＝一五〇〇貫文となる。これなら一億五〇〇〇万円相当となるが、「甲斐目」でみれば約半分になってしまう。また、北条氏綱と武田信虎の事例（銭一〇〇〇貫文）と比べて、ほとんど違いはない。

これが未進分で、礼銭の総額ではない点は、たしかに注意を要する。しかし「御前様」、つまり菊姫の指示で送付が止められていたもので、書状の送り先も菊姫の付家臣筆頭の長井昌秀である。わずか一年前に嫁いだ菊姫が、上杉氏外交に介入できるとは考えがたいから、この未進金は、婚姻に関わるものではないか。結納金というのは新しい習俗だが、武家社会では近世には確認できるという。なお『軍鑑』は、織田信忠と信玄の息女松姫の婚約が成立した際、信長から松姫への贈答品のなかに「代物《だいもつ》千貫」と銭そのものの記載がある。

このようにみてくると、甲越同盟に際して、多額の黄金が動いたという話自体が、極めて怪しくなってくるのだ。

景勝・景虎間の和睦が成立した際、景勝は武田方に太刀などとともに銭を贈っている。現在判明するのは、勝頼と弟の葛山信貞に一〇貫文、内藤昌月に五貫文で、贈答としては一般的な額である。葛山信貞・内藤昌月は、同盟交渉にはまったく関与していないから、景勝は、越後に在陣していた武田一門・宿老に挨拶を兼ねて書状と進物を送ったのだろう。当然、彼らの間では、景勝との和睦は合意事項となる。

だから、景勝が勝頼やその側近に、多額の賄賂を贈ったという事実の史料的裏付けはできない。これが賄賂・佞臣と色づけされていったのは、武田旧臣の間で、上杉景勝と結んだことに起因する、北条氏政との敵対こそ、武田氏滅亡の原因という理解が広がっていたためと考えられる。

そこで注意したいのは、勝頼期の外交管掌の変遷である。信玄は外交を担当する取次がひとりに集中しないよう配慮しており、担当する大名は、地域的まとまりをもちつつも、ある程度、分散していた。

そのなかで、穴山信君は古くから関係を有していた今川氏との交渉を担当しており、そのまま西国諸大名との外交を所管するようになった。徳川氏、六角氏、朝倉氏、浅井氏、本願寺、足利将軍家といった具合である。しかし、このうち徳川氏は信玄の代に敵対し、朝倉・浅井両氏は信長に滅ぼされてしまった。六角氏も大名としての実態を失っている。その後、三好氏との外交も管轄するが、京を追われた足利義昭は、穴山信君ではなく、武田信豊に御内書を出すようになり、それを受けて亡命先の毛利輝元も信豊を取次とした。

信豊はこれに加え、上野の厩橋北条氏の服属交渉を担当し、そのまま佐竹氏を始めとする「東方之衆」との外交を管轄している。

武田氏外交は、一門・準一門格と側近とがペアを組んで、取次を務めることが多い。筆者が前者を取次、後者を小取次と呼んでいることは、すでに述べた。

信豊が取次を務める大名をみると、跡部勝資とペアを組んでいる事例が多い。もともと、信玄期には関東方面の小取次は、土屋昌続が担当することが多かった。しかし跡部勝資は、甲越同盟（取次は小山田信茂）および甲佐同盟・甲江和与・甲芸同盟（取次はいずれも武田信豊）の小取次を担当しており、事実上、武田氏外交の中枢を独占しつつあった。一部の小取次は、長坂釣閑斎とともに担当しており、これが、『軍鑑』が武田信豊・跡部勝資・長坂釣閑斎に大龍寺麟岳が外交方針を話し合う場面を描く背景である。

だからこそ、跡部勝資の「密室外交」という疑惑と不満が、家臣の間に生じたのである。これが順風であれば、問題はなかったであろう。甲佐同盟は上手く機能し、上野において武田氏は圧倒的優位に立ったし、甲越同盟の結果、信濃統一を達成し、越後における領土割譲も得ている。甲江和与の交渉に失敗したことと、甲相同盟の崩壊は大きな誤算であったが、他の軍事・外交は一定の成果が出ている。

## 募る穴山信君の不満と駿河・遠江の劣勢

やはり、問題は駿河・遠江方面で、相遠同盟に挟撃され、不利になる一方であった。長篠合戦後、この方面の軍事を統轄していたのは、江尻城代の穴山信君である。天正八年末に剃髪し、梅雪斎不白を号していた。彼の目に、この状況はどのように映ったのであろうか。

苦境と併行する形で、信君の外交上の発言力は、急激に低下していた。担当大名は、近江甲賀郡でゲリラ的に活動している六角氏と、本宗家を再興しようとあがいている三好氏程度しか残されていない。甲府を離れていることもあり、武田氏の対外政策決定の場から、信君は締め出された形になっていた。

天正八年五月に駿河田中城攻めから撤退した徳川家康は、翌六月には遠江高天神城攻めを再開した。一一日に普請が開始された付城獅子ヶ鼻《ししがはな》砦（「高天神六砦」のひとつ）は、一七日には完成をみている。この時、徳川勢によって、城兵が居住するための根小屋《ねごや》が焼き討ちされた（『家忠』）。

先述したように、五月から六月にかけ、勝頼は駿河沼津へ派兵し、北条勢と対峙させた。

家康は氏政の要請を受け、武田勢の背後を突こうと再度、小山城・田中城に攻撃をかけ、刈田を行った（『家忠』）。駿河・遠江の戦局は、相遠同盟が効果的に働いている。

こうした事態に対処するため、勝頼はさらなる軍備強化に着手した。少しさかのぼって天正八年閏三月一四日、新たに鉄砲薬抹奉行をふたりずつ三番での輪番制と定めた。

八月一一日には、仁科盛信が重臣の等々力氏に対し、鉄砲を持参した者には普請役を免許するという新しい軍法を通達している（「等々力家文書」『戦武』三四〇〇）。勝頼の命を受けてのもので、全領国に通達したものだろう。同月二七日、今度は上野箕輪城に目付として派遣されたとみられる秋山下野守に、鉄砲玉薬一〇万放の確保を命じている（山梨県誌本『巨摩郡古文書』『戦武』三四一四）。勝頼は鉄砲増強をさらに推し進めていた。

武田領遠江は、すでに高天神城将の岡部元信が管轄する東端部と、北部の国衆天野氏・奥山氏の領域に限定されていた。しかし天正三年七月、天野藤秀《ふじひで》は守備を任されていた光明《こうみょう》城（現静岡県浜松市天竜区）より撤退し、本拠犬居《いぬい》城（同前）もまもなく徳川勢に攻め落とされた（「孕石家文書」『戦武』二五〇二、『三河物語』他）。

藤秀は、犬居城奪還を目指して活動を続け、天正四年末に穴山信君から戦功を上申される（東京大学史料編纂所所蔵「天野家文書」『戦武』二七五二）。また、子息福房が住持となっていた秋葉寺の寺務代行を、天正七年三月に命じられている（「備後天野家文書」『戦武』三一〇四）。

しかし、秋葉寺は犬居城のすぐ北に位置する。天野藤秀は敗走を重ね、領国最北端の鹿鼻砦（現静岡県浜松市天竜区）に落ちのびている（『三河物語』）。したがって秋葉寺寺務代行といっても、どこまで実効性のあるものであったかは怪しい。

この影響を受けたとみられるのが、天野氏に従っていた久頭郷《くずごう》城主（同前）奥山氏である。天正八年九月、奥山氏の内部で、謀叛の動きがあり、奥山吉兼が鎮圧の功を称されている（『諸州古文書』『戦武』三四二五）。遠江の動揺は、深刻であった。

## 高天神城落城の衝撃

天正八年一二月から翌九年五月にかけ、勝頼は上杉景勝から越中出馬への軍事支援を求められていた（「上杉家文書」『戦武』四〇八八他）。同時に根知城の件が協議されており、越中出陣の円滑化のため、上杉両国を東西に分断している越後不動山城・根知城の返還を求められたのかもしれない。また越中への出馬支援といっても、越中への援軍派遣なのか、「手合」としての美濃侵攻なのかも不明である。

しかし、勝頼はそれどころではなかった。徳川勢の包囲下にあった高天神城の籠城が限界に達しつつあったのだ。

高天神城跡（撮影：平山優氏）

天正八年一〇月二二日、「高天神六砦」（実際は二〇近いという）を完成させた家康は、軍勢を城際まで前進させた。以後も、連日普請が行われている（『家忠』）。城方の封鎖が目的で、堀や土塁・高塀、さらには七重八重の柵を設けたという。一間につきひとりずつ侍を配置して、城方が打ってでれば増員するという念の入れようである。「鳥も通わぬ」と称された（『三河物語』）。

天正九年（一五八一）五月後半、城将岡部元信は、高天神に加えて、自身が管轄する滝堺・小山両城の引き渡しを条件に、城兵の助命を嘆願する矢文《やぶみ》を放った（「水野家文書」『信長文書』九一三）。これは、遠江東端に残された武田領をすべて引き渡すことを意味する。最初は滝堺、今度は小山とあるから、開城条件をめぐるやり取りが何度か行われていたらしい。

一方、矢文直前の五月一七日に、勝頼が籠城中の岡部元信に対し、包囲網を突破して往来した使者匂坂《さきさか》甚大夫・暮松三右衛門尉への加増を伝え、「ますます戦功に励むよう申し付けよ」と指示している（「孕石家文書」『戦武』三四八四）。家康の案に相違して、籠城中も密接にやり取りをしていたようだ。このうち匂坂については『三河物語』にも記載がある。しかし、言葉通りであれば勝頼の認識はかなり甘い。これが、最悪の事態を招く。

矢文を受け、家康は事実上、服属していた「天下人」織田信長に対応を相談した。しかし、信長の返事は意外なものであった。降伏を拒絶するよう、家康に求めたのである。信長は、勝頼は援軍を出せないだろうという見通しを述べた上で、①勝頼が援軍として出陣してくれば、手間も入れずに決着をつけることができる、②出馬せずに高天神城や小山・滝堺城を見捨てるようであれば、その噂によって勝頼は駿河の端々の小城まで保つことはできなくなるだろう、とその目論見を述べた（「水野家文書」『信長文書』九一三）。つまり、信長は「勝頼が高天神城を見殺しにした」ことを宣伝し、名声の失墜を狙ったのである。

三月二二日、高天神城は援軍を得られないままに落城した。岡部元信率いる城兵は、徳川勢に突撃して壊滅したのである（『家忠』・『三河物語』）。翌日、残党を捜索するための山狩りが行われた（『家忠日記』）。

高天神落城の報告を受けた信長は、家康に花押を据えた書状を送ってねぎらった。この時

高天神落城直後の徳川家康宛織田信長書状（萬葉荘文庫蔵　画像提供：日本史史料研究会）

期、信長は「天下布武」印判ばかりを用いて、ほとんど花押を使うことはなくなっていたから、異例の対応である（「萬葉荘文庫所蔵文書」『史料集「萬葉荘文庫」所蔵文書』一五、日本史史料研究会）。

高天神落城が武田家中に与えた衝撃は、信長はおろか、勝頼の予想を遥かに超えたものとなった。勝頼は目付として派遣していた横田尹松《ただとし》から報告を受けたが、籠城衆は全滅といってよい。問題は、籠城衆の顔ぶれにあった。何人か名前をあげてみよう（『乾徳山恵林寺雑本』『静』８―一三八五他）。

城将岡部元信（駿河）・岡部治部左衛門（同岡部正綱弟）・三浦右近（駿河）・孕石元泰（遠江）・安西平右衛門（有味の子、甲斐譜代）・浦野（大戸）弾正忠（上野）・依田立慶《りゅうけい》（信濃）・栗田鶴寿《かくじゅ》（信濃、善光寺別当）・江馬右馬允（輝盛弟、飛騨）他である。

勝頼は高天神の守りを固めるため、甲斐・信濃・上野・駿河・遠江・飛騨と武田のほぼ全領国から在城衆を集めていたのだ。だから「勝頼に見殺しにされた」という悲報は、武田全領

国に広がってしまった。

先に、国衆が戦国大名に従っている理由は、その軍事力の保護を得て、自身の領国を守ることにあると述べた。しかしここに、武田氏の「軍事的安全保障体制」への信頼は失墜した。勝頼に従っていても、助けては貰えない——信長の狙いは、想像以上の効果を上げた。

「高天神崩れ」と呼ばれるこの落城劇こそ、武田氏滅亡へのターニングポイントである。勝頼は、信玄に劣らぬ広大な領国を確立したが、それを維持する上での信頼を失ったのだ。

## 起死回生を目指す外交策

高天神落城直前の天正九年三月一四日、窮地に陥った勝頼のもとに、安房・上総の里見義頼からの使者が訪れた（千秋文庫所蔵「佐竹古文書」『戦武』三五一八）。もともと、武田氏と里見氏は友好関係にあり、信玄・勝頼はその宿敵北条氏との和睦調停を行っていた。結局里見氏は、天正五年に劣勢のまま北条氏政と和睦し、事実上、服属した形に落ち着いた。

天正七年の甲相同盟破棄後、佐竹義重は勝頼から送られてきた書状の写を里見氏に転送し、反北条同盟への参加を呼びかけた（『正木大膳家譜』『戦房』一七一六）。前年の天正六年、御家騒動で里見義頼が甥に勝利して家督を継いだことを受け、外交関係刷新の余地ありと考えたのである。もっとも義頼の正室は北条氏政の娘だから、義頼は応じる姿勢をみせていない。

勝頼も、天正八年六月に使者を派遣し、同盟を持ちかけた（「岡本家文書」『戦武』三五七四）。その回答がついに寄せられ、里見義頼から武田・佐竹・里見で三国同盟を結びたいという申し出がなされたのである。勝頼は五月に上杉景勝に断りを入れた上で（「上杉家文書」『戦武』三五四六）、六月に使者として跡部昌忠（勝忠の嫡男と同じ実名だが別人）を派遣し、佐竹氏麾下の梶原政景に仲介を依頼した。しかし昌忠は、北条領通過をためらい、佐竹氏の使者三橋宗玄《そうげん》が勝頼書状を預かって、里見氏のもとを訪ねている（『紀伊国古文書』『戦房』一七九八・『武州文書』『戦房』一八〇六）。一〇月には、三橋宗玄が義頼の回答を携えて常陸に戻り、昌忠も甲斐に帰国した（『武州文書』『戦房』一八二一）。里見義頼が、御家騒動で対立した正木憲時《のりとき》を滅ぼして領国を統一した時でもあり、ここに勝頼は里見氏と「甲房同盟」を締結した。

天正九年一一月、梶原政景は里見義頼に、武田・佐竹両氏との「手合」を求めた（『武州文書』『戦房』一八三二）。その報を受け、里見氏に保護されていた小弓《おゆみ》公方の足利頼淳《よりあつ》（古河公方を離叛した足利義明の末子）は、梶原政景の父太田資正《すけまさ》に書状を送り、武田・佐竹間で協力し、北条氏を攻撃するよう促している（「潮田文書」『戦房』一八三四〜三五）。

つまり甲房同盟は、古河公方を奉戴する北条氏に対抗する大義名分（小弓公方奉戴）を、勝頼に与える可能性も秘めたものであった。しかし、里見義頼は北条氏との同盟を破棄したわけではない。その動向は情勢次第であったといえる。

だから佐竹義重との同盟は、ますます意味を増していった。その理由のひとつが、天正九年六月に勝頼が昌幸に与えた在城定書に記された文言、「佐竹奥州一統」である。

天正七年、長年対立していた佐竹・蘆名両氏が、佐竹氏優位の形で和睦し、両氏の従属国衆岩城《いわき》・石川・白河結城《ゆうき》・二階堂氏を含めた同盟が形成された。天正九年五月、唯一抵抗していた田村氏とも和睦し、佐竹義重は「奥州皆もって一統せしめ候」と宣言した。そして同年一〇月、みずから会津黒川城を訪ねたのである（「庄司喜與太氏所蔵文書」『上越』二九八〇）。勝頼が耳にしたのは、まさにこの宣言であったのだ。

ここに南奥（現福島県域）の国衆は、東部の相馬氏など一部を除き、佐竹・蘆名同盟の影響下に入った。この同盟は佐竹氏主導で進められたため、佐竹氏は「東方之衆」だけでなく、「南奥」国衆を含めた盟主として、国衆一揆結合に奉戴される形となった。また、蘆名氏も戦国大名としての独立は失っていないから、南奥国衆は佐竹・蘆名氏に両属したといえる。各国衆と佐竹・蘆名氏の関係は、武田・北条氏と比較すると緩やかで、武田氏も両氏麾下の

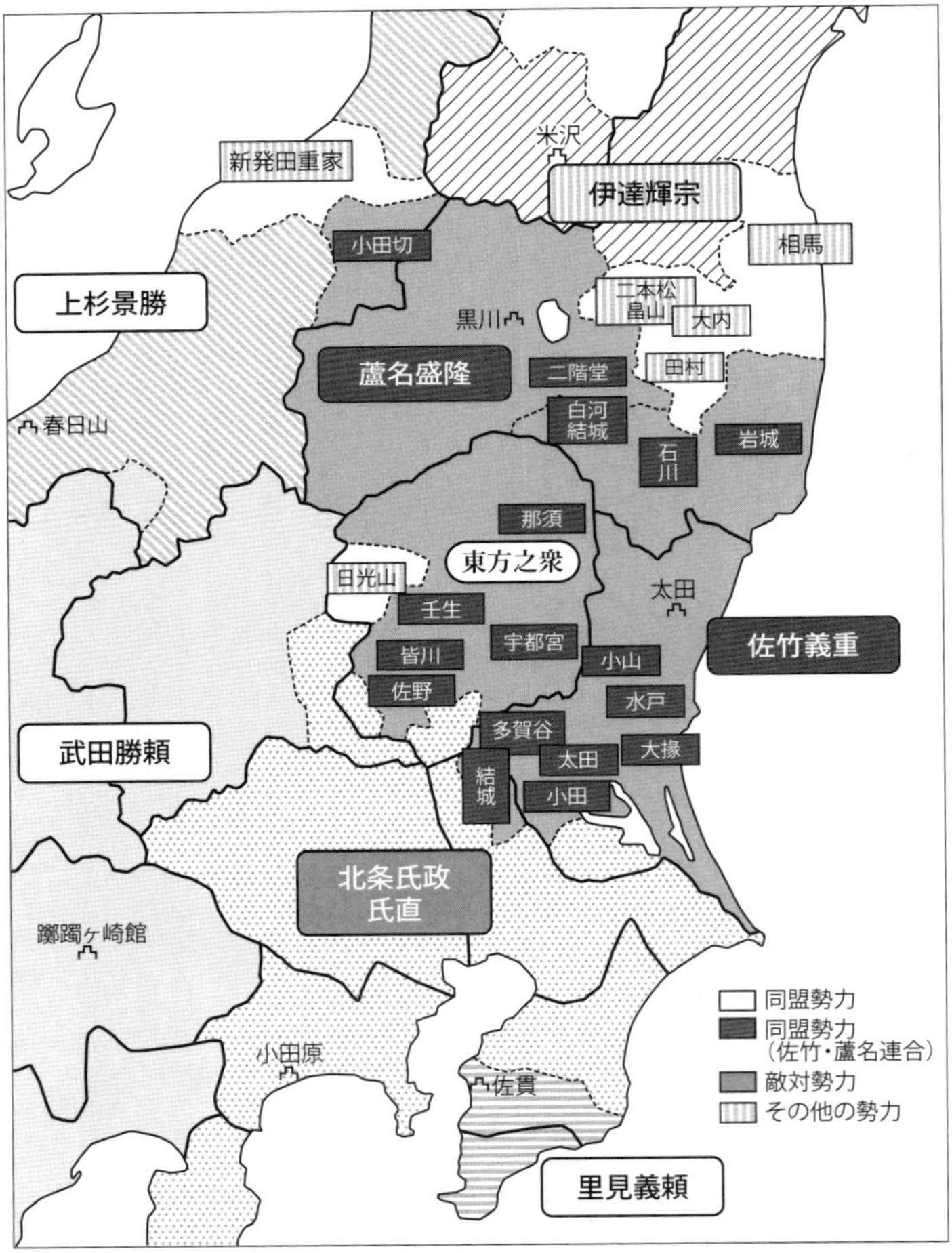


天正９年、佐竹氏による「奥州一統」情勢図

国衆と個別に外交関係を築いていたが、特に「東方之衆」盟主は佐竹氏と認識していた。

これも、佐竹氏による「軍事的安全保障体制」に諸国衆が従う形であり、戦国大名権力の一形態といえる。佐竹氏は、武田氏や北条氏とは異なる形で戦国大名「地域国家」を形成した。武田氏や北条氏においても、国衆は大名の譜代家臣ではないから、佐竹氏は権力の結合のあり方こそ異なれ、戦国大名として本質的違いはないといえる。

しかしいずれも北条氏との戦争を有利に進めるための外交に過ぎない。駿河情勢の改善には、ほとんど寄与しないのである。したがって、勝頼が状況の打開を図るには、やはり信長・家康との講和以外にはなかった。天正七年から八年にかけて行われた甲江和与交渉は失敗したが、勝頼は諦めてはいなかったようで、和睦を働きかけ続けていたらしい。このことは、帰国した織田信房に和睦仲介を依頼している事実や、同盟国上杉景勝も天正八〜九年に信長側近菅屋長頼に和睦を求めていることから窺える。

そう考えると、天正八年一二月の勝頼宛上杉景勝条目中の「上口御刷《つくろい》之様子」つまり上方との和睦進展状況を承りたいという一文が眼につく（「上杉家文書」『戦武』四〇八八）。天正九年五月四日付書状で、景勝が「上方・関東表、何茂無事之由、珍重候」とある「無事」も、上方は織田氏、関東は佐竹・里見氏を指し、その和睦交渉が順調と聞いて喜ばしいと述べているのだろう（「本間美術館所蔵文書」『戦武』四〇九〇）。景勝は和睦交渉を知りながら、越中への援軍派遣も求めており、和戦両様の構えを取ることを望んでいたようだ。

　このためか、九月三日付で梶原政景が里見義頼に送った書状には、織田・武田間の和睦落着の一報が、甲府から佐竹義重経由で届けられたとある（『武州文書』『戦房』一八一〇）。実際には、交渉の進展はみられない。武田氏は北条包囲網構築のために、強気の情報を流したようだ。

　しかし信長に勝頼を許すつもりがなかったのは、高天神城落城の顚末からも明らかである。その最大の理由は、武田氏との同盟破棄経緯であろう。信長は、当時足利義昭の命を受け、「中人」として武田・上杉間の和睦調停を進めていた。上杉謙信はこの和睦に乗り気で、渋る信玄の説得にかかろうとしたところ、信玄が謙信に「信長の調停では和睦はできない、朝倉義景なら話は別だ」と通告した上、同盟破棄をして徳川領に攻め込んだのである。これは、信長の面目を丸潰れにするものであった。さらに天下人となった信長にとって、足利義昭に呼応して織田・徳川領侵攻を図った勝頼は、「天下静謐」を乱す存在である。勝頼が対等な和睦を求めてきても、受け容れるわけにはいかなかったといえる。

　信長が強気であった背景として、もうひとつ北条氏の服属姿勢を挙げることができるだろう。天正八年八月一九日、北条氏政は突如、隠居を表明し、家督を嫡男氏直に譲った（神奈川県立歴史博物館所蔵「北条家文書」『戦北』二一八七）。この時、氏直は出陣中であった上、当時の隠居は年末に行われることが多いから、異例の行動である。このため、氏直を家督に据えることで、以前から求めていた氏直への信長息女の輿入れを実行してもらい、関係強化を図ろうとしたものと考えられる。

勝頼が天正七年末に、出陣先から信勝元服の指示を下したのも、生母龍勝寺殿が信長養女という関係を考慮した結果かもしれない。家督を譲ったという自説は撤回したが、信長との関係改善を意図した可能性はある。

## 新府築城

天正九年四月一七日、北条勢が再度甲斐に侵入し、梱原《ゆずりはら》（現上野原市）で合戦が行われた（『新編相模国風土記稿』『戦北』二二二六）。勝頼はまたしても本国への侵攻を許したのである。すでに、北条領と境を接する小山田氏の要請をうけ、三月二〇日までには小山田領内の岩殿《いわどの》城（現大月市）には武田氏譜代家臣の在番体制が整えられていた。指揮を執ったのは、以前にも都留郡北部の防衛を担当した荻原豊前である（「大野聖二氏所蔵文書」『戦武』三五二三）。

これは、小山田領を保護するための軍勢駐留である。勝頼は「軍事的安全保障体制」に基づき、小山田氏の要請に応じて保護を図ったのである。甲斐本国の国衆が、武田氏に支援を仰がねばならないということが、事態の深刻さを物語っていた。

高遠城には、実弟仁科信盛と、副将として内山城代兼佐久郡司の小山田昌成・大学兄弟が入城した（『甲乱記』）。信盛は、勝頼から武田氏通字「信」字の偏諱を受けて、盛信から改名したらしいことが、この年、菩提寺霊松寺に出した禁制から判明する（「本間美術館所蔵文書」『戦武』三五四三）。盛信という実名にはすでに「信」字が入っているが、一門として偏諱を受けたものではなく、仁科氏通字「盛」字が強調された実名であった。このように、すでに実名に通字が入っていながら、偏諱を受け直して一門であることを強調する事例としては、羽柴秀長（秀吉自立後、長秀から秀長に改名）が挙げられる。また、この年に伊勢神宮内宮御師が作成した『しなの丶国道者之御祓くはり日記』（「堀内健吉氏所蔵文書」『戦武』三六四四）には、仁科氏当主不在の旨が記されているから（「何時なり共仁科殿に御なり候かたへ」とある）、同時に武田に復姓した可能性もある。自身がかつて治めた高遠を任せるに際し、武田氏とのつながりを強調しようという判断である。

つまり、長篠敗戦後と同様に、信濃伊那郡の防衛強化が緊急課題になっていたのだ。

この年、勝頼が信長の攻撃に備えるために築城を開始したのが、新府城（現韮崎市）である。従来、築城開始は天正九年正月とされてきたが、根拠となる文書（「小林清吾氏所蔵文書」『戦武』三四八五）をよく読むと、築城開始後の普請指示を通達したものであり、翌一〇年に

新府城跡（画像提供：韮崎市教育委員会）

比定される。一方、『軍鑑』は、穴山信君の進言により、七月に築城を開始するというが、これも信じがたい。信君は武田氏滅亡後に、新府築城を「勝頼が讒人《ざんにん》の意見を聞いたものだ」と非難している（「南松院文書」『静』8一五二八）、新府城はかなり大規模だから、七月の築城開始では遅すぎる。

　というのも、九月に完成したとして、一〇月に同盟国に周知がなされているからである（『武州文書』『戦房』一八二二）。実際の新府城は、『軍鑑』が記すような軍事防衛拠点にとどまるものではない。北条氏と並ぶ東国最大の大大名に成長した武田氏の広大な領国の中枢に位置する政治拠点を意図したものであった。史料上「新館」と出てくるのは、こうした政庁としての機能を示したものだろう。

それほど大規模な普請であったから、上野国衆大戸浦野民部右衛門尉が「小指南」土屋昌恒を通じて行った訴訟は、再三披露しても「大方ならざる御取り乱れ」のため、裁許が下ることはなかった。昌恒は、折を見て披露しているが、それどころではないとして、新府移転の後に落ち着いてから参府するよう助言している（『新編会津風土記』『戦武』三六二〇）。

しかし実際に、勝頼が多忙を極めた理由は、新府移転だけではなかったし、新府への移転自体も遅れた。一〇月、北条氏の伊豆戸《と》倉《くら》城将（現静岡県清水町）笠原政晴《まさはる》が武田氏に寝返り、その保護のため、急遽伊豆に出馬したためである（「上杉家文書」『戦武』三六二二）。

笠原政晴は、北条氏の宿老松田憲秀《のりひで》の子で、伊豆郡代笠原氏に養子入りした人物である。それほどの重臣で、しかも勝頼が苦戦した駿河方面を担当する人物が寝返るほど、当時の武田氏は北条氏に対して優勢を確保していたのだ。

寝返り工作は、三枚橋城将の春日信達が行ったとされる（『北条五代記』）。実際、勝頼への報告は、同城在番衆の曾禰河内守によってなされ、ただちに河内守が戸倉城に入城している（「平山家文書」『戦武』三六一九）。政晴は忠節の証として、北条氏の伊豆支配の拠点韮山城攻めを行った（「加古貞吉氏所蔵文書」『戦武』三六二一）。

武田信豊が一一月に佐竹氏ら「東方之衆」に背後を突くよう強く求め（「福地家文書」『戦武』三六二三）、小弓公方足利頼淳からも同様の要請が出たのは、このためである。一二月四日、勝頼は佐竹義重に出陣を促した。伊豆に出陣してきた北条氏政は、予想通り、難所に布陣して守りを固めた。勝頼はわずか数里の距離にいながら、決戦ができなかったと悔しがっている（千秋文庫所蔵「佐竹古文書」『戦武』三六三〇）。

一二月一九日にようやく帰陣した勝頼は（「上杉家文書」『戦武』三六四一）、二四日に新府移転を実施した（『理慶尼記』『信長公記』）。同日、諏方大社上社神長官の守矢信真から、「新館相移」に対する祈禱の護符を送られている（「守矢家文書」『戦武』三六四〇）。

ところが新府城は、まだ完成してはいなかった。勝頼は、城の中枢が落成した段階で、移転を実施したのである。天正一〇年正月二二日、上野岩櫃・沼田城代兼北上野郡司の真田昌幸は、「御分国中《ごぶんこくちゅう》から人足を集めるため、勝頼近習の跡部十郎左衛門尉が人改めにそちらに向かいます。貴方の御領地の人々も二月一五日までに着府するようにお命じ下さい。家一〇間につき人足ひとりの割合とします。軍役衆には人足の兵糧米供出を命じられたので、水役（道普請）の人足を差し出せとの御上意です。普請の日数は三〇日ということですので、詳しくは跡部から聞いて下さい」と述べている（「小林清吾氏所蔵文書」『戦武』三四八五）。

本書状は宛所が裁断され、近世段階では真田氏家老の出浦《いでうら》氏に伝来していた（君山合偏）。しかし、武田時代の出浦氏は信濃埴科郡《はにしな》国衆で、海津城代管轄とみるのが自然だし、「出浦家文書」には大戸浦野氏の家伝文書が混入していたから、吾妻郡国衆大戸浦野氏宛の可能性が高い。また、昌幸を新府城普請奉行とする説が根強いが、あくまで自分の相備え・寄子に命令を伝達したに過ぎない。

これはまさに総動員令と呼べるものであり、武田氏は国衆領を含む全領国から人足を徴発しようとしていたのである。

天正一〇年正月段階での普請命令は、新府城は「半造作《はんぞうさ》」つまり作りかけで戦闘に堪えないとする『軍鑑』の記述と一致する。遺構からは、本城（本丸）はともかく、二之曲輪（二の丸）においては建造物の跡が見つからないし、城下の家臣屋敷の伝承・遺構も多くはない。城下町整備も未着手であったようだ。

これは、新たな領国の中心となる政庁を築こうとする勝頼の意図と反する。しかし、信長が和睦交渉に応じないことが明確になった結果、勝頼は本拠移転を急ぐことで、「高天神崩れ」で動揺した領国支配体制の再構築を考えたのである。

ただ、家臣の屋敷跡のうち、使用された事が判明しているのは「隠岐殿」つまり加津野昌春屋敷と、「馬場殿」つまり馬場民部少輔屋敷にとどまる。「穴山殿」屋敷跡はあったようだが、穴山信君は人質を甲府に残していた。勝頼の叔父武田信廉や一条信龍に至っては、新府に屋敷を造った形跡すらない。御一門衆は新府移転に消極的態度を示したのである。一方で『軍鑑』は移転に際し、甲府躑躅ヶ崎館の樹木を切り捨てたと記す。同書はこれを批判的に描くが、事実なら、中世における居館移転の慣習に則ったものにすぎない。

しかしながら、勝頼が全領国に課した普請役は、実行に移されることはなかった。

## 織田勢の侵攻

高天神城落城に伴う戦後処理は、穴山信君に委ねられており、勝頼はその進言に応じて対処を行っていた（『楓軒文書纂』『戦武』三五五七）。信君は事後処理に腐心していたが、勝頼の大名としての能力に不信と不満を抱いても、無理からぬものがある。

『軍鑑』によれば、天正九年、信君をめぐってひとつの騒動が起こったという。信君の嫡男勝千代は、勝頼の娘を娶るという約束をしていた。穴山武田氏は、信友・信君と二代にわたって武田氏当主の娘を正室に迎えている。その慣例に従った婚約である。

ところが、これに武田信豊が不満を抱いた。信豊は、長坂釣閑斎・跡部勝資・大龍寺麟岳に賄賂を贈り、勝千代との婚約を破談にさせ、自身の嫡男次郎と縁組みさせたという。

信君が、不快に思わないわけがない。それどころか、勝頼の姉である信君夫人見性院殿も激怒した。この話が事実であれば、信君夫妻の心が、勝頼から離れても不思議ではない。

実は信君は、天正八年頃より、家康に内通していたという（『軍鑑』）。実際に内通してい

**織田信長像**（京都報恩寺蔵　写真提供：馬の博物館）
信長七回忌の制作で、親交が深かった近衛前久が賛を記す。他の信長像と比べるとひょうげた面立ちで、実像に近いのではないか。賛である和歌を横に読むと「なむあみたふ」となる。

た相手は信長であった。ただ穴山信君は、もともと対徳川外交を担当していた取次だから、具体的な話し合いは家康と重ねたのだ。

信君同様、内通していた人物が、駿河興国寺城代兼河東郡司の曾禰昌世――「信玄が両眼」のひとり――である。『軍鑑』は、信玄没後すぐに信長に内通したとするが、内通時期については事実とは認めがたい。注目されるのは、両名とも駿河・遠江の軍政の責任者であったということである。この方面は、勝頼が相遠同盟によって苦戦を強いられていた地域である。信長は高天神城落城をめぐるやりとりで、内通者の存在をほのめかしてもいないから、実際に彼らが内通したのは、高天神崩れがきっかけであろう。

織田信長は、武田攻めの時期を窺っていた。先述したように、天下人となった信長のもとで、武田氏は「天下静謐」を乱す御敵と位置づけられてしまった。信長は、くりかえし武田領侵攻を表明している。

信長に武田攻めを決意させたのは、信濃国衆で、勝頼の妹婿でもある木曾義昌からの内通申し出と思われる。天正九年一二月一八日、徳川家臣の深溝《ふこうず》松平家忠のもとに、来年武田攻めを行うので、兵糧を備蓄せよとの信長の指示が届けられた（『家忠』）。

勝頼は、木曾義昌の家老千村・山村両氏に対し、直接知行を与え、義昌および木曾家中の輿論《よろん》を親武田に誘導するよう命じていた。しかし、すでに武田氏の「軍事的安全保障体制」への信頼性は失墜し、織田領国に境を接する木曾義昌は、自家存続のため、主家を代えることを決意したのである。

ただ、千村一族のひとり千村左京進が、勝頼の命を守って、木曾義昌謀叛の急報を新府にもたらした。天正一〇年正月二七日のことであったという（『甲乱記』）。北条氏邦が、「上方からの書状」などの写を氏政に送ったのが正月晦日だから（「三上文書」『戦北』二三〇二）、織田勢の動きは北条領国にも届いていたようだ。しかし氏政は、確報を待ちたいと慎重を期し続ける。

二月二日、勝頼は諏方上原に出馬し、木曾義昌謀叛の鎮圧に乗り出した。『信長公記』は、その数一万五〇〇〇前後とする。かき集められるだけの軍勢を動員したようだが、後述するように過大に思われる。

この前日、苗木遠山友忠が、木曾義昌の織田服属を岐阜城の織田信忠に注進し、援軍派遣を求めた（『信長公記』）。この結果、二月三日に信長が武田攻めの命を下している。しかし、この時はじめて木曾義昌が内通を申し出たというよりは、内通が露顕したため、援軍を求めたとみたほうがよい。信忠は同日中に木曾口（妻籠口）・岩村口に侵攻したとされ、あまりに手際が良すぎるからだ（『信長公記』『甲乱記』）。

もっとも、義昌は二月六日に援軍を催促しており（「塚本家文書」『戦武』三六五四）、『信長公記』の時系列には多少疑問がある。勝頼は木曾義昌を説得しようと書状を送ったようだが、義昌はそれを、信長のもとに回送してしまった。

織田信忠の侵攻で、伊那郡の諸城は動揺した。これ以後、武田家臣は高遠城以外、まともな抵抗もせずに降伏・逃走したとされる。たしかに、「自落《じらく》」（自発的開城・降伏・逃走）と記される城郭は少なくない。そこで、いくつかの事例を確認しておきたい。

まず、岩村口を守る滝沢（現長野県平谷村）の城番下条信氏（勝頼妹婿とされる）は、徹底抗戦の構えを見せている。しかし、一門・家老から内応を促され、家臣に殺害されるよりはと滝沢を退去した。六日、河尻秀隆が岩村口突破に成功する（『甲乱記』『信長公記』）。

一四日夜、浅間山が噴火し、京都からも東方の空が赤く染まる様子がみえた。後に奈良においては、浅間山噴火は、甲斐・信濃が敗北する時に起きる怪異であるとのまことしやかな話が流れている（『晴豊公記』『多聞院日記』）。風説の真偽はともかく、織田勢が侵攻する最中の浅間山噴火が、武田方の士気を挫いたことは、確かなのだろう。

二月一六日、今福昌和が先衆として木曾領の入り口、鳥居峠（現長野県木祖村・塩尻市）を攻めるが、織田勢の援軍を得た木曾義昌に敗北した。織田信忠が、岩村口から信濃に入ったのは、この日である（『信長公記』）。

徳川家康も侵攻を開始しており、小山城城兵が逃走している（『家忠』）。一方、北条氏政は、二月一〇日より、いっさい甲斐や駿河の情報が入ってこないとして、慎重な態度を崩さなかった（『武州文書』『戦北』二三〇六）。『信長公記』は、北条氏政にも出陣を命じたとするから、勝頼が情報遮断に成功したといえる。

下伊那郡支配の拠点大島城には、勝頼は叔父信廉や高遠衆小原継忠を援軍として派遣していた。しかし、城下の地下人（有力町人）が織田方に寝返り、一番外側の曲輪に火を放った。これをみて、信廉が逃走してしまったという。当時、信廉は病気がちであったらしく、弱気になっていたようだ。城代の日向虎頭《ひなたとらあき》（玄徳斎）は徹底抗戦を主張するが、家臣が強引に馬に乗せ、城から落ちのびさせてしまった（『甲乱記』他）。後に、勝頼を追って自害する。

地下人離叛の原因として、勝頼が最近新しい税や夫役を賦課し、軽い罪でも厳罰に処したためと『信長公記』は記す。後者は亡国の主を批判する際によくみられる論法で、『信長公記』でも、斎藤道三滅亡の理由として掲げられており、信用できない。ただ、勝頼の課役が重くなっていたことは、長篠以後の百姓の軍事動員や、新府城普請のための総動員令などからして、事実かもしれない。勝頼が「国家」立て直しのために行った政策に対する不満が、一気に噴出した側面があった。

もっとも信長本人は、「大百性（姓）以下ハ草のなひき、時分を見計物《みはからう》」と当然視している（『古今消息集』『信長文書』九七二）。勝頼の失政が原因とはみておらず、これが戦国の世の為政者の実感であったろう。

二月二〇日には、北条氏政がついに、武田領上野・駿河への侵攻を決定し、翌二一日に北条氏邦が西上野に攻め入った。（「三上文書」『戦北』二三一一他）。家康も遠江を制圧し、駿河侵攻に移っている（『家忠』）。

攻撃目標のひとつが、駿河先方衆（今川旧臣）朝比奈信置の籠もる用宗城であった。徳川氏家臣の石川数正から降伏勧告を受けた信置は、丁重に謝絶した上で、諸曲輪を守る甲斐・信濃衆が応じるならば、あらためて申し入れると回答した（「日東文書」『戦武』三七四二）。

朝比奈信置は、『軍鑑末書』において、真田・小幡両氏と並んで「御譜代同意」と記されており、外様国衆の待遇ながら、武田氏との紐帯《ちゆうたい》が強い人物であったようだ。嫡男信良（妻は跡部勝資娘）が、勝頼から朝比奈氏惣領職を与えられたことも大きかったろう。朱印状使用も許可されており、厚遇されたことは間違いない。結局、甲斐・信濃衆が降伏に応じたためか、二月二九日に城を退去する（『家忠』）。その後、信長に殺害された。

こうしてみると、たしかに自発的に寝返った者も少なくないが、陪臣や地下人層までもが相次いで離叛し、組織的抵抗を行えなかったための「自落」というのが実情に近い。勝頼はまだ諏方上原に布陣していたが、軍事的信頼の失墜により、求心力を失ったのだ。

## 穴山信君離叛と新府城放棄

二月一九日、武田勝頼の正室桂林院殿（北条氏政妹）が、かな書きの願文を奉納し、勝頼の戦勝を祈った（「武田八幡神社文書」『戦武』三六五九）。

翌二〇日、勝頼は上杉景勝に対し、援軍の派遣を求めた（「上杉家文書」『戦武』三六六〇）。しかし、上杉領では信長の手引きにより、天正九年四月に越後北部の有力国衆新発田《しばた》重家《しげいえ》が謀叛を起こしており、武田氏が調停を申し出ていたほどであった。景勝は何とか援軍を整えようとするが、出陣を命じられた重臣たちの動きは遅く、間に合うことはなかった。武田氏滅亡は上杉氏の存亡に直結する問題であり、景勝は援軍派遣に前向きであったが、家臣からすればそれどころではないというのが本音であったのだろう。

未だ安土城を出てすらいない信長は、嫡男信忠の補佐につけた滝川一益《かずます》・河尻秀隆に、軽挙を慎むよう諫言せよと繰り返し命じていた。二月二三日、大島城落城の後に与えた条目も同様だが、新府城について「普請が終わらず、手広いと聞いているので、そのままであろう。そのような状況で籠城をするだろうかという話は諒解した」と述べている。武田方の内応が相次ぎ、実情は筒抜けであったのだ。

その上で信長は、勝頼が四方に兵力を分散しており、無人になっているとの河尻秀隆の見通しを是とし、勝利は間近だが、信長着陣までは迂闊《うかつ》な動きは慎めと繰り返している（「徳川黎明会所蔵文書」『信長文書』九六九）。これは、一万五〇〇〇を率いて諏方上原に布陣したという『信長公記』の記述と相違する。同書の記主太田牛一が、後から正確な数字を知った可能性はあるが、河尻秀隆の見立てのほうが信頼できるように思う。

二月二五日、江尻城代穴山信君が甲府に置いていた人質を奪還し、謀叛の動きを明らかにした（『信長公記』）。この謀叛は、事前に信長と打ち合わせた末のものであった（「関戸守彦氏所蔵文書」『信長文書』九七五）。徳川・北条両氏の挟撃を受けていた駿河で、穴山信君が謀叛したことは、致命傷となった。前述した用宗城開城も、この直後である。

二八日に穴山謀叛の急報を受けた勝頼は、新府に帰還した（『信長公記』）。勝頼としては、最後に残った伊那郡の軍事拠点高遠城で織田勢を食い止め、その間に態勢を立て直す予定であった。三月一日、上野国衆の大戸浦野民部右衛門尉に対し、鉄砲を集めた功を賞して知行の安堵と借銭の赦免を行ったのが、伝存する武田家朱印状のなかで、信頼できる最後の文書となる（『新編会津風土記』『戦武』三六六七・三六六八）。

しかし高遠城は、三月二日の攻防で、わずか一日で落城してしまう。仁科信盛・小山田昌成以下、城兵は奮戦の末討死した（『信長公記』『甲乱記』）。なお諏方頼豊・頼忠の弟諏方頼辰や諏方郡司今福昌和も討死したとあるから、諏方衆も一部入城していたようだ。諏方頼辰の妻は、みずから刀を振るって奮戦したと『信長公記』に特記される。

ここに、勝頼の目論見は崩れたのである。

## 武田氏滅亡

三月三日、勝頼は新府城での抗戦を断念し、小山田信茂の支配する郡内を目指した（『信長公記』他）。この時の軍議で、勝頼の嫡男信勝が新府で籠城し、切腹すべきだと主張したと『軍鑑』にあるが、同書の性格からして、信勝を持ち上げるための創作だろう。

真田昌幸が居城岩櫃への移座を進めたものの、長坂釣閑斎の讒言で阻止されたという話も同様で、『軍鑑』の成立は、昌幸嫡男信之が近世大名になっていた時期だから、鵜呑みにできない。ただ、釣閑斎の反対理由である「真田ハ一徳斎（幸綱）より三代めしつかわる、侍

岩殿城

大将」に過ぎないという主張は、真田氏が昌幸の代に譜代成りをしている点を無視しているが、おおむね的を射ている。実際の昌幸は、北条氏邦に接触すべく、動き始めていた。昌幸は信玄に特に目をかけられ、後にみずからの正室を、信玄養女と称するまでになる（蓮華定院『真田御一家過去帳』他）。しかしこの時は、武田氏宿老としてではなく、国衆家当主として、真田氏の存続をかけて必死だったのだ。

『甲乱記』によると、小山田信茂の岩殿城を目指すことを進言したのは、長坂ではなく跡部勝資であったという。勝資は当時の筆頭家老であったから、彼が家中を代表して進言したほうが、実情に近いと思われる。

新府を出立《しゅったつ》する際には、地下人はすでに逃散しており、人夫や馬の調達すらままならなかったという（『甲乱記』）。この日、諏方高島城が自落し、織田信忠が諏方大社上社に火をかけた（『信長公記』）。信玄が旗印としたほど信仰し、勝頼がかつて惣領職を得た諏方大社が焼け落ちたのである。なおこの後、信忠は弟のひとりを上野平定のために進軍させた。彼こそ、かつて甲江和与のかすがいとなることを期待された織田信房である。

勝頼は、あくまで再起を図るつもりであった。新府城に火を放ったのも、それが城を退去する際の慣習であったために過ぎない。

何よりも、従兄弟の信豊に、上野での再起を託したのが、その証拠である（『甲乱記』）。信豊は佐久郡国衆望月氏の名代で、東信濃・西上野衆とも関わりが深い。しかし、途中の小諸城で城代下曾禰浄喜（親類衆）の謀叛に遭い、三月一六日に最期を遂げる。

甲府の一条信龍屋敷に入った勝頼が眼にしたのは、地下人たちが家を焼き払い、山中や穴山領に逃散した光景であったという（『軍鑑』）。甲府の町人たちもまた、退去する際にみずからの家を焼いたのだ。

勝頼は一路郡内を目指した。途中、柏尾《かしお》（現甲州市）で親類衆今井氏の姻戚理慶尼に迎えられた。脱落者・逃亡者が相次ぐ中、四日に笹子峠の手前にあたる駒飼宿《こまかい》（同前）に入った。ここで信茂の迎えを待ったのである。そうしたところ、小山田八左衛門尉が宿所を訪れ、まず信茂の老母を引き取りたいと申し出た（『軍鑑』）。八左衛門尉は信茂の従兄弟で、武田氏直臣として勝頼の寵愛を受けた人物である。

しかしその後、信茂が笹子峠を封鎖したことが判明した。動揺した曾禰河内守は、陣屋に火を放ち、笹子峠を突破して小山田領に逃げ込んだという。三月一〇日の出来事とされる（松本憲和氏所蔵朱稿本『理慶尼之記』）。

行き場を失った勝頼は、同行する大龍寺麟岳に、落ちのびて一族の菩提を弔って欲しいと求めたという。しかし麟岳は、師弟の関係にある上、いまさら一門を見捨てるわけにはいかないと謝絶した。そこに跡部勝資が、天目山《てんもくざん》（これは同地にあった棲雲寺《すうんじ》の山号で、正しくは木賊山《とくさやま》）に入り、地下人を糾合して抗戦しようと申し出たと伝わる（『甲乱記』）。

『甲乱記』は、話を聞いた土屋昌恒が「若輩ではあるが、事ここに至っては言わせていただく」として、新府城で抗戦して切腹すべきであったと主張したという。これは、『軍鑑』で武田信勝が新府城軍議で主張したとされるものとほぼ同じである。現在所在不明だが、『甲乱記』写本の一本には、天正一〇年八月に小田原で記した旨の記述があるといい、内容もかなり信頼性が高い。おそらく、勝頼の自刃直前まで同行し、小田原に落ちのびた武田遺臣が記した書物と思われる。

木賊山麓の田野《たの》（現甲州市）に入った勝頼のもとを、滝川一益勢が襲撃した。勝頼は正室桂林院殿に小田原への帰国を説得するが、彼女もまた頑として首を縦に振らなかったという。

桂林院殿は、早雲寺（伊勢宗瑞《いせそうずい》）以来の弓矢の家に生まれた私が、情けない最期を遂げたとされては恥辱として、付家臣に小田原に落ちのびて最期の様子を伝えて欲しいと求めた。付家臣のうち、筆頭の剱持但馬守は残ったが、三名は小田原に向かったといい、『甲乱記』の記主はこれに同道したのではないか。

三月一一日、勝頼は正室桂林院殿、嫡男信勝とともに自害した。勝頼は享年三七、信勝は一六、桂林院殿は一九と伝わる。そのなかには、勝頼外祖母太方様もいたようだ（『信長公記』）。ここに、北条氏と並ぶ東国最大の戦国大名甲斐武田氏は滅亡した。

## 勝頼とともに自害した人々

勝頼とともに自害または討死した人々の顔ぶれは、史料によって異なる。混乱の要因は、織田方が討ち取った首のリストを作り間違えていたり（『信長公記』の記述と異なり、長坂釣閑斎は別の場所で処刑されている）、天正七年末～八年初頭の官途・受領名の大規模な変更を踏まえずに、親子関係を誤ったことが大きい。

『甲乱記』『軍鑑』『信長公記』および広厳院住持拈橋倀因（小宮山虎高の弟ヵ）が勝頼の自害後に戒名を付したという「景徳院位牌」をみると、最期をともにしたのは、次の人々であったようだ。

跡部勝資・土屋昌恒・金丸助六郎（昌恒実兄）・秋山源三郎（昌恒末弟、秋山昌詮の弟で養子）・秋山宗九郎・河村下総守・安西有味・安倍宗貞・小山田平左衛門尉・小山田掃部・小山田弥介兄弟（掃部の子）・小山田式部少輔・小宮山内膳（虎高嫡男）・小原下総守・小原惣十郎・小原継忠・小原忠五郎（継忠子）・小原下野守・秋山紀伊守・秋山十三郎（紀伊守子）・秋山善右衛門尉（紀伊守弟）・秋山木工助・神林刑部少輔・神林清十郎・多田久三（足軽大将多田三八の子）・秋山民部助・秋山弥十郎（民部助子）・温井常陸介・岩下惣六郎・小原源太左衛門尉・内藤久蔵・山下木工助・薬袋《みない》小助・貫名新蔵・斎藤作蔵・山野居源蔵・有賀善右衛門尉・穴沢次大夫・大龍寺麟岳・円首座（麟岳弟子、秋山民部子）。ただし、『武田三代軍記』など、後世成立の軍記史料には異同が多い。

跡部・土屋は側近筆頭両名である。他の出頭人として寵愛されていた長坂釣閑斎・秋山昌成（生母は勝頼の母乾福寺殿侍女）は、途中で逃亡してしまったという。金丸助六郎・秋山源三郎は昌恒の兄弟にあたる。これに、安倍宗貞・秋山紀伊守と安西有味・小宮山内膳・多田久三・秋山民部助あたりが重臣層となる。

安倍宗貞・秋山紀伊守は高遠時代の付家臣で、勝頼の代から重用された。神林氏も高遠諏方氏の家老であろう。小原下総守・継忠兄弟も高遠諏方氏旧臣で、やはり勝頼の抜擢による。

温井常陸介は信勝の傅役で、山下木工助・薬袋小助・貫名新蔵の三名は信勝睦《むつみ》衆つまり遊び相手であったらしい（『軍鑑』）。斎藤作蔵・山野居源蔵は鷹匠という。

武田一門は信豊が勝頼の命で別行動をとった他は（先述した桃井将監も同道してともに自害している）、信勝と大龍寺麟岳、女性では正室桂林院殿・外祖母太方様・末の妹、そして京で生まれた信虎末娘のみである。桂林院殿には、付家臣筆頭の剱持但馬守が付き従った。

武田一門は、甲府の屋敷に残り、信長に殺害される。ただ、妹の松姫は仁科信盛の指示で勝頼とは別行動をとり、勝頼娘のひとりと小山田信茂の孫娘を伴い、八王子に落ちのびることに成功した。出家し、信松尼と号す。

勝頼は最後まで「諏方勝頼」であったとよく言われる。しかし、諏方衆と確定できるのは、秋山民部助（諏方郡有賀村出身）のみである。それと有賀善右衛門尉が、苗字からその可能性があるに過ぎない。

したがって、武田一門が勝頼と行動をともにしなかったのは事実だが、諏方衆が付き従ったわけではない。勝頼を最後まで支えたのは、後に密室政治と非難を浴びることになる武田信豊・跡部勝資・大龍寺麟岳・秋山紀伊守たちと、寝所での近侍を認められるほど信頼されていた土屋昌恒とその兄弟、そして高遠以来の家臣であった。勝頼が「諏方勝頼」だから武田一門・家臣が従わなかったというのは、事実とはいえない。

勝頼は、自己の命令をスムーズに伝達すべく、さまざまな改革を行っていた。その過程で、もっともうまく機能したのが、信豊と跡部勝資が組んだ軍事・外交政策であった。だから、それが破綻した際、結果的にそれ以外の重臣の離叛を生んでしまったのである。

## 勝頼の供養

勝頼・信勝の首級は、最初は信濃飯田で、次いで信豊とともに京で晒された（『信長公記』）。ただこれは、当時の慣習に則ったものに過ぎない。信長が南化玄興の要請に応じて、首級を引き渡したのは、そのためである。南化玄興により、法要が行われ、戒名が付された。勝頼は玉山龍公大禅門、信勝は春山華公大禅門、信豊は英叟智雄禅定門である。

勝頼自身は、慈眼寺尊長に遺言を残し、高野山引導院での供養を依頼していた。四月一五日付で、勝頼・桂林院殿・信勝の「寿像」つまり生前像以下が引導院に送られている。これが現在、持明院に伝わる勝頼一家の肖像画である。尊長はすぐにもみずから登山したかったが、病気のためできなかったという（「持明院文書」『戦武』三七四三・三七四四）。奉納先として引導院が選ばれたのは、武田氏宿坊相論の結果を尊重してのものである。

その後、天正一七年三月二七日に、高野山成慶院で勝頼の供養が営まれた。使者として派遣された野村兵部助は、実名君松と判明しているから、穴山信君の家臣であろう（成慶院『武田日牌帳　三番』『檀那御寄進状幷消息』）。この供養帳の最後に、穴山信君の曾祖父信懸が、勝頼曾祖父と間違われて記されているのは、このためである。勝頼は国衆の宿坊には不介入の方針をとったから、穴山氏の宿坊は最後まで成慶院であった。すでに信君も、その嫡男勝

高野山奥之院武田信玄・勝頼供養塔
左が信玄、右が勝頼の供養塔。五輪塔の形態から、近世の再建とみられている。

景徳院武田勝頼親子墓
中央の宝篋印塔が勝頼、右の五輪塔が桂林院殿、左が信勝の墓。安永４年（1775）、二〇〇遠忌供養時の建立。法名や経文が記された経石が大量に埋納されていた。

千代も死去しており、供養を依頼したのは信君室見性院殿（勝頼の姉）であろう。

先述したように、拈橋倀因が田野で勝頼一行の供養を行った。そこで付された戒名は、勝頼が景徳院殿頼山勝公大居士、正室が北条院殿模安妙相大禅定尼、信勝が法雲院殿甲巌勝信大居士となっている。本能寺の変後、甲斐に侵攻した家康が同地に景徳院を建立し、拈橋倀因をして菩提を弔わせた。景徳院は天正一六年に落成するが、同一九年に拈橋倀因が死去すると無住となってしまう。

勝頼室については、天正一一年に兄の北条氏規が、高野山における北条氏菩提所高室院に供養を依頼し、桂林院殿本渓宗光という戒名を付している（高室院『北条家過去帳』）。

また、甲斐法泉寺（現甲府市、南北朝期の当主武田信武の菩提寺）の寺僧は、南化玄興に頼んで勝頼の遺髪と歯を分けてもらったという。この法泉寺において、法泉寺殿泰山安康居士という戒名が付されている。文政《ぶんせい》一三年（一八三〇）、勝頼の二五〇回忌法要が開かれ、この時に描かれた絵が現在に伝わる。

## 国衆離叛の背景と戦国大名の本質

武田氏滅亡は、木曾義昌離叛に始まり、御一門衆穴山信君謀叛が決定打となった。最後に頼った小山田信茂にも離叛された。

しかし、彼らの行動を裏切りと評価すべきではない。それは、大名側からの一方的な視点である。

彼らはいずれも国衆家当主であり、それぞれ独自の家中を形成し、自治権も保持していた。穴山・小山田氏は、武田氏の本国である甲斐の国衆であったため、武田氏の影響力が強く、穴山氏は御一門衆筆頭、小山田氏は準一門のような家格（『軍鑑』では御譜代家老衆筆頭とするが、一門扱いに近い）を与えられた。木曾義昌も勝頼の妹婿として、重きを置かれた。しかし、彼らが武田氏に従っていたのは、戦国大名の「軍事的安全保障体制」の保護を得て、自家の存続を図ることが目的である。

国衆は譜代家臣とは立場が異なり、外様の存在である。国衆の視点からすれば、自家を保護してくれる軍事力を失った勝頼こそ、信頼を裏切った存在なのである。真田昌幸が、密かに北条氏に接触したのも、同様の考えに基づく。彼らには、勝頼、さらには信玄との個人的関係と、国衆家当主としての責任のどちらを選ぶかという選択が突きつけられた。その結果、織田氏（真田氏の場合は当初北条氏を検討）を新たな主家とすることで、自家の存続を図るという決断に至った。武田氏滅亡は、国衆の離叛が引き金となったといえる。

こうした国衆の考えを、明確に言語化してくれているのが、勝頼の攻勢に悲鳴を上げていた北条氏政である。特に本能寺の変後の「天正壬午の乱」において、弟氏邦に送った書状の一節は重要である。上野国衆小幡信真の服属を評価した上で、「何分にも名誉も利欲もなげうち、国家のため、内外関係なく奔走することが大事である。国家が問題なければ、周囲の者もそれに随い、いかようにも名誉も利欲も得ることができるのは、もちろんだ。いかにその場の考えを上手くいかすことができても、国が滅亡してしまえば、周囲の者もそれに随わずにはおられない」という記述は、戦国大名と国衆は運命共同体なのだ、という大名側の主張を示す（「金室道保氏所蔵文書」『戦北』二四三〇）。これは氏政が、そう説得しなければ、国衆とは離叛するものだと認識していることの裏返しである。

勝頼が、軍事動員をする際に「当家興亡の一戦を遂げる」「当家を守る興亡の基」などと繰り返しているのも、同じ考えに基づく。武田氏は、北条氏とは異なり「国家」「御国」という文言は使わず、「当家」という言葉で戦国大名国家を表現するが、言わんとすることに変わりはない。武田氏の滅亡は、譜代家臣は勿論のこと、従属国衆の滅亡にも直結するのだ、という訴えがそこにはある。

しかしその訴えが、大名側の一方的主張であることも事実である。何をもって「国家」という言葉を使ってよいか、さまざまな議論があろうが、戦国大名は「地域国家」と評価される運命共同体を作り出そうとしていた。これは、政治的フィクションの共有による産物である。フィクションだからこそ、順風であれば皆はそれに随うが、逆風となれば容易に崩れる。そして、逆風であればあるほど、大名はフィクションを強調する。それは国衆説得の文言としてだけではなく、百姓の軍事動員や、国衆領を含めた大名領国全体に対する役賦課という現実的負担の形でも現われた。しかし、国家の危機の主張と結束の呼びかけは、武田氏が、戦国大名としての社会的役割を担えなくなったことと同義になりかねないものであった。

武田氏滅亡は、信長が「このように三〇日、四〇日程度で激変するとは（武田氏を滅ぼし、その領国を制圧できるとは）我ながら驚き入るばかりだ」（『武家事紀』『信長文書』九七八）と述べるほど、あっけないものであった。大島城の落城や用宗城の開城経緯をみれば、下から離叛していく様子がよくわかる。

考えてみれば、駿河今川氏も、越前朝倉氏も、滅亡過程は実にあっけない。「軍事的安全保障体制」への信頼性を喪失した戦国大名が、挽回を図ることは実に難しい。勝頼は、長篠敗戦後に勢力を立て直し、信玄期に劣らぬ版図を築いた。北条氏の伊豆郡代笠原政晴が内通してくるほどである。しかし、その絶頂期に、突如滅亡を迎えることとなった。

勝頼にとって致命傷となったのは、長篠合戦ではない。高天神城落城である。長篠は同盟国支援を目的としての出陣で、大敗に終わったとはいえ、打って出ての戦争であった。しかし「高天神崩れ」は、勝頼が救援に赴かなかったことが原因で、高天神城とその城兵を見殺しにしたと受け止められたのである。これにより、勝頼は戦国大名としての声望を失った。信長は、長篠の大勝は徹底的に宣伝したが、後者については、情報戦を意識して降伏拒絶を家康に要請しながら、宣伝した形跡がない。自然に噂が流れて、武田氏の足下が崩れると見越したのだろう。『信長公記』で太田牛一が、「武田四郎は（信長の）御武篇に恐れ、眼前に甲斐・信濃・駿河三ヶ国にて歴々の者上下その数知れず、高天神にて干殺しにさせ、後巻《うしろまき》（後詰）仕らず、天下の面目を失い候」と評価しているのは、実に的確である。

武田遺臣は、よりさかのぼり、上杉景勝と結んで北条氏政との同盟が崩壊したことが原因と考えた。そしてその決定は、跡部・長坂ら側近衆による密室政治でなされたとみたのである。これは元和七年（一六二一）頃までに成立した『軍鑑』で結実するが、滅亡直後に編纂された『甲乱記』でも、すでに強調されている。密室政治というのは、実際には結果論であると指摘したが、穴山信君ですら、「常に讒人の乱を用い、親族の諌めを聴かず」と述べている（「南松院文書」『静』8一五二八）。これは、自己正当化の一環ではあるが、信君が政策決定の場から排除されていると認識していたのは事実だろう。

だから、戦国大名にとって最も重要なのは、求心力をいかに維持するかであった。勝頼は、信玄の遺産を受け継ぎ、北条氏にも劣らぬほどきめ細やかな領域支配制度・意思伝達経路を構築した。時には、領民の訴訟停滞を聞き、直接面談するほど、公正な裁判姿勢を示した。

しかし、どんなに優れた制度を作っても、勝頼への「信頼」がすべてを左右した。これは、能力という問題ではない。武田家臣団や従属国衆、さらには領民が、勝頼のもとで団結するか、それとも武田氏を離叛するか、どちらかでないと生き残れないという二者択一を迫られたのだ。結果、その多くが後者を選び、雪崩のような現象を巻き起こしたのである。

中近世社会において、人物を評価する物差しとして「器量（器用）」という言葉がある。国衆を含めた武田領国の人々は、勝頼が自分の命運を託すにたるかどうか、それだけをみたのである。戦国時代が戦争の時代である以上、求められたのは、軍事指導者としての能力であることは言うまでもない。乱世に幕が引かれた近世では、評価基準の比重が統治能力に移っていく。その意味で、戦国大名と近世大名の違いとは、求められる「器量」の違いであった。そして、得てしてこの種の評価は、実力と必ずしも一致するものではない。内外の政治情勢に左右される。

勝頼の首級を前にした信長は、「日本に隠なき弓取なれ共、運が尽きさせ給ひて、かくならせ給ふ物かな」と述べたという（『三河物語』）。信長は、勝頼の滅亡を「不運」と表現し、実力差とは考えなかったというのだ。

その信長も、わずか三ヶ月後に本能寺の変で最期を遂げ、嫡孫三法師《さんぼうし》、ついで次男信雄《のぶかつ》を主として再建された織田政権は、秀吉の台頭であっけなく空中分解した。織田政権も、武田氏同様、後継者が軍事的力量を疑われ、新たな指導者として羽柴秀吉を仰ぐことになる。武田氏と織田氏、両者の間に、「天下人」以外の明確な違いを見出すことは難しい。

戦国大名とは、大名領国内の紛争抑止を図った政治権力・地方軍事政権である。しかし、大名そのものは、他大名との戦争を続けた。戦争のきっかけは、大名の意志だけではなく、境目地域の国衆の間にも存在した。従属国衆が近隣国衆と衝突したり、他大名の軍事的脅威に抗しきれないと判断して離反すれば、戦争が起こるのである。つまり、大名の戦争には、領国の安定を図るためという側面――それが欺瞞であっても――が存在した。武田勝頼の領国再拡大の最中における、あっけない滅亡は、まさにその象徴であり、結果でもあった。

これを終結させるには、大名同士の戦争をも強制的に止めさせる上位権力が必要となる。それが、天下人による列島の再統合であることは、言を俟《ま》たない。すべての戦国大名が天下人に服属し、列島内の紛争が終結することで、はじめて国内の戦争がなくなるのである。

その意味で、新たな天下人出現の経緯とは、戦国大名成立の経緯と同じ社会的要請――軍事的保護と広域裁判権の委託――に基づくともいえる。戦国大名の論理は、天下人に受け継がれるものであった。武力紛争によって物事を解決する中世の自力救済社会の終焉は、戦国時代を通じて準備されていった。戦国大名とは、その役割の一端を、おそらくは無自覚に担う存在であったのである。

# おわりに

知人から、次のように言われたことがある。いわく、「日本史を学びたいと思う時、入り口となるような本は多い。ところがそれに満足した後、次に読む本がなかなかみつからない。いきなり内容が高度になって、中間が抜けているように思う」――この言葉は、澱のように心に引っかかっていた。たしかに現在、自分が高校生の頃に読んだ歴史雑誌は廃刊が相次ぎ、新興の雑誌は入門編であることを意識しているようにみえる。いっぽうで、こと戦国時代になると、専門の論文や史料（下手をすると未翻刻史料）を博捜する歴史愛好家も少なくない。特にインターネット上で論文が公開されるようになってから、この傾向は強まっている。

この乖離は、せっかく歴史に興味を持って下さった方に不親切で、かつ歴史愛好家層を分断する危険性を孕むように思えた。何とかこの溝を埋めることはできないか。そう考えていたところ、『別冊太陽　戦国大名』以来御世話になった平凡社の坂田修治氏から御連絡をいただいた。ようは次の本に関する打ち合わせなのだが、シリーズ化も視野にいれたいという。

何度か話し合った内容——若手を中心とし、最新の研究成果をわかりやすく一般読者に伝える新シリーズ——は、まさに私が「懸念していた溝」を埋めてくれるものと映った。したがって本書の内容は、入門書としては難解で、上級者には物足りないものかもしれない。レベルを維持したまま平易に書いたつもりだが、そう批判されればかえって成功ともいえる。

本書を、単に武田勝頼という人物の伝記と思われて手に取られた方は、困惑するかもしれない。筆者は武田勝頼の人物伝を書こうとは最初から思わなかった。武田勝頼を題材にした、戦国大名論・戦国時代論（さらにいえば中近世移行期権力論）として構想したのである。

題材として武田勝頼を選んだのも、筆者の研究課題のひとつ「中世から近世への移行はいかにしてなされ、その中で戦国大名はどのように位置づけられる存在か」を論ずる際、筆者にとってもっとも準備が整っている研究素材というのが最大の理由である。だから本書は勝頼の一生をたどりつつ、戦国大名権力の社会的位置づけを論じることを最大の眼目とした。また、勝頼について論じていけば、武田氏を滅ぼした「天下人」織田信長にも触れることになる。近年の織田信長・織田権力論には筆者も議論に参加しているから、執筆を進めることで研究上のヒントが生まれるのではないかという思惑もあった。

あくまで本書の主役は、武田勝頼であり、信長ではない。本書中では、意識して織田信長および佐竹義重（信長同様、武田や北条とは異なる権力体とされることが多い）との比較を挿入した。ただ議論の拡散を避けるため、十分なものではない。そのため行論が強引にみえるかもしれないが、最低限の言及に留めざるを得なかったものとご理解いただければ幸いである。もちろん、筆者自身の研究が不十分であることも大きく、今後の課題といえる。

本書は勝頼の内政や家臣団構造への言及が少ない。これは本書の論点をある程度絞りたかったためと、前著『戦国大名武田氏の家臣団』（教育評論社、二〇一六年）ですでに論じていることによる。もとより勝頼の生涯を一冊の著作で論じることは不可能だし、歴史学が科学である以上、常にその成果は「作業仮説」である。歴史的事実はひとつだが、それをどう評価するかは研究者の問題関心に左右される。本書も、筆者からみた中間報告に過ぎない。

なお、先行研究・参考文献として、笹本正治『武田勝頼』（ミネルヴァ書房、二〇一一年）、平山優『武田氏滅亡』（角川選書、二〇一七年）を敢えてあげなかった。執筆にあたり、先入観を持たないように、読むことを避けた（前者は再読を控えた）ためである。だから校了により、これらの書籍を読む自由を得たことが何よりもありがたい。

掲載写真の一部は、平山優氏・長谷川幸一氏・半田実氏・日本史史料研究会にご提供いただいた。最後に、平凡社編集部坂田修治氏に御礼を述べ、擱筆することとしたい。

平成二九年八月二八日

丸島和洋

# 武田勝頼関連年表

| 和暦(年) | | 西暦(年) | 年齢 | 事項 |
|---|---|---|---|---|
| 天文 | 11 | 1542 | | 4月24日 武田信玄が高遠諏方頼継と結び、諏方領に侵攻する<br>7月21日 諏方頼重・頼高兄弟が甲府で切腹する<br>この後、諏方頼重の息女乾福寺殿（生母麻績氏）が信玄に嫁ぐ |
| | 14 | 1545 | | 4月17日 武田勢の攻勢により、高遠諏方頼継が居城高遠を放棄する |
| | 15 | 1543 | 1 | **この年、武田信玄の四男として勝頼が生まれる。生母は諏方頼重息女乾福寺殿** |
| | 21 | 1552 | 7 | 1月25日 高遠諏方頼継が謀叛の疑いで甲府に呼び出されるが、助命される<br>8月16日 高遠諏方頼継が病死する |
| | 23 | 1554 | 9 | 武田氏が南信濃を制圧する。翌年までに美濃遠山氏が服属 |
| 弘治 | 元 | 1555 | 10 | **11月6日 勝頼生母乾福寺殿が死去する** |
| 永禄 | 5 | 1562 | 17 | **6月 勝頼が高遠諏方氏家督と諏方氏惣領職を継ぎ、高遠城に入る**<br>**9月23日 埋橋弥次郎の権益を安堵する**（勝頼発給文書の初見） |
| | 7 | 1564 | 19 | **6月9日 木曾義昌への答礼の使者として勝頼派遣が検討される**<br>**11月下旬 小野神社に梵鐘を奉納する** |
| | 8 | 1565 | 20 | 3月21日 高野山成慶院で外祖母麻績氏（太方様）の逆修供養が営まれる<br>5月19日 一三代将軍足利義輝が、三好氏によって殺害される（永禄の変）<br>10月15日 武田義信の謀叛事件が発覚し、宿老飯富虎昌が処断される<br>11月1日 信玄、諏方大社の神事再興に着手する<br>**11月13日 織田信長の養女龍勝寺殿（遠山直廉の娘）が諏方勝頼に輿入れする** |

*勝頼の年齢は数え年で表記、太字は勝頼に関わるもの

| 年号 | 年 | 西暦 | 年齢 | 事項 |
|---|---|---|---|---|
| | 9 | 1566 | 21 | 12月　近江亡命中の足利義昭から上洛支援を求める御内書が信玄に届く |
| | 10 | 1567 | 22 | 3月　信玄、足利義昭に上洛支援が困難である旨を回答する<br>**3月　信玄出陣に際し、勝頼は甲府留守居役をつとめ、駿河国境を固める**<br>8月　信玄、「下之郷起請文」を徴集し、家臣・従属国衆に忠誠を誓わせる<br>10月19日　勝頼の長兄武田義信が、幽閉先の東光寺で死去する<br>**11月　勝頼嫡男武王丸（後の信勝）が誕生する。生母は信長養女龍勝寺殿** |
| | 11 | 1568 | 23 | **3月　北信濃・越後侵攻に従軍し、栗原伊豆からの寿桂尼死去の報を信玄に取り次ぐ**<br>**8月16日　駿河国境を守備する栗原伊豆に駿河情勢を尋ねる（「諏方」勝頼の終見）**<br>10月　織田信長が足利義昭を奉じて上洛する。22日、義昭が将軍宣下を受ける<br>**11月1日　高野山成慶院に宿坊契状を与える（円形「勝頼」朱印使用）**<br>12月6日　信玄が今川氏真との同盟を破棄し、今川領に侵攻する<br>同月　北条氏康・氏政が武田氏との同盟を破棄し、上杉謙信に同盟を呼びかける |
| | 12 | 1569 | 24 | 5月　遠江懸川城に敗走した今川氏真が、北条領に落ちのびる<br>6月　上杉謙信が北条氏からの和睦要請を受け入れる（越相同盟）<br>**7月13日　高野山成慶院に生母乾福寺殿の追善供養を依頼する**<br>7月下旬　上杉謙信が足利義昭・織田信長の調停に応じ、信玄と和睦する（甲越和与）<br>10月　武田勢が小田原城を包囲する<br>**12月6日　駿河蒲原城攻めにおいて、従兄弟信豊と突撃し、信玄を「恐怖」させる** |
| 元亀 | 元 | 1570 | 25 | **4月10日　信玄が足利義昭に勝頼への偏諱と任官を求めるが、交渉に失敗する。このことから、すでに甲府入りをして「武田勝頼」となっていたことがわかる**<br>4月　信長が朝倉義景を攻撃する最中、浅井長政が同盟を破棄する。「元亀争乱」の始まり<br>9月　本願寺顕如が三好三人衆に呼応し、足利義昭・織田信長連合政権に対して挙兵する<br>**8月　山県昌景・小山田信茂とともに伊豆韮山城を攻撃。北条氏から「伊奈四郎」と呼ばれる**<br>10月　徳川家康が武田信玄との同盟を破棄する。上杉謙信も説得に応じ、甲越和与を破棄する。家康は信長に武田氏との同盟破棄を諫言する |

| 年号 | 年 | 西暦 | 年齢 | 事項 |
|---|---|---|---|---|
| 元亀 | 2 | 1571 | 26 | 9月12日 織田信長が比叡山を焼き討ちする<br>**9月16日 正室龍勝寺殿（信長養女）が死去する。これを受け、信長嫡男信忠と信玄息女松姫の縁談が動き出す**<br>**11月1日 高遠で生母乾福寺殿の一七回忌法要を営む**<br>**12月17日 信玄側近跡部勝資が上杉方に送った書状から、勝頼の外交参加が読み取れる**<br>12月27日 北条氏政が武田氏との同盟復活を一門・家臣に発表する（第二次甲相同盟） |
| | 3 | 1572 | 27 | **5月18日 勝頼正室龍勝寺殿の実父苗木遠山直廉が死去する**<br>7月26日 武田信玄が権僧正補任受諾の返書を出す<br>7月晦日 信玄が徳川方の三河国衆奥平・田峯菅沼・長篠菅沼三氏を密かに寝返らせる<br>8月14日 岩村遠山景任が死去する<br>10月3日 武田信玄が徳川領に侵攻する（「西上作戦」の始まり）<br>10月18日 この日までに信長が子息御坊丸（後の信房）を岩村城に入部させる<br>11月14日 岩村遠山家中の要請により、武田勢が岩村城を受け取り、御坊丸を捕らえる<br>**11月24日 勝頼、信玄の命を受け駿府臨済寺の権益を安堵する（信玄期唯一の内政関与）**<br>**12月22日 武田勢、三方ヶ原の戦いで徳川家康に大勝する** |
| | 4 | 1573 | 28 | 2月13日 足利義昭が織田信長との手切を決意し、信長追討の御内書を発する<br>3月 信玄の病状が悪化し、「西上作戦」を中止して帰国を開始する<br>**4月12日 武田信玄が信濃伊那郡南端で死去。勝頼が家督を継ぐが、「三年秘喪」を遺言される**<br>**4月23日 勝頼が宿老内藤昌秀に讒言を信じない旨を約束した起請文を与える**<br>4月25日 飛驒江馬氏の家老河上富信が、上杉氏に信玄死去の噂を報告する<br>5月上旬 徳川家康が駿府や井伊谷を攻撃。これをもって上杉謙信は信玄死去と断ずる<br>**5月17日 足利義昭御内書に、信玄の名前で返書を出す**<br>7月18日 足利義昭が信長に降伏し、京を退去する（室町幕府の滅亡） |
| 天正 | 元 | 1573 | | 8月20日 三河国衆奥平定能・信昌父子が家康と起請文を交わす。その後、本拠作手城を出奔<br>同日 同盟国朝倉義景が織田信長に滅ぼされる |

| 和暦 | 西暦 | 年齢 | 事項 |
|---|---|---|---|
| | | | 9月1日　同盟国浅井長政が織田信長に滅ぼされる |
| | | | 9月7日　三河長篠城が徳川家康に奪還される |
| | | | 9月21日　同盟国本願寺顕如が、信玄隠居による勝頼家督相続を祝う書状を送る |
| | | | 9月29日　三木自綱離叛を受け、飛驒出兵の意向を示す |
| | | | 11月1日　出陣時の武装など軍役規定を改訂する |
| | | | 11月4日　同盟国三好義継が織田信長に滅ぼされる |
| | | | 11月30日　国分けで本領を北条氏に引き渡した武蔵国衆長井政実に、替地宛行を約束 |
| | | | 12月17日　駿河一宮大宮浅間社（富士大宮）の社家再編と神事再興に着手する |
| 2 | 1574 | 29 | 1月27日　東美濃侵攻。2月初頭までに明知城・櫛原城・飯狭間城・神篦城などを降伏させる |
| | | | 3月5日　祖父武田信虎が高遠城で死去 |
| | | | 5月12日　遠江高天神城を包囲する |
| | | | 6月11日　高天神城主小笠原氏助（後の信興）が降伏 |
| | | | 7月10日　勝頼が新たに創出した海上交通手形用の「船」朱印の見本を、同盟国北条氏政が伊豆の諸浦に配付 |
| | | | 8月9日　駿河臨済寺から申請のあった遠江の末寺を安堵する |
| | | | 8月14日　上野一宮貫前神社造替のための勧進を許可する |
| | | | 8月24日　駿河府中浅間社の神事再興に着手する |
| | | | 同月　諏方下社千手堂を再建し、棟札を奉納する。「信玄大僧正」と並び、「太守武田大膳大夫勝頼公」の記載がみえる。大膳大夫自称の初見 |
| | | | 9月　遠江諏訪原城を修築し、遠江出兵を再開。家康居城浜松城下を焼き討ちする。この頃、北条・佐竹間の和睦を調停（相佐和親）するが、失敗に終わる |
| | | | 9月19日　武田信豊に独立した軍勢（「一手」）の統率を命じ、銀の采配の使用を許可する |
| | | | 9月29日　信長の攻撃で、伊勢長島の「一向一揆」が滅ぼされる |
| | | | 12月3日　諏方大社上社における「五官祝座次相論」を裁許する |
| | | | 12月18日　「西上作戦」に従軍した地下人に恩賞を与え、軍役衆に取り立てる |

天正 3 1575 30

3月3日 信長が河内高屋城の三好康長、摂津大坂の本願寺顕如攻撃を4月6日に行うと表明
3月6日 宿老山県昌景がみずから高野山に登り、成慶院に信玄の位牌を奉納する
3月中旬 徳川氏の岡崎町奉行大岡弥四郎が武田氏に内通を申し出る
**3月下旬 徳川領侵攻開始。信濃伊那郡から先衆（先鋒）を派遣し、三河足助城に進軍させる**
春から夏にかけ、紀伊亡命中の足利義昭が、「甲相越三和」を武田・北条・上杉三氏に求める
**4月12日 信玄の三回忌法要を密かに執り行う**
**4月19日 足助城主鱸氏を降伏させ、同城を攻略する。**同日、三好康長が信長に降伏
4月下旬 大岡弥四郎一派の内通が発覚し、家康によって処刑される。**武田勢は三河作手で合流し、東三河吉田城に目標を変更する**
**4月29日 山県昌景勢が二連木城を攻略、家康を吉田城まで敗走させる。吉田城下を焼き討ち**
**5月1日 三河長篠城を包囲し、奪還戦を開始する**
5月13日 信長が家康への援軍として岐阜城より出陣し、翌日岡崎城に入る
**5月21日 三河「あるみ原」で、織田・徳川連合軍に大敗し、多くの宿老を失う（長篠の戦い）。以後、織田・徳川勢の反撃が本格化し、駿府も焼き討ちされる**
**6月1日 穴山信君を討死した山県昌景の後任として駿河江尻城代に任命した上で、甲府に帰陣する**
**6月7日 遠江国衆天野藤秀（犬居城主）に光明城在番を命じるが、7月5日までに自落する**
6月13日 信長が上杉謙信に書状を送り、長篠戦勝を伝える。以後、徹底的な宣伝工作を行う
**6月25日 三河武節城が陥落し、武田氏は三河の領国を全て失う**
**7月2日 長篠戦死者の家督問題への対処の初例**
**7月13日 木曾義昌の家老山村良利に、木曾家中の取りまとめを命じる**
**7月中旬 家康の攻撃で、遠江国衆天野藤秀の居城犬居城が落城する**
**8月10日 遠江出陣に先立ち、信濃伊那郡の防衛指示を保科正俊に通達する**
**8月24日 遠江諏訪原城が落城する。**家康は今川氏真を配置し、後、牧野城と名を改める
**9月 遠江小山城救援に出陣。小山城は城将岡部元信が守り抜く**

| | | | |
|---|---|---|---|
| | | | 9月　織田信長が「越前一向一揆」を平定し、柴田勝家を越前北庄城主として配置する |
| | | | **10月1日　駿府の商人帰住政策を打ち出し、家康に焼き討ちされた駿府復興に乗り出す** |
| | | | **10月16日　伝馬法度を改定し、公用・私用の区別を明確化して宿場住人の負担軽減を図る** |
| | | | **10月中に、上杉謙信との和睦が成立する（甲越御和）** |
| | | | **11月初旬　織田信忠に包囲された美濃岩村城救援のため出陣するが、信長の出馬を招く** |
| | | | **11月21日　美濃岩村城代秋山虎繁が信長に降伏する。26日、信長の命で処刑される** |
| | | | 11月28日　信長が佐竹義重ら東国の大名・国衆に長篠の戦勝を喧伝。以後、「天下人」の地位を固める。織田氏家督は、嫡子信忠に譲る |
| | | | **12月16日　軍役条目を改訂して年明けの織田・徳川領侵攻と「興亡の一戦」を宣言し、武装の整備と兵員補充を命じる** |
| | | | **12月23日　獅子朱印を創設し、今後竹木藁縄の徴発に用いる旨を布告する** |
| 4 | 1576 | 31 | **1月6日　春日虎綱に今春の出陣は中止する旨を伝える** |
| | | | 2月8日　紀伊亡命中の足利義昭が毛利輝元に信長との手切を要請し、備後下向を図る |
| | | | **2月27日　前年10月に送られてきた丹波国衆赤井直正からの同盟要請を受諾** |
| | | | **4月3日　木曾家中から起請文を徴集する** |
| | | | **4月15日　信玄の本葬を執り行う。26日、七回忌の預修法要が執り行われる** |
| | | | 5月7日　毛利輝元が足利義昭の受け入れを決断し、義昭は備後鞆に落ち着く。**勝頼はこの報を6月に本願寺から知らされ、毛利氏に同盟を求める使者を派遣する** |
| | | | **5月16日　安倍宗貞を高野山成慶院に派遣し、信玄の寿像を奉納して供養を依頼する** |
| | | | **同月　勝頼の指示による長篠戦没者の跡職補任が進められる** |
| | | | 6月12日　足利義昭が、「甲相越三和」を再度命じる。毛利輝元が副状を付す |
| | | | **7月3日　駿河一宮大宮浅間社（富士大宮）の遷宮が開始される（天正6年まで）。これにあわせ、武田家臣・従属国衆が同社に神馬を奉納する** |
| | | | 7月13日　木津川口の戦いで、毛利水軍が織田水軍に大勝する。**8月、本願寺から一報を得た勝頼は、同盟を求める使者を再度派遣する** |

| 年号 | 年 | 西暦 | 年齢 | 事項 |
|---|---|---|---|---|
| 天正 | 5 | 1577 | 32 | **9月12日　毛利輝元が同盟要請を受諾する（甲芸同盟）**<br>**11月19日　駿河一宮大宮浅間社の造営を差配した武田直臣鷹野徳繁の次男富士千代（後の能通）を、元大宮司富士信忠の養子として、同社公文職に任じることが定められる**<br>**この年、北条氏政の妹桂林院殿を新たな正室に迎え、甲相同盟の強化を図る**<br>**1月頃　高天神城主小笠原信興を駿河富士郡下方に転封する。2月、高天神城将として駿河衆岡部元信を配置する**<br>**2月11日　甲斐黒川金山の採掘悪化を受け、金山衆（金堀衆）の諸役を免除**<br>**3月16日　駿河国衆富士信通を、空席であった大宮浅間社大宮司職に補任する**<br>**5月19日　一三代将軍足利義輝の一三回忌法要を営む**<br>**閏7月5日　家康の高天神城攻撃に対処するための遠江出陣を「当家を守る興亡の基」として、百姓の臨時動員を家臣・国衆に課す**<br>**9月16日　正室龍勝寺殿の七回忌法要を営む**<br>**10月28日　高野山成慶院・引導院間の宿坊相論に関し、側近土屋昌恒が引導院に返書を出す**<br>**12月16日　高野山金剛峯寺惣分沙汰所が、「武田一家」の宿坊を引導院に定めると裁許** |
|  | 6 | 1578 | 33 | **2月2日　諏方大社の造営事業が、勝頼の全面支援のもとで開始される（天正7年まで）**<br>**3月5日　高野山金剛峯寺惣分沙汰所の裁許を踏まえ、今後は引導院を宿坊とする旨を勝頼が同院に伝える**<br>同日　諏方頼忠が諏方大社上社大祝職を嫡子頼水に譲る<br>3月13日　越後で上杉謙信が急逝し、家督を養子景勝が嗣ぐ<br>4月4日　「御分国曹洞宗法度之品目」の草案を、大泉寺甲天総寅が武田氏奉行所に提出する<br>5月13日　上杉景勝と上杉景虎（北条氏政実弟）の問題で御家騒動が勃発（御館の乱）<br>**5月23日　北条氏政からの上杉景虎支援要請を受け、この日までに武田信豊が出陣する。勝頼も後に続く**<br>**6月7日　上杉景勝からの和睦要請に対し、勝頼側近跡部勝資が返書を出す**<br>6月14日　信濃海津城代春日虎綱が没する |

| | | | | |
|---|---|---|---|---|
| | | | 6月21日 | この日までに、仁科盛信が越後西浜の根知城を降伏させる |
| | | | 6月29日 | 勝頼が春日山城下の越府に着陣し、和睦調停にとりかかる |
| | | | 7月19日 | 奥信濃の上杉氏旧領支配を開始する |
| | | | 8月20日 | 勝頼の調停により、上杉景勝・景虎間の和睦が成立する |
| | | | 8月22日 | 徳川家康が駿河田中城下に侵攻し、苅田を行う |
| | | | 8月28日 | 勝頼が越後から帰国の途につき、まもなく景勝・景虎間の和平が破綻する |
| | | | 9月27日 | この日までに、上杉景勝が妻有城・赤沢城を武田氏に明け渡す |
| | | | 10月7日 | 妻有城・赤沢城に入った市川信房・大熊長秀が、景勝からの援軍要請を断る |
| 7 | 1579 | 34 | 1月8日 | 北条氏直が勝頼に年始贈答の書状を出す |
| | | | 1月9日 | 前年10月の荒木村重謀叛を受け、毛利輝元の織田領挟撃提案に賛意を示す |
| | | | 2月2日 | 内藤昌月を箕輪城代兼西上野郡司に任じ、在城定書を与える。14日に箕輪に入城 |
| | | | 2月21日 | 勝頼が「分国曹洞宗門徒法度之追加」二ヶ条を通達 |
| | | | 3月 | 北条氏政との関係悪化に伴い、海津城代春日信達を駿河沼津に移し、国境を固めさせる |
| | | | 4月12日 | 信玄の七回忌法要を改めて執り行う。その際、恵林寺方丈と庫裡を新造する |
| | | | 4月24日 | 上杉景虎が自害し、御館の乱が終結する |
| | | | 4月25日 | 遠江高天神表に出馬し、5月24日に帰国する |
| | | | 7月16日 | 飛驒国衆江馬氏の家臣河上富信の服属を受け入れる |
| | | | 8月9日 | 同盟を結んでいた丹波国衆赤井直正が織田氏宿老明智光秀に滅ぼされる |
| | | | 8月中旬 | 徳川家康侵攻の噂を受け、駿河防衛に出馬する。結局北条領との国境に布陣し、三枚橋城築城を開始する |
| | | | 8月23日 | 快川紹喜の要請を受け、南化玄興が武田・織田間の和睦交渉に乗り出す |
| | | | 8月28日 | この日までに、北条氏政に従っていた厩橋城主北条芳林を調略し、寝返らせる |
| | | | 9月3日 | 北条氏政が勝頼の違約を非難する。この後、甲相同盟が破棄され、駿河・伊豆国境で武田・北条勢が対陣する |
| | | | 9月5日 | 北条氏政が武田氏を挟撃すべく、徳川家康と同盟を結ぶ（相遠同盟） |

天正

9月15日　徳川家康が、嫡男松平信康を自害させる

**9月17日　勝頼妹菊姫が、上杉景勝に輿入れすべく甲府を出立する。景勝との同盟関係が明確なものとなる（甲越同盟）**

9月19日　徳川勢が駿府を焼き討ちし、駿河府中浅間社が焼失する

**10月8日　常陸の佐竹義重と起請文を交換し、北条氏を挟撃すべく同盟を締結する（甲佐同盟）**

**同月　上野国衆那波顕宗（今村城主）が北条氏政から離叛し、武田氏に服属する**

**11月16日　甲府留守居衆に書状を送り、嫡男武王丸元服の準備を命じる**

**11月18日　仁科盛信に飛騨口攻撃を命じる**

**11月下旬　勝頼は遠江に転進し高天神城に入るが、家康との決戦を避け駿河に退き、その後伊豆に侵攻する。**家康は高天神城を包囲すべく、付城「高天神六砦」の築城に着手する

**同月より、佐竹義重を仲介とした織田信長との和睦交渉始まる（甲江和与）。義重の提案で、翌年初頭に織田信房（御坊丸）を帰国させる**

**12月9日　甲府に帰陣する。その後、武王丸の元服式が執り行われ、太郎信勝と称す。それに合わせ、家臣に新たな官途名・受領名を与える**

**同月　菊姫と上杉景勝の祝言が執り行われる**

8

1580

35

**1月　武蔵に出陣し、羽生城攻略を目指す。元武蔵国衆長井政実も旧領御嶽城奪還に動く**

**2月　東上野の新田金山領・館林領をうかがった上で、19日までに帰国する**

**同月　真田昌幸が沼田攻略を開始し、小川可遊斎の調略を開始する**

**同月　広厳院拈橋倀因が「分国曹洞宗法度之追加」の撤廃を求める**

3月10日　北条氏政が織田政権に服属を申し出、嫡男氏直に信長の娘を貰いたいと願い出る

**3月16日　この日までに小川可遊斎が降伏し、小川城が開城する**

北条氏政の織田政権服属が確定し、北条勢が伊豆に出陣する。**勝頼は駿河に出馬する**

**3月18日　甲江和与交渉をめぐって上杉景勝から抗議を受け、跡部勝資が弁明の書状を送る**

**閏3月14日　鉄砲薬抹奉行の輪番を定める**

閏3月23日　織田氏宿老柴田勝家が、甲江和与について信長が門前払いをしている旨を述べる

閏3月30日　駿河出陣中の真田昌幸に岩櫃帰城と沼田攻略の陣頭指揮を命じる
4月9日　同盟国本願寺顕如が「勅命講和」を受け入れ、大坂を退去する（「石山合戦」の終結）
4月12日　新たに天王左衛門大夫を、上野天王大夫司職に任ずる
4月25日　武田水軍が伊豆浦で北条水軍に勝利する
4月26日　長坂釣閑斎と勘定奉行跡部勝忠が、上杉氏に黄金五〇枚の未進を催促する
4月27日　小山田信茂とともに、甲府に帰還する
4月　北条領東上野・下野南西部を、佐竹義重と挟撃する計画を立てるが、甲江和与に関する上杉氏への弁明で時機を逸する
5月15日　北条勢が甲斐都留郡に侵攻し、西原で戦闘が行われる（甲斐本国への侵攻を許す）
5月19日までに、真田昌幸が猿ヶ京城を攻略する。23日、昌幸は相備えを新たに攻略した名胡桃城に配置し、沼田城攻略に取りかかる
同月　伊豆国境に武田信豊を派遣し、6月に三枚橋城を完成させる
6月　新たに「勝頼」朱印の使用を開始し、「晴信」朱印の使用を停止する
8月11日　仁科盛信が鉄砲を持参した者の普請役を免除するという新たな軍法を通達する
8月19日　北条氏政が隠居し、家督を氏直に譲る。織田政権への服属姿勢を改めて示す
同月　真田昌幸が沼田城将用土新六郎（後の藤田信吉）の調略に成功し、沼田城を攻略する。昌幸は岩櫃城代と沼田城代を兼任し、北上野郡司となる
9月20日　佐竹義重と連携し、東上野制圧のため出陣する。新田金山城・館林城・小泉城を攻撃し、城下を放火する
9月21日　遠江国衆奥山吉兼（久頭郷城主）の謀叛鎮圧の功を称す
10月8日　この日までに上野膳城を攻略する。武蔵本庄に布陣した北条氏政と決戦を試みるが、氏政が兵を引いたため帰陣
10月10日　跡部勝資が佐竹一門佐竹東義久に対し、佐竹義重の撤退に抗議する
10月22日　「高天神六砦」が完成し、徳川勢が高天神城を完全包囲下に置く
12月　上杉景勝が、信長との和睦交渉の進捗を尋ねる

| 和暦 | 年 | 西暦 | 年齢 | 事項 |
|---|---|---|---|---|
| 天正 | 9 | 1581 | 36 | 1月25日 織田信長が高天神城からの降伏申し出を拒絶するよう、徳川家康に求める |
| | | | | **3月17日 これより以前、駿河北山本門寺と西山本門寺の相論再燃に対し、先例を破って西山本門寺勝訴とする。以後、北山本門寺が再考を求めるも、それには応じず** |
| | | | | **3月20日 小山田信茂の持ち城岩殿城に武田氏の援軍駐留が確認できる** |
| | | | | **3月22日 遠江高天神城が落城し、城将岡部元信以下の将兵が討死する** |
| | | | | **この後、実弟仁科信盛（盛信）と佐久郡司小山田昌成を高遠城に移し、伊那郡の防備を固める** |
| | | | | **3月29日 伊豆浦の海戦で、武田水軍が北条水軍に勝利する** |
| | | | | **4月17日 北条勢が甲斐都留郡に侵入し、棡原で戦闘が行われる** |
| | | | | 5月 佐竹義重が「奥州一統」を宣言する。10月に蘆名盛隆の居城会津黒川城を訪問し、佐竹・蘆名両氏が一体となる「連合国家」が成立する |
| | | | | **6月7日 岩櫃・沼田城代真田昌幸に「在城定書」を与え、当面の統治方針を指示する** |
| | | | | **6月24日 安房・上総の里見義頼との同盟交渉を開始する** |
| | | | | **8月12日 上杉景勝に、謀叛した新発田重家との和解調停を申し出る** |
| | | | | **9月 新府城が落成した旨を、10月に同盟国へ周知する** |
| | | | | **10月17日 北条氏の伊豆戸倉城代笠原政晴が、武田氏に服属を申し出る。勝頼は伊豆に出陣** |
| | | | | **10月 里見義頼との甲房同盟が成立する** |
| | | | | 11月16日 佐竹義重が北条氏政の背後を突くべく出陣する |
| | | | | 11月27日 小弓公方足利頼淳が、佐竹氏麾下の太田資正に勝頼への軍事支援を要請する |
| | | | | **12月19日 勝頼は北条氏政との対陣を取りやめ、甲斐に帰国する** |
| | | | | 12月18日 織田信長が徳川家臣深溝松平家忠に年明けの武田攻めを通達する |
| | | | | **12月24日 勝頼、甲府躑躅ヶ崎館から新府城への本拠移転を実施する** |
| | 10 | 1582 | 37 | **1月22日 新府城普請のため、全領国に対する人夫動員令が通達される** |
| | | | | **1月27日 信濃国衆で妹婿の木曾義昌謀叛の報が新府に届けられる** |
| | | | | **2月2日 木曾義昌謀叛鎮圧のため、諏方上原に布陣する** |
| | | | | 2月6日 岩村口から織田家臣河尻秀隆の軍勢が信濃に侵入する |

2月11日　織田信長の先鋒として、嫡男織田信忠が岐阜城から出陣する
2月14日　勝頼の妹婿小笠原信嶺が離叛し、妻籠口から森長可が信濃に侵入する。保科正直は飯田城を放棄し、敗走する。夜、浅間山が噴火し、武田勢に大きな衝撃を与える
2月16日　岩村口から織田信忠勢が信濃伊那郡に侵攻する。遠江小山城が自落する
2月17日　織田信忠勢の圧力を前に、信濃大島城が自落する
**2月20日　勝頼、上杉景勝に援軍派遣を求める。**この日、徳川勢が駿河田中城を包囲する
2月21日　駿河用宗城が徳川勢に包囲される。北条氏邦が西上野に侵攻し、北条勢の攻撃が始まる
**2月25日　御一門衆筆頭穴山信君（梅雪）が甲府の人質を奪還し、謀叛の動きを明らかにする**
2月26日　北条勢の駿河侵攻が始まる
**2月28日　穴山信君謀叛の報が、諏方上原に届く。勝頼は新府に帰陣する**
同日　北条勢により伊豆戸倉城が陥落し、駿河三枚橋城が自落する
2月29日　駿河用宗城が開城し、城将朝比奈信置は久能城に退去。まもなく久能城も落城する
**3月1日　伝存中、信頼できる最後の武田家朱印状が出される**
同日　織田信忠が高遠城を包囲する。夜、駿河深沢城が自落する。上杉景勝は一門上条政繁を援軍として信濃に派遣する
**3月2日　織田信忠の攻撃で高遠城が落城する。仁科信盛・小山田昌成以下の城兵が討死**
**同日　八重森家昌が春日山城に赴き、越後根知城の返還を申し出て援軍派遣を催促する**
**3月3日　勝頼は新府城に火を放ち、小山田信茂の岩殿城を目指す**
同日　織田信忠によって諏方大社上社が焼き討ちされる。諏方高島城・深志城が自落する
**3月4日　勝頼は駒飼宿に入り、小山田信茂の出迎えを待つ**
3月5日　織田信長が安土から出陣。上杉氏の援軍は信濃牟礼に到着するが、動きを止める
3月6日　織田信忠が甲府に入る。駿河国衆富士信通が、北条氏直に服属を申し出る
3月7日　上杉景勝が勝頼の身柄を保護する意向を表明する。織田信忠は甲府において、武田氏一門・重臣の処刑を開始する

| 年号 | 年 | 西暦 | | 事項 |
|---|---|---|---|---|
| 天正 | | | | 3月10日　小山田信茂が郡内の入り口である笹子峠を封鎖し、勝頼から離叛する |
| | | | | 3月11日　織田氏宿老滝川一益の攻撃により、田野において勝頼・信勝・桂林院殿が自害。戦国大名武田氏は滅亡を遂げる |
| | | | | 3月12日　広厳院拈橋倀因が田野を訪れ、勝頼主従の遺骸を弔い、戒名を付す |
| | | | | 3月14日　織田信長が信濃浪合で勝頼・信勝父子の首を検分する。翌日、首は飯田で晒され、京に送られる |
| | | | | 3月16日　勝頼の従兄弟武田信豊が、小諸城代下曾禰浄喜の謀叛によって自害する |
| | | | | 3月20日　木曾義昌・穴山信君が上諏方法華寺の信長陣所に出仕する |
| | | | | 3月22日　勝頼・信勝・信豊の首級が京で晒される。その後、南化玄興が首級を引き取り、妙心寺で供養する |
| | | | | 3月24日　甲府の織田信忠陣所に出仕した小山田信茂が処刑される |
| | | | | 3月29日　信長が武田旧領の知行割りを発表する |
| | | | | 4月3日　甲府に入った織田信長が恵林寺を焼き討ちし、快川紹喜らが示寂する |
| | | | | 4月15日　慈眼寺尊長が勝頼遺品を高野山引導院に奉納し、供養を依頼する |
| | | | | 4月25日　穴山信君が生母南松院殿の一七回忌仏事を執り行い、勝頼滅亡は讒人を登用し親族の諫めを聴かなかったためと主張する |
| | | | | 7月　甲斐に入部した徳川家康の命により、田野に景徳院が建立され（天正16年落成）、拈橋倀因が住持となる |
| | 11 | 1583 | | 2月16日　南化玄興が、勝頼父子の首級を引き取った旨を甲斐円蔵院・東光院に伝える |
| | | | | 3月11日　松木善松が、勝頼の一周忌供養を行う。その後、一〇〇日忌の供養も行っている |
| | | | | この年　北条氏規が、妹桂林院殿（勝頼室）の供養を高野山高室院に依頼する |
| | 17 | 1589 | | 3月27日　穴山武田氏（勝頼実姉見性院殿か）により、高野山成慶院で勝頼の供養が営まれる |
| 慶長 | 3 | 1598 | | 3月11日　勝頼の一七回忌供養が行われる |

# 主要参考文献

＊個別大名・国衆研究および自治体史通史編については、紙幅の都合上、東国を中心として最低限に絞った。

秋山敬『甲斐武田氏と国人――戦国大名成立過程の研究』（高志書院、二〇〇三年）／同「府中今井氏の消長」（『武田氏研究』四〇号、二〇〇九年）／同『甲斐武田氏と国人の中世』（岩田書院、二〇一四年）／秋山伸隆「戦国大名領国の「境目」と「半納」」『戦国大名毛利氏の研究』（吉川弘文館、一九九八年、初出一九八〇年）／芦部信喜・星野英一・竹内昭夫・新堂幸司・松尾浩也・塩野宏編『岩波講座　基本法学2　団体』（岩波書店、一九八三年）／同編『岩波講座　基本法学6　権力』（岩波書店、一九八三年）／網野善彦監修、山梨県韮崎市教育委員会編『新府城と武田勝頼』（新人物往来社、二〇〇一年）／荒上和人「武田氏の領国支配構造――駿河・遠江における国衆統制より」（『武田氏研究』二八号、二〇〇三年）／有光友學編『戦国の地域国家』（日本の時代史12　吉川弘文館、二〇〇三年）／同編『戦国期　印章・印判状の研究』（岩田書院、二〇〇六年）／生島足島神社ほか編『信玄武将の起請文』（信毎書籍出版センター、一九八八年）／池享『大名領国制の研究』（校倉書房、一九九五年）／池上裕子『戦国時代社会構造の研究』（校倉書房、一九九九年）／同『日本中近世移行期論』（校倉書房、二〇一二年）／同『織田信長』（人物叢書272　吉川弘文館、二〇一二年）／石母田正「解説」（『中世政治社会思想　上』岩波書店、一九七二年）／磯貝正義『定本　武田信玄』（新人物往来社、一九七七年）／同編『武田信玄のすべて』（新人物往来社、一九七八年）／磯貝正義先生追悼論文集刊行会編『戦国大名武田氏と甲斐の中世』（岩田書院、二〇一一年）／市村高男「越相同盟と書札礼」（『中央学院大学教養論叢』四巻一号、一九九一年）／同『戦国期東国の都市と権力』（思文閣出版、一九九四年）／同「中世領主間の身分と遺構・遺物の格――戦国期の書札礼の世界から見た若干の提言」（『帝京大学山梨文化財研究所研究報告』八集、一九九七年）／同「戦国期の地域権力と「国家」・「日本国」」（『日本史研究』五一九号、二〇〇五年）／伊藤冨雄『伊藤冨雄著作集　第四巻　戦国時代の諏訪』（永井出版企画、一九八〇年）／稲葉継陽『日本近世社会形成史論――戦国時代論の射程』（校倉書房、二〇〇九年）／イマニュエル・ウォーラーステイン著、川北稔訳『近代世界システム

I――農業資本主義と「ヨーロッパ世界経済」の成立』（名古屋大学出版会、二〇一三年）／上野晴朗『甲斐武田氏』（新人物往来社、一九七二年）／同『定本 武田勝頼』（新人物往来社、一九七八年）／閏間俊明「「隠岐殿」という地名と遺跡――隠岐殿遺跡出土の戦国期のかわらけに関する予察」（『武田氏研究』五五号、二〇一七年）／海老沼真治・平山優「戦国期甲州金に関する一史料――京都天龍寺塔頭臨川寺文書の紹介」（『山梨県立博物館研究紀要』四集、二〇一〇年）／遠藤珠紀「織田信長子息と武田信玄息女の婚姻」（『戦国史研究』六二号、二〇一一年）／遠藤ゆり子編『東北の中世史4 伊達氏と戦国争乱』（吉川弘文館、二〇一六年）／同「戦国時代の南奥羽社会――大崎・伊達・最上氏」（吉川弘文館、二〇一六年）／岡崎市美術博物館編『美術博物館家康公四百年祭講演録――三河時代の家康を考える』（岡崎市美術博物館、二〇一七年）／小笠原春香「武田氏の駿河侵攻と徳川氏」（『地方史研究』三三六号、二〇〇八年）／同「武田・織田間の抗争と東美濃――元亀・天正年間を中心に」（『武田氏研究』五三号、二〇一六年）／小笠原春香・小川雄・小佐野浅子・長谷川幸一『戦国大名武田氏と地域社会』（岩田書院、二〇一四年）／岡村守彦『飛驒中世史の研究』（戎光祥出版、二〇一三年、初出一九七九年）／小川隆司「穴山信君の「江尻領」支配について」（『武田氏研究』二三号、二〇〇一年）／同「武田氏の駿遠支配と国衆統制」（静岡県地域史研究会編『戦国期静岡の研究』清文堂出版、二〇〇一年）／小川雄「一五五〇年代の東美濃・奥三河情勢――武田氏・今川氏・織田氏・斎藤氏の関係を中心として」（『武田氏研究』四七号、二〇一三年）／同『徳川権力と海上軍事』（岩田書院、二〇一六年）／奥野高広『武田信玄』（人物叢書19 吉川弘文館、一九五九年）／同「武田信玄二度の西上作戦」（『日本歴史』三六八号、一九七九年）／同「武田信玄の最後の作戦」（『日本歴史』三九三号、一九八一年）／小山田浄『小山田多門書傳――平姓小山田氏系圖写・解説』（雄文社出版企画室、一九九〇年）

◆

糟谷幸裕「今川氏の永禄六年――「三州急用」と「惣国」」（『戦国史研究』六〇号、二〇一〇年）／同「戦国大名今川氏の寄親寄子制・再考」（『静岡県地域史研究』五号、二〇一五年）／片桐昭彦「上杉謙信の家督継承と家格秩序の創出」（『上越市史研究』一〇号、二〇〇四年）／同『戦国期発給文書の研究――印判・感状・制札と権力』（高志書院、二〇〇五年）／勝俣鎮夫『戦国法成立史論』（東京大学出版会、一九七九年）／同『戦国時代論』（岩波書店、一九九

六年）／同『中世社会の基層をさぐる』（山川出版社、二〇一一年）／鹿沼市史編さん委員会編『鹿沼市史』通史編 原始・古代・中世（鹿沼市、二〇〇四年）／金子拓『織田信長〈天下人〉の実像』（講談社現代新書２２７８、二〇一四年）／同『織田信長――不器用すぎた天下人』（河出書房新社、二〇一七年）／同「長篠の戦い後の織田信長と本願寺」（『白山史学』五三号、二〇一七年）／鴨川達夫『武田信玄と勝頼――文書にみる戦国大名の実像』（岩波新書１０６５、二〇〇七年）／同「元亀年間の武田信玄――「打到信長」までのあゆみ」（『東京大学史料編纂所研究紀要』二二号、二〇一二年）／同「武田信玄の「西上作戦」を研究する」（『東京大学史料編纂所研究紀要』二五号、二〇一五年）／鴨志田智啓「武田信玄呼称の初見文書について」（『戦国史研究』六〇号、二〇一〇年）／神田千里『戦国時代の自力と秩序』（吉川弘文館、二〇一三年）／同『織田信長』（ちくま新書１０９３、二〇一四年）／同「特別企画「織田信長像再考」の座談会を終えて」（『白山史学』五三号、二〇一七年）／菊池浩幸「戦国期領主層の歴史的位置」（『戦国史研究』別冊、二〇〇一年）／木下聡「長篠合戦における織田方の首注文」（『戦国史研究』七一号、二〇一六年）／木下昌規編著『足利義晴』（シリーズ 室町幕府の研究３ 戎光祥出版、二〇一七年）／桐野作人『織田信長――戦国最強の軍事カリスマ』（新人物文庫、ＫＡＤＯＫＡＷＡ、二〇一四年、初出二〇一一年）／功刀俊宏「足利義昭・織田信長による若狭武田氏への政策について――武藤友益討伐などから」（『白山史学』五三号、二〇一七年）／久野雅司編著『足利義昭』（シリーズ 室町幕府の研究２ 戎光祥出版、二〇一五年）／同「織田信長と足利義昭の軍事的関係について」（『白山史学』五三号、二〇一七年）／久保健一郎『戦国大名と公儀』（校倉書房、二〇〇一年）／同「支城制と領国支配体制」（藤木久志・黒田基樹編『定本・北条氏康』高志書院、二〇〇四年）／同「中近世移行期権力における「正当性」について」（『武田氏研究』五二号、二〇一五年）／栗原修「上杉・織田間の外交交渉について」（所理喜夫編『戦国大名から将軍権力へ――転換期を歩く』吉川弘文館、二〇〇〇年）／同『戦国期上杉・武田氏の上野支配』（岩田書院、二〇一〇年）／久留島典子『一揆と戦国大名』（日本の歴史13 講談社学術文庫１９１３、二〇〇九年、初出二〇〇一年）／黒田日出男『『甲陽軍鑑』の史料論――武田信玄の国家構想』（校倉書房、二〇一五年）／黒田基樹「親族衆武田信豊の研究」（『甲斐路』六一号、一九八七年）／同『戦国大名北条氏の領国支配』（岩田書院、一九九五年）／同『戦国大名領国の支配構造』（岩田書院、一九九七年）／同『戦国期東国の大名と国衆』（岩田書院、二

〇〇一年）／同「小山田備中守（虎満・昌成）について」（『戦国遺文 武田氏編 一』月報、二〇〇二年）／同「秋山伯耆守虎繁について」（『戦国遺文 武田氏編 二』月報、二〇〇二年）／同『中近世移行期の大名権力と村落』（校倉書房、二〇〇三年）／同「小山田備中守続考」（『戦国遺文 武田氏編 四』月報、二〇〇三年）／同「武田氏一門衆」（『別冊歴史読本』七四〇号、二〇〇六年）／同『百姓から見た戦国大名』（ちくま新書618、二〇〇六年）／同『戦国期領域権力と地域社会』（岩田書院、二〇〇九年）／同監修『戦国大名』（別冊太陽 日本のこころ171 平凡社、二〇一〇年）／同『戦国大名――政策・統治・戦争』（平凡社新書713、二〇一四年）／同『増補改訂 戦国大名と外様国衆』（戎光祥出版、二〇一五年、初出一九九七年）／後藤時男『苗木藩政史研究』（中津川市、一九八二年、初出一九六八年）

◆

酒井憲二編著『甲陽軍鑑大成』第四巻 研究篇（汲古書院、一九九五年）／佐々木倫朗『戦国期権力佐竹氏の研究』（思文閣出版、二〇一一年）／笹本正治『戦国大名武田氏の研究』（思文閣出版、一九九三年）／同『戦国大名の日常生活――信虎・信玄・勝頼』（講談社選書メチエ184、二〇〇〇年）／笹本正治・萩原三雄編『定本・武田信玄――21世紀の戦国大名論』（高志書院、二〇〇二年）／佐藤八郎『武田信玄とその周辺』（新人物往来社、一九七九年）／佐藤公美『中世イタリアの地域と国家――紛争と平和の政治社会史』（京都大学学術出版会、二〇一二年）／佐脇栄智『後北条氏と領国経営』（吉川弘文館、一九九七年）／柴辻俊六『戦国大名領の研究――甲斐武田氏領の展開』（名著出版、一九八一年）／同編『武田氏の研究』（戦国大名論集10 吉川弘文館、一九八四年）／同『戦国大名武田氏領の支配構造』（名著出版、一九九一年）／同『真田昌幸』（人物叢書209 吉川弘文館、一九九六年）／同『戦国期武田氏領の展開』（岩田書院、二〇〇一年）／同『武田勝頼』（新人物往来社、二〇〇三年）／同『戦国期武田氏領の形成』（校倉書房、二〇〇七年）／同編『武田信虎のすべて』（新人物往来社、二〇〇七年）／同編『新編 武田信玄のすべて』（新人物往来社、二〇〇八年）／同編『戦国大名武田氏の役と家臣』（岩田書院、二〇一一年）／同『戦国期武田氏領の地域支配』（岩田書院、二〇一三年）／柴辻俊六・千葉篤志編『史料集「萬葉荘文庫」所蔵文書』（日本史料研究会研究叢書12 日本史史料研究会、二〇一三年）／柴辻俊六・平山優編『武田勝頼のすべて』（新人物往来社、二〇〇七年）／柴辻俊六・平山優・黒田基樹・丸島和洋編『武田氏家臣団人名辞典』（東京堂出版、二〇一五年）／柴裕之『戦国・織豊期大名徳川氏の領国支配』（岩田書院、二〇一四年）／同「織田・毛利開戦の要因」（『戦国史研究』六八号、二〇一四年）／同「足利義昭政権と武田信玄――元亀争乱の展開再考」（『日本歴史』八一七号、二〇一六年）／同「織田信長と諸大名――その政治関係の展開と「天下一統」」（『白山史学』五三号、二〇一七年）／同編『尾張織田氏』（論集 戦国大名と国衆6 岩田書院、二〇一一年）／同編『織田氏一門』（論集戦国大名と国衆20 岩田書院、二〇一六年）／清水克行『喧嘩両成敗の誕生』（講談社選書メチエ353、二〇〇六年）／下村效「「今川仮名目録」よりみたる寄親寄子制」（有光友學編『戦国大名論集11 今川氏の研究』吉川弘文館、一九八四年、初出一九六九年）／鈴木かほる「戦国期武田水軍向井氏について――新出『清和源氏向系図』の紹介」（『神奈川地域史研究』一六号、一九九八年）／鈴木将典編『遠江天野氏・奥山氏』（論集 戦国大名と国衆8 岩田書院、二〇一二年）／同『戦国大名武田氏の領国支配』（岩田書院、二〇一五年）／須藤茂樹「武田信玄の西上作戦再考」（『武田氏研究』三号、一九八八年）／同「武田逍遙軒信綱考」（『甲府市史研究』八号、一九九〇年）／同「信濃仁科氏の武田氏被官化と仁科盛信」（『甲斐路』八五号、一九九六年）／同「穴山信君と畿内諸勢力――武田外交の一断面・史料紹介を兼ねて」（『武田氏研究』四六号、二〇一二年）／戦国史研究会編『織田権力の領域支配』（岩田書院、二〇一一年）／戦国人名辞典編集委員会編『戦国人名辞典』（吉川弘文館、二〇〇六年）

◆

太向義明「戦国合戦史料としての近世軍記物の一標本――『長篠日記』に見られる『甲陽軍鑑』等の踏襲について」（『武田氏研究』一六号、一九九六年）／同「参謀本部が教えた武田の合戦――『日本戦史・三方原役』と『長篠役』」（『武田氏研究』一八号、一九九七年）／同「武田〝騎馬隊〟像の形成史を遡る」（『武田氏研究』二一号、一九九九年）／同『長篠の合戦――虚像と実像のドキュメント』（山梨日日新聞社出版局、二〇〇二年）／高木昭作『日本近世国家史の研究』（岩波書店、一九九〇年）／高橋修『異説 もうひとつの川中島合戦――紀州本「川中島合戦図屏風」の発見』（洋泉社新書y170、二〇〇七年）／同編『佐竹一族の中世』（高志書院、二〇一七年）／高橋正徳「戦国大名武田氏の権力機構における家臣の役割――山県昌景・原昌胤を中心に」（『駒沢大学史学論集』三三号、二〇〇三年）／太川茂「武田の外交僧――長延寺編年雑記」（『甲斐路』六三号、一九八八年）／武田氏研究会編『武田氏年表――信

虎・信玄・勝頼』（高志書院、二〇一〇年）／竹間芳明「戦国末期の郡上の検討――武田氏、越前一揆・本願寺政権との関わりを中心として」（『若越郷土研究』六〇巻一号、二〇一五年）／田中加恵「史料紹介 川合（羽田）家史料――北条家印判状他について」（『松代』二五号、二〇一二年）／田中宏志「越甲同盟再考」（『戦国史研究』五二号、二〇〇六年）／谷口克広『織田信長家臣人名辞典 第2版』（吉川弘文館、二〇一〇年）／土屋比都司「高天神攻城戦と城郭――天正期徳川氏の付城を中心に」（『中世城郭研究』二三号、二〇〇九年）

◆

永原慶二編『戦国大名の研究』（戦国大名論集1 吉川弘文館、一九八三年）／同『日本中世の社会と国家』（青木書店、一九九一年）／同『戦国期の政治経済構造』（岩波書店、一九九七年）／同「中世貨幣史における金の問題」（『戦国史研究』三五号、一九九八年）／同「『戦国遺文 武田氏編』への期待」（『戦国遺文 武田氏編 一』月報、二〇〇二年）／西股総生『戦国の軍隊――現代軍事学から見た戦国大名の軍勢』（学研パブリッシング、二〇一二年）／西脇康『甲州金の研究――史料と現品の統合試論』（日本史史料研究会企画部、二〇一六年）／日本史史料研究会監修・大石泰史編『今川氏研究の最前線――ここまでわかった「東海の大大名」の実像』（洋泉社歴史新書y71、二〇一七年）／則竹雄一『戦国大名領国の権力構造』（吉川弘文館、二〇〇五年）／同「戦国大名北条氏の軍隊構成と兵農分離」（木村茂光編『日本中世の権力と地域社会』吉川弘文館、二〇〇七年）／同「戦国大名武田氏の軍役定書・軍法と軍隊構成」（『獨協中学・高等学校研究紀要』二四号、二〇一〇年）／同「戦国大名上杉氏の軍役帳・軍役覚と軍隊構成」（『獨協中学・高等学校研究紀要』二五号、二〇一一年）／同「着到史料からみた戦国大名軍隊」（『歴史評論』七五五号、二〇一三年）

◆

羽下徳彦『中世日本の政治と史料』（吉川弘文館、一九九五年）／萩原三雄「勝沼氏館跡の金工房跡といわゆる「碁石金」に関する覚書」（『武田氏研究』五五号、二〇一七年）／同「甲州金成立期の一過程」（『帝京大学文化財研究所研究報告』一六集、二〇一七年）／萩原三雄・本中眞監修、山梨県韮崎市・韮崎市教育委員会編『新府城の歴史学』（新人物往来社、二〇〇八年）／橋本政宣「正親町天皇宸筆の武田信玄書状」（『書状研究』一七号、二〇〇四年）／長谷

川博史『戦国大名尼子氏の研究』（吉川弘文館、二〇〇〇年）／長谷川弘道「永禄末年における駿・越交渉について――駿・甲同盟決裂の前提」（『武田氏研究』一〇号、一九九三年）／服部治則「近世初頭武士集団における親族関係（六～九）――海津城二の曲輪（その一～四）」（『山梨大学教育学部研究報告』二一～二四号、一九七一～七三年）／同『農村社会の研究――山梨県下における親分子分慣行』（御茶の水書房、一九八〇年）／同『武田氏家臣団の系譜』（岩田書院、二〇〇七年）／原史彦「徳川家康三方ヶ原戦役画像の謎」（『金鯱叢書』四三輯、二〇一六年）／平井上総「兵農分離政策論の現在」（『歴史評論』七五五号、二〇一三年）／同「中近世移行期の地域権力と兵農分離」（『歴史学研究』九一一号、二〇一三年）／平野明夫『徳川権力の形成と発展』（岩田書院、二〇〇六年）／平山優「戦国大名武田氏の領国支配機構の形成と展開――川中島四郡支配を事例として」（『山梨県史研究』二号、一九九四年）／同「戦国大名武田氏の海津領支配について――城代春日虎綱の動向を中心に」（『甲斐路』八〇号、一九九四年）／同「戦国大名武田氏の筑摩・安曇郡支配について」（『武田氏研究』一五号、一九九五年）／同『戦国大名領国の基礎構造』（校倉書房、一九九九年）／同「駒井高白斎の政治的地位」（『戦国史研究』三九号、二〇〇〇年）／同『川中島の戦い』上・下（学研M文庫、二〇〇二年）／同「一通の某起請文に関する一考察――武田氏と木曽氏に関するおぼえがき」（『武田氏研究』二七号、二〇〇三年）／同『武田信玄』（歴史文化ライブラリー221 吉川弘文館、二〇〇六年）／同『山本勘助』（講談社現代新書1872、二〇〇六年）／同「長閑斎考」（『戦国史研究』五八号、二〇〇九年）／同『新編 武田二十四将 正伝』（武田神社、二〇〇九年）／同『穴山武田氏』（中世武士選書5 戎光祥出版、二〇一一年）／同「「駿河富士大宮浅間神社神馬奉納記」考」（『武田氏研究』四五号、二〇一二年）／同『長篠合戦と武田勝頼』（敗者の日本史9 吉川弘文館、二〇一四年）／同『検証 長篠合戦』（歴史文化ライブラリー382 吉川弘文館、二〇一四年）／フェルナン・ブローデル著、浜名優美訳『普及版 地中海』I～V（藤原書店、二〇〇四年）／同著、浜名優美監訳『ブローデル歴史集成II 歴史学の野心』（藤原書店、二〇〇五年）／深沢修平「戦国大名武田氏の先方衆統制――取次と縁戚の役割分担」（『戦国史研究』六三号、二〇一二年）／同「長篠合戦後における武田氏の側近取次――土屋右衛門尉昌恒を中心に」（『武田氏研究』五二号、二〇一五年）／藤木久志『戦国社会史論――日本中世国家の解体』（東京大学出版会、一九七四年）／同『豊臣平和令と戦国社会』（東京大学出版会、一九八五年）／同『戦国史をみる目』（校倉書房、一九九五年）／同『新版 雑兵たちの戦場――中世の傭兵と奴隷狩り』（朝日選書777、二〇〇五年）／藤本正行『信長の戦争――『信長公記』に見る戦国軍事学』（講談社学術文庫1578、二〇〇三年）／同『長篠の戦い――信長の勝因・勝頼の敗因』（洋泉社歴史新書y1、二〇一〇年）／同『再検証 長篠の戦い――「合戦論争」の批判に答える』（洋泉社、二〇一五年）／古谷大輔・近藤和彦編『礫岩のようなヨーロッパ』（山川出版社、二〇一六年）／本多隆成『定本 徳川家康』（吉川弘文館、二〇一〇年）／同「武田信玄の遠江侵攻経路――鴨川説をめぐって」（『武田氏研究』四九号、二〇一三年）

◆

前田利久「今川氏の家督相続――義元・氏真の家督相続の時期について」（『静岡県地域史研究』五号、二〇一五年）／松平乗道「武田氏家臣組織小考」（『甲斐史学』四号、一九五八年）／松本和也「イエズス会宣教師の権力者認識と国家認識――ガスパル・ヴィレラ畿内布教前段階における」（『日本歴史』六五五号、二〇〇二年）／同「宣教師史料から見た日本王権論」（『歴史評論』六八〇号、二〇〇六年）／松本憲和『武田勝頼「死の真相」――理慶尼記の謎を解く』（A・S・Nニルの学舎出版部、二〇〇八年）／丸島和洋「武田勝頼と信勝」（『戦国遺文 武田氏編 五』月報、二〇〇四年）／同「甲越和与の発掘と越相同盟」（『戦国遺文 武田氏編 六』月報、二〇〇六年）／同「史料紹介 高野山成慶院『甲斐国供養帳』――『過去帳（甲州月牌帳）』」（『武田氏研究』三四号、二〇〇六年）／同『戦国大名武田氏の権力構造』（思文閣出版、二〇一一年）／同編『甲斐小山田氏』（論集 戦国大名と国衆5 岩田書院、二〇一一年）／同「色川三中旧蔵本『甲乱記』の紹介と史料的検討」（『武田氏研究』四八号、二〇一三年）／同「戦国大名武田氏と従属国衆」（四国中世史研究会・戦国史研究会編『四国と戦国世界』岩田書院、二〇一三年）／同『戦国大名の「外交」』（講談社選書メチエ556、二〇一三年）／同『郡内小山田氏――武田二十四将の系譜』（中世武士選書19 戎光祥出版、二〇一三年）／同編『信濃真田氏』（論集戦国大名と国衆13 岩田書院、二〇一四年）／同「戦国大名武田氏の西上野支配と箕輪城代――内藤昌月宛「在城定書」の検討を中心に」（『地方史研究』三六九号、二〇一四年）／同「戦国大名武田氏の佐久郡支配――内山城代小山田虎満・昌成を中心に」（『信濃』六六巻一二号、二〇一四年）／同「高野山子院と東国大名」（『高野文化圏研究会報告書』二〇一四～一五年）／同「北条・徳川間外交の意思伝達構造」（『国

文学研究資料館紀要 アーカイブズ研究篇』一一号、二〇一五年）／同「高野山子院の東国への教線拡大と檀那場争い」（『国文研ニューズ』三九号、二〇一五年）／同『真田四代と信繁』（平凡社新書793、二〇一五年）／同「武田氏から見た今川氏の外交」（『静岡県地域史研究』五号、二〇一五年）／同「織田権力の領域支配再論」（『年報三田中世史研究』二二号、二〇一五年）／同「桂林院殿――武田勝頼の室」（黒田基樹・浅倉直美編『北条氏康の子供たち』宮帯出版社、二〇一五年）／同「武田・毛利同盟の成立過程と足利義昭の「甲相越三和」調停――すれ違う使者と書状群」（『武田氏研究』五三号、二〇一六年）／同『戦国大名武田氏の家臣団――信玄・勝頼を支えた家臣たち』（教育評論社、二〇一六年）／同「史料紹介 武田・徳川同盟に関する一史料――「三ヶ年之鬱憤」をめぐって」（『武田氏研究』五六号、二〇一七年）／峰岸純夫『中世の東国――地域と権力』（東京大学出版会、一九八九年）／同『中世 災害・戦乱の社会史』（吉川弘文館、二〇〇一年）／三宅唯美「神篦城主延友氏関係文書の紹介とその動向」（『瑞浪市歴史資料集』二集、二〇一三年）／村井章介「テキスト分析からみた甲州法度の成立過程」（『武田氏研究』五四号、二〇一六年）／村井祐樹「幻の信長上洛作戦――出せなかった書状／新出「米田文書」の紹介をかねて」（『古文書研究』七八号、二〇一四年）／村井良介『戦国大名権力構造の研究』（思文閣出版、二〇一二年）／同『戦国大名論――暴力と法と権力』（講談社選書メチエ607、二〇一五年）／同『戦国大名分国およびその周辺地域における領域支配の研究』（日本学術振興会科学研究費研究成果報告書、二〇一七年）

◆

矢田俊文『日本中世戦国期権力構造の研究』（塙書房、一九九八年）／山梨県編『山梨県史 通史編2 中世』（山梨県、二〇〇七年）／山梨県立博物館編『武田二十四将――信玄を支えた家臣たちの姿』（同館展示図録、二〇一六年）／同監修、海老沼真治編『「山本菅助」の実像を探る』（戎光祥出版、二〇一三年）／山本浩樹「戦国期戦争試論――地域社会の視座から」（池上裕子・稲葉継陽編『展望 日本歴史12 戦国社会』東京堂出版、二〇〇一年、初出一九九七年）／横山住雄『武田信玄と快川和尚』（中世武士選書6 戎光祥出版、二〇一一年）／同「犬山城主織田信清の新史料と、その実像」（『郷土文化』二二一号、二〇一四年）／同「犬山城主織田信清の活躍と終焉」（『郷土文化』二二三号、二〇一五年）

**丸島和洋**（まるしま かずひろ）

1977年大阪府生まれ。2005年、慶應義塾大学大学院文学研究科後期博士課程単位取得退学。博士（史学）。専門は戦国大名論。国文学研究資料館研究部特定研究員などを経て、現在、慶應義塾大学文学部非常勤講師。著書に『戦国大名武田氏の権力構造』（思文閣出版）、『戦国大名の「外交」』（講談社選書メチエ）、『真田四代と信繁』（平凡社新書）、『戦国大名武田氏の家臣団――信玄・勝頼を支えた家臣たち』（教育評論社）、共編著に『武田氏家臣団人名辞典』（東京堂出版）などがある。

［中世から近世へ］

**武《たけ》田《だ》勝《かつ》頼《より》** 試《ため》される戦国大名《せんごくだいみょう》の「器量《きりょう》」

発行日　2017年9月25日　初版第1刷

著者　丸島和洋
発行者　下中美都
発行所　株式会社平凡社
〒101-0051　東京都千代田区神田神保町3-29
電話（03）3230-6581［編集］（03）3230-6573［営業］
振替　00180-0-29639
ホームページ　http://www.heibonsha.co.jp/
印刷・製本　株式会社東京印書館
DTP　平凡社制作


ISBN978-4-582-47732-0
NDC分類番号210.47　四六判（18.8cm）　総ページ384